国家自然科学基金项目（41771438，41201387）

信阳师范学院学术著作出版基金　　　　　联合资助出版

信阳师范学院第七批重点学科——地理学

Spatial Data
Mining Theories and
Methods for
Land Use Zoning

面向土地用途分区的空间数据挖掘理论与方法

▶ 牛继强 著

WUHAN UNIVERSITY PRESS
武汉大学出版社

图书在版编目(CIP)数据

面向土地用途分区的空间数据挖掘理论与方法/牛继强著 . —武汉：武汉大学出版社,2017.10
ISBN 978-7-307-19751-0

Ⅰ.面… Ⅱ.牛… Ⅲ.数据处理—应用—土地利用—研究
Ⅳ.F301.2 - 39

中国版本图书馆 CIP 数据核字(2017)第 241923 号

责任编辑:王金龙　　　责任校对:汪欣怡　　　版式设计:汪冰滢

出版发行:**武汉大学出版社**　　(430072　武昌　珞珈山)
　　　　(电子邮件:cbs22@whu.edu.cn　网址:www.wdp.com.cn)
印刷:虎彩印艺股份有限公司
开本:787×1092　　1/16　　印张:11.75　　字数:262 千字　　插页:4
版次:2017 年 10 月第 1 版　　2017 年 10 月第 1 次印刷
ISBN 978-7-307-19751-0　　定价:45.00 元

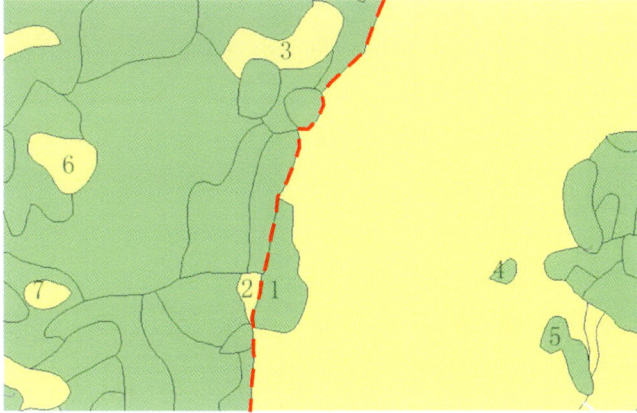

图 4-7　权重取值对聚类结果的影响

图 5-5　图斑的组成

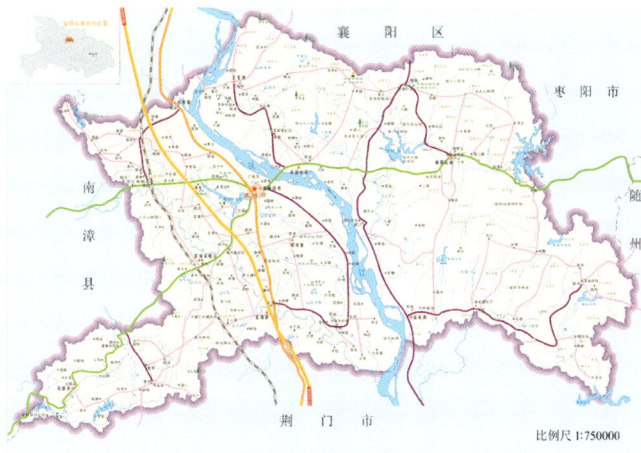

图 5-6　宜城市区位图

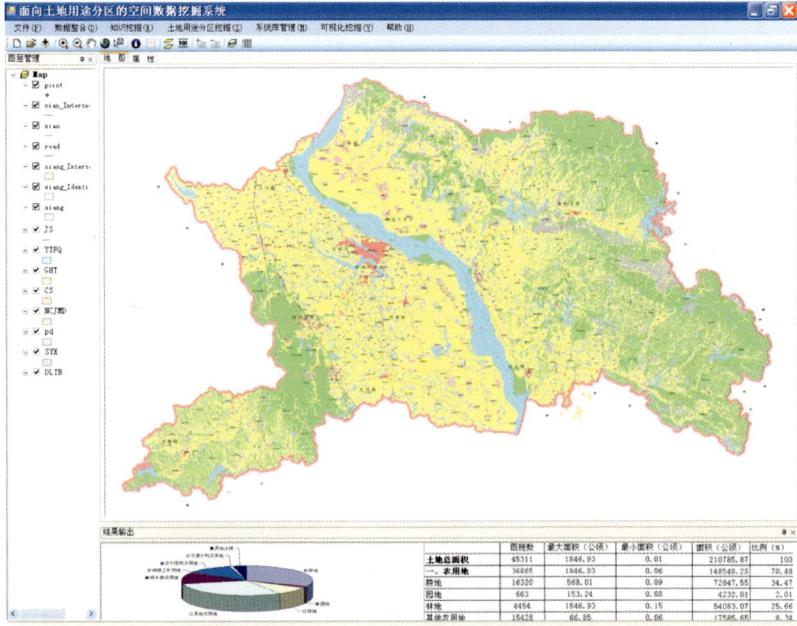

图 5-7　宜城市土地利用现状图

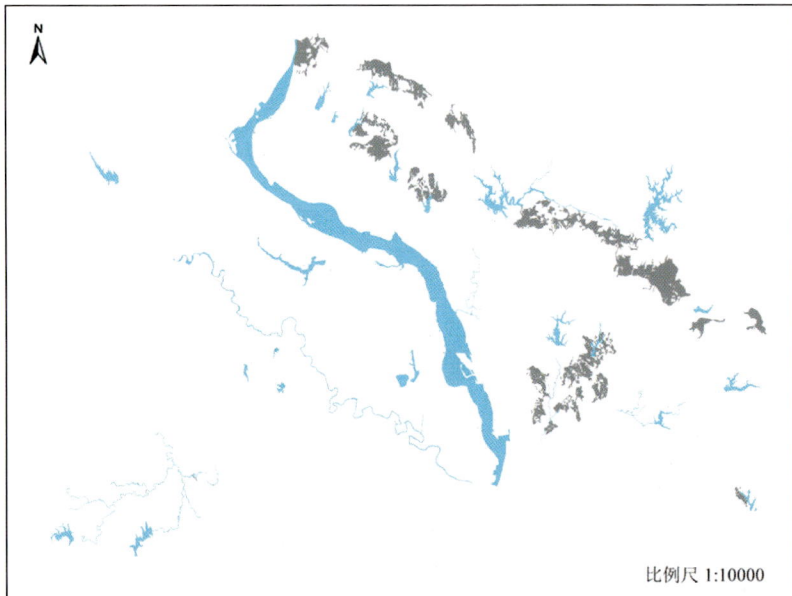

图 5-11　宜城市土地用途分区中非分区图斑的提取

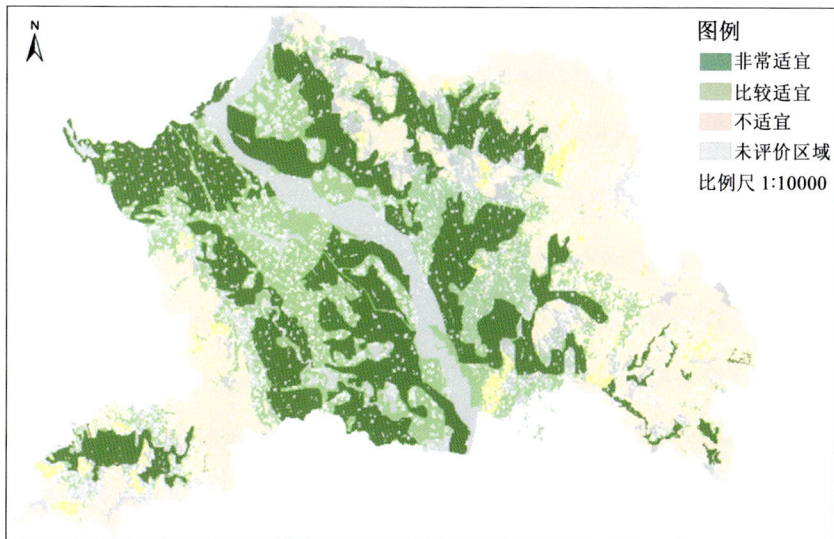

图 5-12　宜城市土地适宜性评价

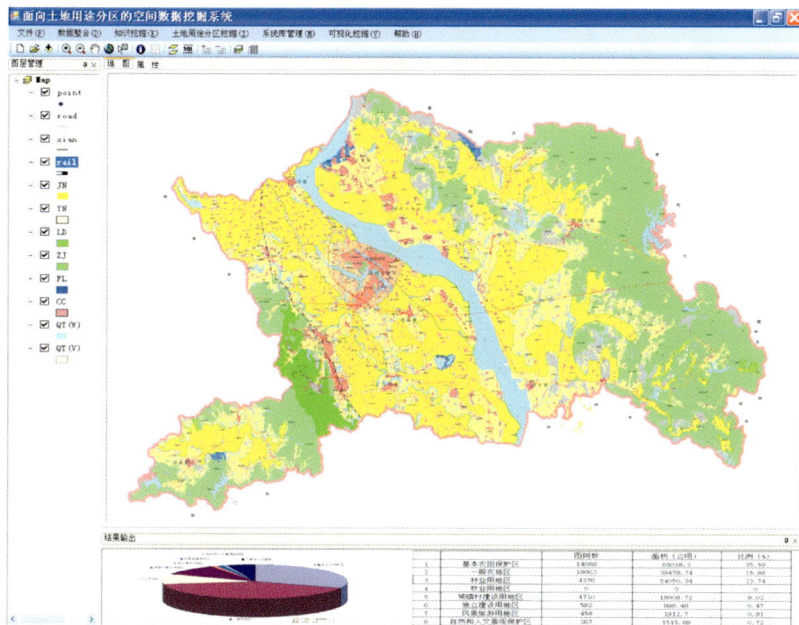

图 5-13　宜城市土地用途分区图

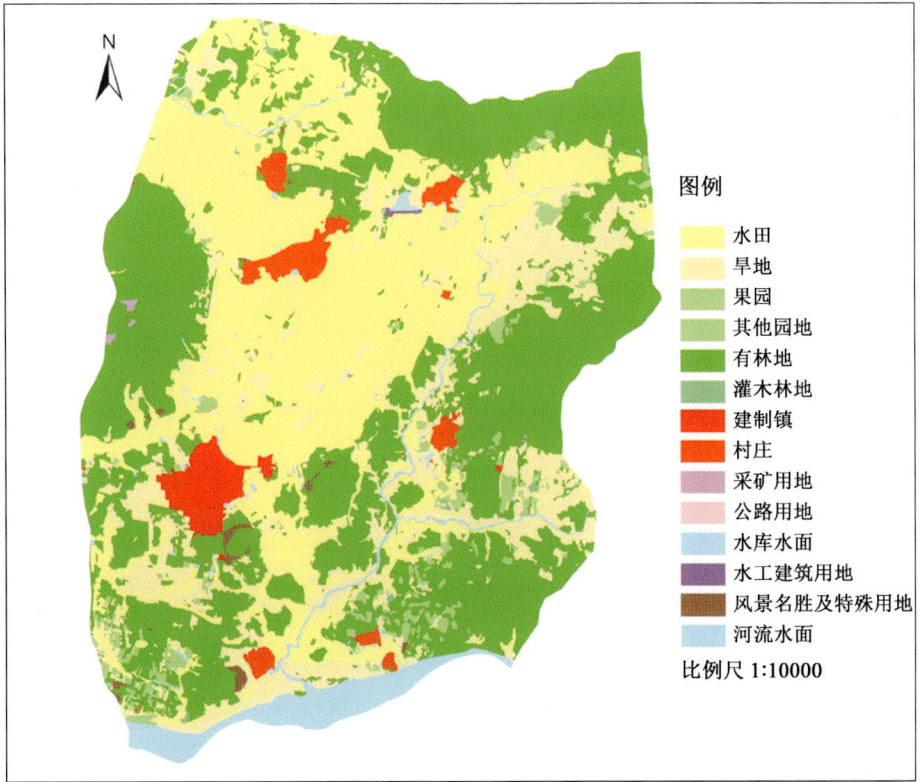

图 5-17　海南省昌江县乌烈镇土地利用现状图

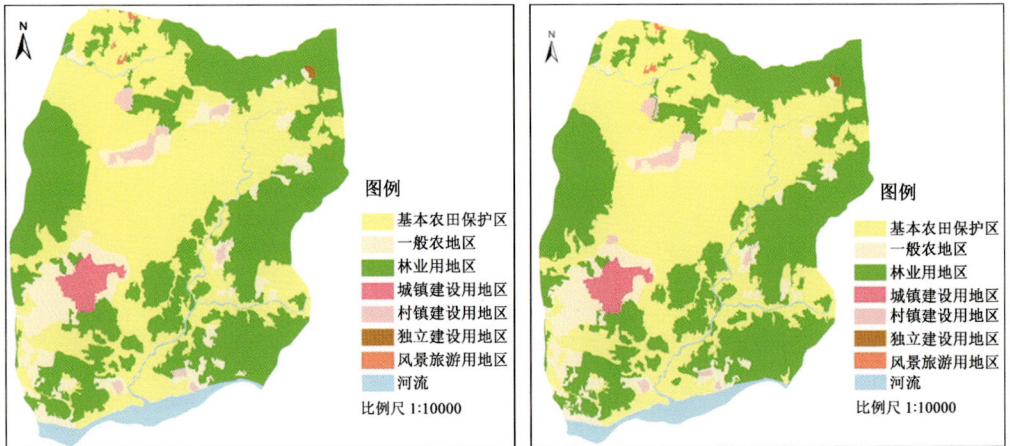

（a）克隆选择模型

（b）遗传 K-均值算法

图 5-18　海南省昌江县乌烈镇土地用途分区图

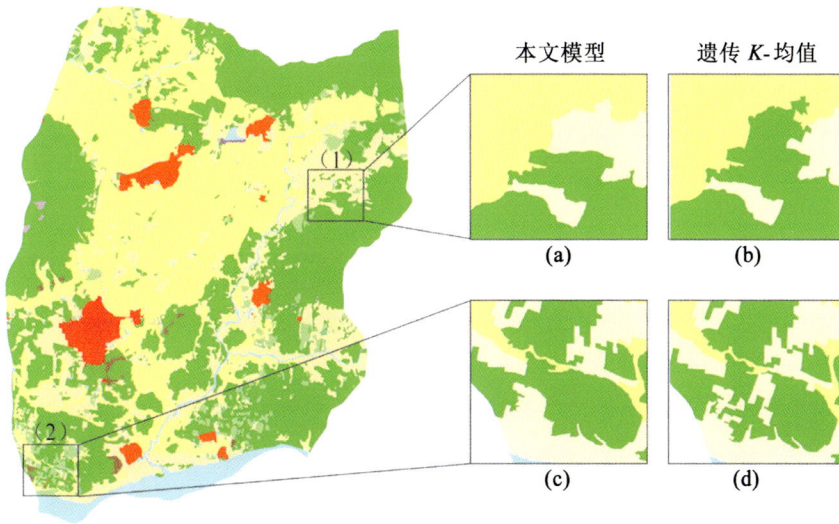

(a)　　　　　　　(b)

(c)　　　　　　　(d)

图 5-20　土地用途分区方案的对比分析

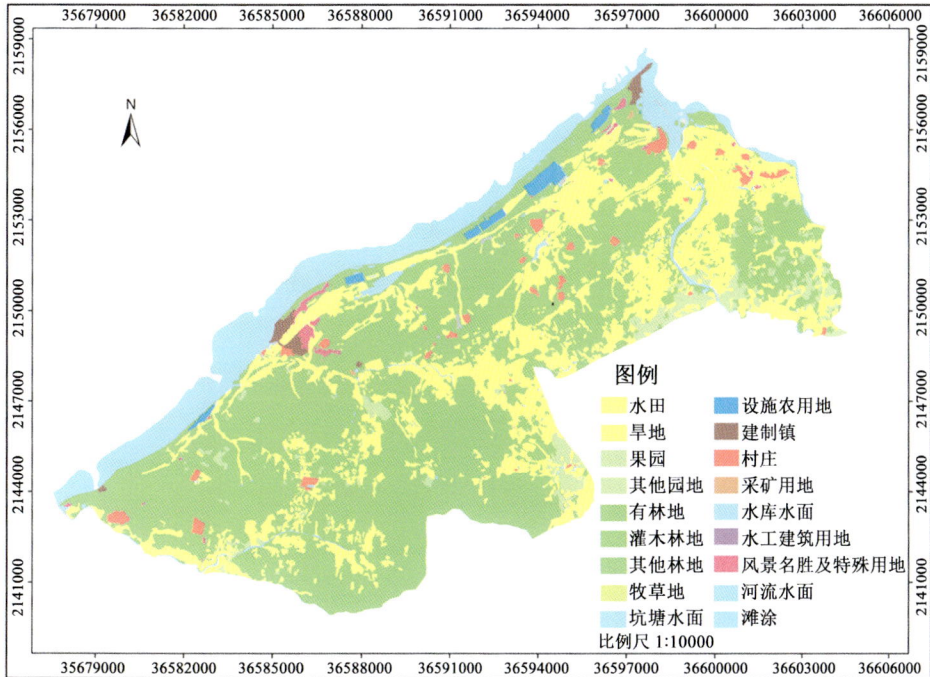

图例

水田	设施农用地
旱地	建制镇
果园	村庄
其他园地	采矿用地
有林地	水库水面
灌木林地	水工建筑用地
其他林地	风景名胜及特殊用地
牧草地	河流水面
坑塘水面	滩涂

比例尺 1:10000

图 5-21　研究区土地利用现状图

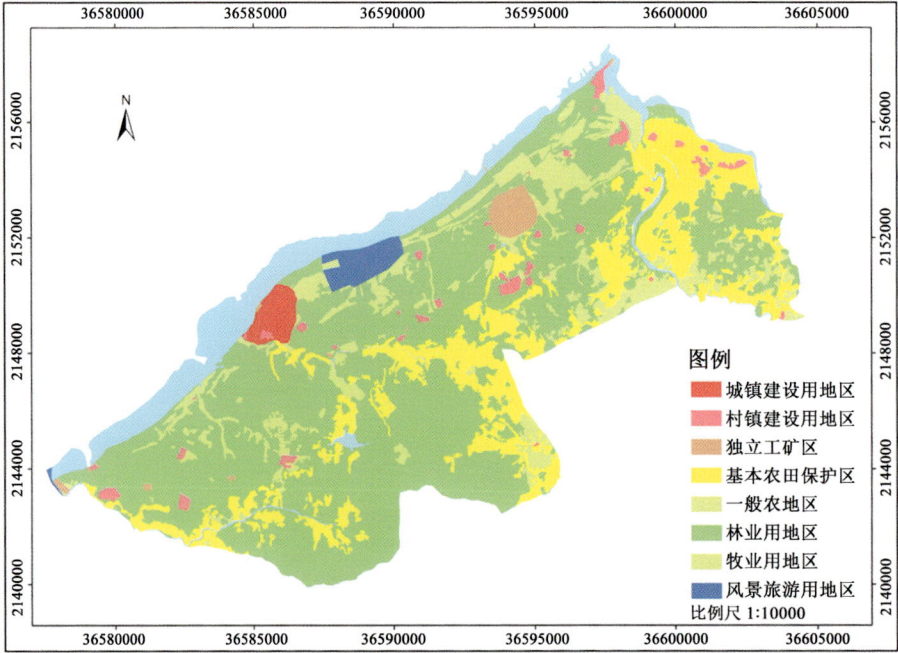

图 5-22　顾及地理实体语义相似度的土地用途分区图

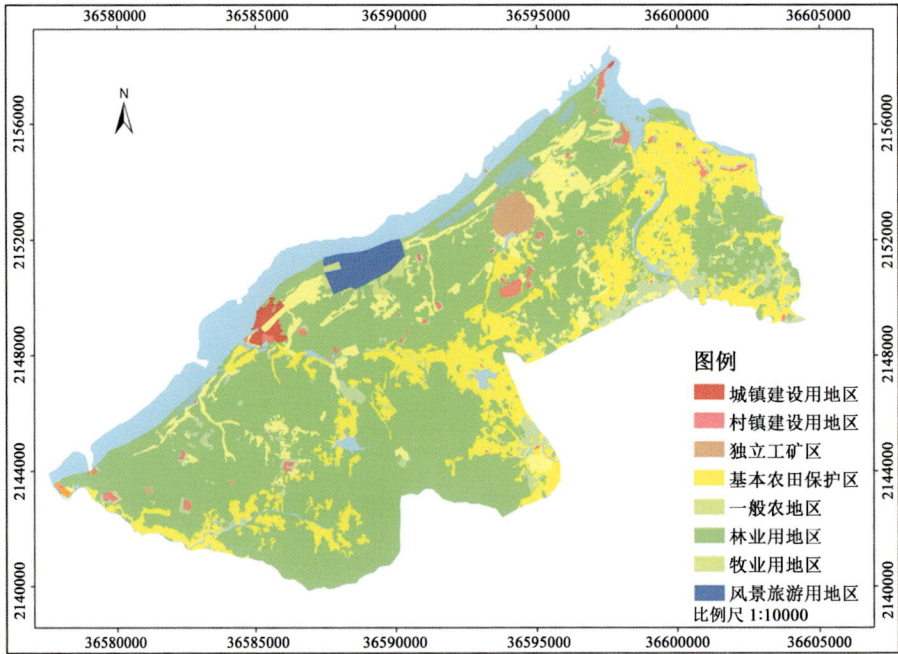

图 5-23　基于叠置分析的土地用途分区图

前　　言

　　近年来，由于空间信息技术领域内对地观测技术、数据库技术、网络技术等的飞速发展，使得土地利用数据的获取与管理变得更为便利，我国已经实施的农用地分等定级、更新调查和"全国第二次土地大调查"等工程获得了大量的数据和资料，并建设了土地利用数据库。这些数据的复杂程度和数量远远超出人脑的分析能力，如何快速、定量地从这些大型时空数据库中挖掘有用的特征和知识已经成为土地利用数据库利用的瓶颈问题。空间数据挖掘可以从时空数据库中获取用户感兴趣的空间模式与特征、数据的关联关系以及其他一些隐含在空间数据中的规律和特征，目前已经成为国内外研究的热点。土地用途分区是土地利用规划的核心问题，但是目前还缺乏系统深入的研究，特别是在土地用途分区的智能化方面。因此，针对目前土地用途分区中存在的问题，发展面向领域的空间数据挖掘模型是时空数据不断积累过程中所提出的迫切要求。界定了面向土地用途分区的空间数据挖掘的研究内容和体系，并系统研究了该问题的理论方法和应用。

　　在分析国内外对土地用途分区和空间数据挖掘的研究进展的基础上，建立起面向土地信息的空间数据挖掘的基础理论和技术框架，进一步完善了空间数据挖掘的理论和方法。从土地用途分区、空间数据挖掘的定义出发，定义了面向土地利用分区数据挖掘的概念、特征和内容；提出了一种包括数据层、知识层、挖掘层和人机交互层四层结构的空间数据挖掘体系结构；阐述领域空间数据挖掘的基本步骤和从土地利用数据库中能发现的知识类型；探讨了土地用途分区数据挖掘的基本方法，主要包括空间计算模型——空间关系度量的方法、空间数据关联规则的挖掘方法——模糊概念格、空间数据聚类分析的方法——人工免疫系统的聚类算法。在对土地用途分区的问题进行描述的基础上，分析了土地用途分区的知识体系，并构建了基于领域知识的土地用途分区模型。

　　概念格是用数学的形式化的方法对从数据中产生概念的过程进行分析的有力工具。这与数据挖掘是从大量数据中产生知识的过程是一致的，因此，概念格理论经过改进，可用于对空间数据库进行数据挖掘。本书针对概念格难以表达空间概念的问题，研究了多值背景下概念格的构建方法，并对形式概念分析理论进行了扩展，研究了基于模糊概念格的土地利用数据空间关联知识的挖掘，构建了面向土地利用的模糊概念格渐进式算法和 Hasse 图绘制算法；针对土地利用空间数据海量的特征，引入了基于辞典序索引树算法，提出了土地利用空间关联规则的提取方法，为土地用途分区提供指导。在地理信息科学中，已有用本体的概念属性和语义距离来测度地理实体的语义相似度的相关研究。结合概念的属性、语义距离等影响语义相似度的因素，提出了一种基于本体结构的地理实体语义相似度测度模型，同时将基于语义距离的方法与基于属性的方法相结合，从而更加全面地量化本体结构中实体之间的语义相似度。

土地用途分区是在综合考虑影响土地质量与土地利用方式的各类因素（包括自然、社会、经济方面的因素）的基础上，将研究区域划分为若干均质区片的方法。土地用途分区是一个非常复杂的多目标优化问题，而聚类分析是一种典型的解决组合优化问题的方法。在分析传统的克隆选择算法的基础上，通过引入混沌理论对其进行扩展，使用 Logistic 方程改进克隆选择算法，并提出两种算法的三种结合方式，构建了混沌免疫克隆选择算法模型（CICSA）。传统聚类方法存在过分依赖数据集聚类原型的问题，为了解决这一问题，基于混沌免疫克隆选择算法提出了一种基于知识的多目标优化聚类模型。该模型是用混免疫克隆选择算法进行聚类，借助混沌免疫克隆选择算子的优势，将进化搜索与随机搜索、全局搜索和局部搜索相结合，通过对候选解进行操作，能够快速得到全局最优解，而不受到样本集方差分布的影响。因此，使用混沌免疫克隆选择算法能同时处理多类原型的数据聚类问题，并可以在聚类的过程中获得类数信息。提出兼顾空间特征和语义特征的综合距离计算方法，并构建顾及语义相似度的土地用途分区模型，选择典型地区开展应用研究，以期获得一种高效的土地用途分区方法。

在面向土地用途分区的空间数据挖掘的相关理论与技术研究的基础上，研究并开发了原型系统，该软件原型系统包括以下功能模块：土地利用数据管理模块、土地利用知识挖掘模块、土地用途分区挖掘模块、系统库管理模块和可视化表达模块。通过原型系统的开发，进一步明确了面向土地用途分区的空间数据挖掘的功能，解释了土地用途分区的具体过程。选择湖北宜城城市的土地利用数据库和相关数据，进行数据整合，形成可用于挖掘的整合数据库，并以此数据库进行实验研究：（1）使用模糊概念格获取土地利用的空间关联规则，并将这些规则和其他领域知识用于混沌免疫克隆选择算法抗体的编码，使用混沌免疫克隆选择算法进行基于多目标的土地用途分区聚类实验。实验结果证明笔者所研究的基于知识的土地用途分区聚类挖掘模型是智能、高效、准确的分区工具。（2）将克隆选择算法与 GIS 进行有效集成，采用空间聚类的思想，实现了利用克隆选择算法的土地用途分区方法。实验结果表明，该模型能够在多约束下进行土地用途分区，可以实现全局优化，具有稳定、结果可靠等优点，提供的土地用途分区方案科学合理，可以为土地利用规划和土地利用调控和管理提供支持。（3）通过科学设定参数，考虑空间邻近、几何形状等因素对次要图斑进行合并，获得土地用途分区方案。实验结果表明，该模型所获得的土地用途分区方案较好地反映了人类的认知特性，概括了土地利用的特征，可以满足土地利用规划中的需求，并且分区效率有所提升。

本书是在国家自然科学基金项目"领域知识驱动的空间聚类及其人工免疫优化算法研究"（No.41201387）、"领域知识驱动的土地利用空间优化配置与多情景模拟"（No.41771438）的资助下取得的研究成果之一，并得到信阳师范学院学术著作出版基金、信阳师范学院第六批一级重点学科——地理学一级重点学科的联合资助。

笔者拟定提纲并撰写了本书。信阳师范学院的李卓凡和杨娜娜在整理资料、绘制图表和校对方面做了大量的工作。在本书的研究和撰写过程中，得到了信阳师范学院领导的关怀和同事的支持，在此表示诚挚的谢意。

由于研究问题的复杂性和研究时间的限制，本书的研究内容仍是初步的，在一些方面尚不成熟，错误和疏漏之处在所难免，敬请读者不吝指正。

牛继强

2017 年 9 月

目　　录

第1章 绪　　论

　　土地用途分区是土地利用总体规划的核心问题，但是目前还缺乏系统深入的研究，特别是在土地用途分区的智能化方面。由于近年来空间信息技术领域内对地观测技术、数据库技术、网络技术等的飞速发展，大量空间数据从 RS、GIS、GPS 多种应用中收集出来，这也为土地利用数据的获取提供了便利。我国已经实施的农用地分等定级和"全国第二次土地大调查"也因此获得了大量的数据和资料，并建设了土地利用数据库。这些数据的复杂程度和数量远远超出人脑的分析能力，虽然空间数据库具有保存这些由空间数据类型和对象的空间关系来表示空间对象的能力，但用户不可能详细地分析所有数据并提取感兴趣的空间知识。空间数据挖掘将是一个有效的工具，为解决土地用途分区这个问题提供了契机。

1.1　问题的提出

　　土地利用规划是对一定区域未来土地利用超前性的计划和安排，是依据区域社会经济发展和土地的自然历史特性在时空上进行土地资源合理分配和土地利用协调组织的综合措施（严金明，2001）。土地利用总体规划也是我国土地资源管理工作的"龙头"，因此编制土地利用总体规划是现阶段土地管理的核心任务。实践表明，编制土地利用总体规划是解决各种土地利用矛盾的重要手段，也是保证国民经济顺利发展的重要措施。土地利用总体规划的核心是调整土地利用结构和确定土地利用布局，一般采用土地利用分区和用地指标相结合的方式加以解决。土地利用分区是将规划区内土地划分为不同的土地利用区域，为土地利用的调控和管理提供依据。土地利用分区一般可以分为土地利用地域分区和土地用途分区。目前我国开展的土地利用总体规划修编在市级以上主要进行土地利用地域分区，也称为土地利用功能分区；在县、乡（镇）级主要进行土地利用用途分区。根据土地利用总体规划修编的工作要求，新一轮规划将要建设规划数据库和规划管理信息系统。

　　传统的土地利用空间分区是综合考虑影响土地质量与土地利用方式的各类因素（包括自然、社会、经济方面的因素）的基础上，将研究区域划分为若干均质区片的方法，以建立微观土地利用单元与区域土地利用管制之间的桥梁，以实现土地资源的可持续利用的方法（王万茂，2006）。实际工作中的土地利用空间分区一般包括土地利用总体规划中的土地利用地域分区、土地利用用途分区（功能分区），专题规划中的基本农田保护区划分、土地开发整理分区以及土地评价（土地适宜性评价、土地生产潜力评价以及土地经济评价）中的等值区划分。土地利用空间分区是土地管理工作中的重要问题，它有着广泛的应用，并对于土地利用管制等其他工作有着十分重要的意义。具体应用中，这些土地利用中的空间分区问题往往需要考虑多种准则，例如土地利用用途分区一般要遵循土地利用现状与土地适宜用途一致性原则、土地利用主导用途原则、土地利用地域差异性和相似性原则，尽可能保持行政区界完整性原则等。因此，土地利用空间分区问题都是十分复杂的多目标优化问题。而目前对于土地利用空间分区问题的解决常采用叠置分析法、主导因素法、多因素综合评判法以及聚类分析法等。这些方法在具体的土地利用空间分区问题中有着一定的科学性和可操作性，但同时它们的缺陷也十分明显，表现为：受人为主观因素的影响较大；智能化程度不高；只能考虑某些主导因素，而无法兼顾多种准则和约束条件；只能提供唯一的或较少的候选方案，用户选择的自由度不大。

2005 年全国各地土地利用更新调查工作已基本完成，其后各地又开展了土地分等定级工作。2006 年 12 月，国务院印发了《国务院关于开展第二次全国土地调查的通知》，决定自 2007 年 7 月 1 日起开展第二次全国土地大调查，全面查清全国土地利用状况，掌握真实的土地基础数据，并对调查成果实行信息化、网络化管理，建立和完善土地调查、统计制度和登记制度，实现土地资源信息的社会化服务，满足经济社会发展、土地宏观调控及国土资源管理的需要。随着全国第二次土地大调查等相关国土信息化工程的实施，以及目前部分地区已建立了土地利用数据库、土地利用现状管理信息系统，全国各级、各类型国土资源信息数据库将相继建成并集成整合。

如何从已有数据库中高效地获取领域知识成为目前亟待解决的问题。土地管理中需要对土地利用时空数据进行快速、高效的处理，要求能够对时空数据提供准确、完善、高效的历史回溯、变化监测和趋势分析等，即进行全面的时空数据挖掘。如何发现、挖掘掩藏在这些海量信息背后的有关土地利用系统发生、发展和演变的规律和知识，变数据为信息资源，是提高土地管理决策科学水平，缓解土地资源供需矛盾，实现土地资源乃至国民经济可持续发展的迫切要求。数据挖掘是指从数据库中辨别有效的、新颖的、潜在有用的、最终可理解的模式的过程，它包括数据选择、数据预处理、数据变换、数据挖掘及模式评价。作为数据挖掘重要分支的空间数据挖掘是指从空间数据库中抽取未显示的、为人们感兴趣的空间模式和特征、空间和非空间数据之间的概要关系以及其他概要数据特征。空间数据挖掘与一般数据挖掘的区别在于：空间数据挖掘的研究对象主要是空间数据库，它不仅存储了空间对象的属性数据和几何属性，而且存储了空间对象之间的空间关系（如拓扑关系、度量关系、方位关系等），这些数据为土地利用分区提供了丰富的信息。

综上所述，土地利用分区问题可以认为是一个复杂的空间数据挖掘问题，但目前基于数据挖掘技术解决此类问题的研究还不多见。因此，通过构建一种基于领域知识的土地用途分区挖掘模型来解决此类空间分区问题，有着十分重要的意义，而且对空间数据挖掘的扩展也有一定的理论意义和实践意义。

1.2 国内外研究进展

1.2.1 土地用途分区

1. 国外土地用途分区

国外对土地用途分区的研究比较早。土地用途分区起源于 19 世纪末的德国，到 20 世纪为美国采用，后来被澳大利亚等国陆续采用。

德国、俄罗斯、法国等欧洲国家也采用土地使用分区的方法来管制土地用途。如 1875 年德国柏林政府采用分区方法，把城市分为若干区，使工人居住的公寓分散布局在其中，使工人接近工厂。以后，其分区方法体系日趋完善，把城市土地按修建建筑物的土地利用、不修建建筑物的土地利用和其他的土地利用进行划分，又根据其建筑物层数、容积率、建筑形式、建筑用地规模等进一步细分。俄罗斯将土地划分为七个利用类型，每类土地都有其明确的界定标准，划区的方法基本是定性的。法国根据交通、城建、环境对土地的需求，依据土地占用系数、建筑容积率等划区标准将土地划分为优先城市规划区、从缓整治区、土地干预区等对土地实行用途管制。

美国是世界上较早实施土地用途管制的国家。在不同的历史时期，其土地用途管制的内容不尽相同，分区方法也随之不同。20 世纪 50 年代以前，美国主要是从管制土地使用的容积和密度等方面进行土地使用分区划分，每个分区均做出详细的用途限制。20 世纪 50 年代以来，其土地用途管制内容和分区方法有所改变，着重城市规模的控制以及农业用地的保护。目的是通过土地利用规划，引导都市发展，减缓都市增长的压力，管控土地开发的区位、速度与公共设施的服务水平。土地用途分区与管制制度在优化土地资源配置、提高土地利用率、有效保护耕地和自然资源环境、控制城市规模扩张等方面发挥了重要的作用。

位于大洋洲的澳大利亚对城市土地主要按用途划区管理。行政办公区，限制占地面积，主张向高层发展；工商业区，分门别类地划分用地范围，使各业用地搭配合理；绿化区，不得修建建筑物；卫星城镇区，以 10 万人左右为宜，并用林带、绿地、风景区隔开，与高速公路联结。分区的方法是以土地利用功能为依据的。

以日本、韩国为代表的亚洲国家，也将土地利用以区域进行限制。日本的土地利用基本计划是按土地利用的不同情况把土地划分城市、农业、森林、自然公园与自然保护区五种土地利用类型区进行管理，并逐步调整其利用方向。还用《城市规划法》、《农业振兴地域法》、《农地法》、《自然公园法》、《自然环境保护法》等指导与限制土地用途。韩国根据不同的划区标准，依据"国土利用计划"将全国土地进行划分，并根据区域情况进行细分，如将耕地进一步划分为可用土地和非可用土地等。

2. 我国土地用途分区

我国明确提出土地利用总体规划和土地用途管制分区的时间虽然不长，但用土地利用分区的方式指导土地利用却由来已久。古代《禹贡》将土地划分为九等，提出"田各有等，地各有产，山川阻隔，风气不同，凡物之种，各有之所宜"。这些朴素的分区理论和以气候特点、土地对农作物的适宜生长性能划区的方法都为后来土地利用分区和土地用途管制分区的形成奠定了良好的基础。我国在 20 世纪 80 年代后期到 90 年代，开展了国家、省、市、县、乡五级土地利用总体规划编制工作，划分用地区域与用地指标调整相结合来确定规划方案成为规划编制的基本模式，各级都划分了土地利用分区。20 世纪 90 年代后期，根据国家保护耕地的战略需要，全国自上而下进行了土地利用总体规划的修编工作，首次提出了规划方案中确定土地用途分区和管制规则。目前开展的第二轮土地利用总体规划将土地利用分区进行了系统的总结，在《县级土地利用总体规划规程》和《乡（镇）土地利用总体规划规程》中对土地用途分区进行了严格的界定，奠定了土地利用分区在土地利用总体规划中的核心位置。

对土地用途分区的分区体系我国有不少学者做了许多工作，如王静结合近几年县级土地利用总体规划的实践提出了 5 个一级区、11 个二级区的分区体系；欧名豪提出建立土地用途地域和土地用途分区 2 个层次的分区体系。对土地用途分区管制，我国学者也进行了深入研究，如程烨从土地利用分散决策和土地管理集中决策分析了土地用途分区管制的必要性和可行性，并提出完善的措施和建议；王静等从经济学、生态学、规划学和法学的角度分析了土地用途分区管制的理论基础和法律基础，并提出实施土地管制的建议和措施。其他学者有些从市域或县域角度对土地用途分区和管制进行了研究，如刘洁进行了市域的土地利用总体规划空间结构模式的研究，朱凤武等进行了中国县域土地利用总体规划模式的研究。目前我国适用的土地用途区主要有 8 个，在乡镇土地利用总体规划中还可以适当的增加二级类。

3. 土地用途分区模型

对土地用途分区问题的研究可以追溯到空间分区问题。空间分区问题（spatial districting，简称 SD 问题）是一种空间单元的区域划分问题，它可视为将基本的空间单元遵照多个规划准则组合成若干个较大的簇（空间区域）的过程，而且此过程中要保证各区片的连续性（J. Kalcsics & S. Nickel，2005）。这些准则一般是基于自然、社会、经济等方面的各种因素。空间分区问题在很多方面具有十分重要的应用

（F. Ricca，2007），如政治选举区域划分，学校、社会公共设施、垃圾处理场的选址，以及社会紧急服务或商业销售区域的划分等。其中最主要的两个应用领域为政治选举区域划分（political districting）和商业销售及服务区域划分。

自从20世纪60年代起，很多学者对空间分区问题进行了研究，并针对不同的应用提出了各种各样的模型（A. Mehrotra，E. L. Johnson & G. L. Nemhauser，1998；S. J. D'Amico，S. J. Wang，R. Batta & C. M. Rump，2002；B. Bozkaya，E. Erkut&G. Laporte，2003；J. Kalcsics& S. Nickel，2005；F. Ricca，2007）。其中最有影响的模型是由 Hess（1965）和 Garfinkel（R. S. Garfinkel & G. L. Nemhauser，1970）提出的。早在1965年，Hess（1965）就在其毕业论文中对空间分区问题进行了研究，他将分区问题形式化表达成一种离散的空间配置问题，基于传统的运筹学和配置技术提出了一种启发式分区算法，即要想把区域划分为若干区片，首先在区域单元中选择若干单元作为区片的种子，然后在约束条件下将其他单元分配给这些种子，最终完成空间分区。Garfinkel 和 Nemhauser（R. S. Garfinkel & G. L. Nemhauser，1970）提出了一种基于集合划分的方法来解决对空间分区的问题。其思想如下：首先，在满足约束条件的前提下，生成很多种空间分区方案，并将这些方案的所有区片集中起来构成候选区片集合；然后从候选区片集合中选择若干区片进行优化组合，以满足分区准则。

20世纪90年代中期以后，国内外有关学者基于 GIS 技术开发了集成空间分析方法的多准则土地利用空间配置模型和决策支持系统（Carsjens and van der Knaap，2002；D. Caparros-Midwood，2015），这一时期提出的建模过程相对简单，可以较快地获得配置结果，但存在受人为因素影响、自动化和智能化程度不高的问题。数学规划模型也是在20世纪90年代随着 GIS 技术的发展而产生的，其基本原理是将土地利用的空间配置问题视为一个组合优化问题，再结合数学规划，从而实现问题的求解（Aerts et al.，2003；de Oliveira et al.，2003；Aerts et al.，2005），该方法存在计算效率和优化精度较低等问题。

在过去的半个世纪中，分区问题尤其是政治选举划分问题得到了很多学者的关注，他们也提出了大量的模型和算法。很多学者提出了其他的分区算法，目前土地用途分区常用方法有叠置分析法、主导因素法、多因素综合评判法以及聚类分析法等（王万茂，2005）。这些方法在具体的土地利用空间分区问题中有着一定的科学性和可操作性，但它们的缺陷也十分明显（任周桥，2007），如多核增长法（Vickrey，1961；Liitschwager，1973；Bodin，1973；Arcese，1992）、优化配置方法（Mills，1967；Robertson，1982；Hojati，1996）、聚类方法（R. F. Deckro，1977）。

近年来，元启发式优化技术（进化计算方法、模拟退火算法、禁忌搜索算法等）对于多目标优化问题的解决得到日益广泛的关注。由于它在解空间中能够高效完整地搜索到 Pareto 前沿，使得它在空间分区问题中有着十分成功的应用（Bennett，2004；Armstrong，2003；Xiao，2006；B. Bozkaya，2005；Federica Ricca&Bruno Simeone，

2007；D. M. Jaeggi，G. T. Parks，T. Kipouros，P. J. Clarkson，2008）。基于多目标决策技术解决了土地利用空间分区的问题（刘洋，2008；王坤，2009）。国内外学者将土地用途分区认为是多目标优化问题，研究分两个方面：①模型本身的目标和约束条件研究，随着对生态问题的重视，生态绿当量（明冬萍，2006）、生态服务价值、生态位（王汉花，2009；李耀军，2016）等被引入到模型中；②基于智能算法的土地用途分区模型，其主要优势在于模型求解优化问题的能力强、自动化和智能化程度高，并方便与其他算法结合以提高计算性能。国内外研究者分别将遗传（Feng & Lin，1999；任周桥，2007；Xiao&Armstrong，2007；Cao et al.，2011；张鸿辉，2011；Fotakis，2012；袁满，2014；X. Li，2016）、蚁群（高小永，2010；Liu et al.，2012；Y. Liu，2014；N. Mi，2015）、微粒群（马世发等，2010；D. F. Liu et al.，2012）、模拟退火（Aerts et al.，2003；洪晓峰，2011）、人工蜂群算法（L. Yang，2015）等智能优化技术引入到土地利用空间优化配置研究中，解决土地利用结构优化多目标解空间的寻优问题并取得了较好的效果。在这些思想的基础之上，武汉大学的刘洋（2008）提出了用于空间分区的多目标优化模型，认为空间分区模型由基本单元集、区域中心集、区域数、空间分区的唯一性、空间的硬约束条件、准则和目标 7 个部分组成，并结合改进的禁忌搜索算法实现了土地整理分区的研究；任周桥（2007）、王坤（2009）提出了用于土地用途分区的多目标优化模型，该模型以二维格网为目标空间，认为土地用途分区就是在一定条件约束下的包含 $I \times J$ 个变量的整数规划问题，并构建了相应的模型。然而，现有的智能算法在与土地利用空间优化配置领域问题结合时，存在着数值化、随机性和效率低三方面问题。随着智能优化模型在地理学相关领域的成功应用，人工免疫系统模型也开始得到土地利用相关领域研究学者的重视。梁勤欧（2003，2011）将人工免疫系统应用于设施布局分配与选址、地理信息预测等问题的求解；牛继强（2010）将人工免疫算法应用于土地用途分区模型等。总之，人工免疫系统目前在土地利用相关领域还没有得到足够的重视，尤其是在土地利用优化配置模型研究领域。

1.2.2　领域知识的获取与表达

1. 空间关联规则知识获取与表达

土地用途分区所涉及的知识可以分为领域知识和空间关联知识两类。传统的知识工程技术，典型方法包括与专家会谈、通过已知内容学习、通过观察学习（高文秀，2004）、资料分析、机器学习人工神经元网络智能增强法（amplified intelligence）。在实际应用中常需要上述多种方法联合以最大限度地获取综合所需的知识（Weibel，1995）。如果将传统的方法应用到地理信息领域，则必须对传统的知识工程方法进行精练和扩展。本体论作为新型知识库的核心和知识系统之间的知识交换的标准，已在知识工程、自然语言理解、智能信息继承、数据库理论与信息系统等方面得到了广泛的关注。近年来，本体论与 GIS 的结合研究成为了新的热点。Frank（1997）认为本体论是避免 GIS 信息不一致发生的基本方法；Smile 和 Mark（1998）提出本体论为不同领域空间实体的概念化及相互关系提供了平台；Guarino（1998）系统研究了本体驱动的GIS；Fonseca 和 Egenhofer（2002，2004）在基于本体论的知识模型和方法方面展开了具体的研究；Lars Kulik 等（2005）针对线要素开展了基于本体的知识获取研究，但缺乏本体驱动的自动知识获取框架和具体算法算子的研究。

空间关联知识的获取主要是通过空间关联规则来实现的。空间关联规则算法研究重在高效、准确地发现并获取多种形式的规则。利用既有的关联规则的挖掘算法，可以挖掘出相应的空间关联规则。空间关联规则的获取比较有效的方法有：搜索算法、层次算法、数据集划分算法、抽样算法等。这些算法是针对非空间关联规则提出的，可以在进行扩展后应用在空间数据挖掘中。可是，传统的方式主要是用数据挖掘的方法研究空间数据挖掘，很少顾及数据的空间特征（Lotfi A. Zadeh，2005）。空间数据的特性不仅包含位置和属性数据，还有实体间空间关系，而且空间数据的结构也比较复杂，既有表格数据，也有矢量数据、栅格数据。由于空间关联规则的挖掘需要在大量的空间对象中计算多种空间关系，因此其代价是很高的。一种逐步求精的优化方法可用于空间关联的分析（秦昆，2003），该方法首先用一种快速的算法粗略地对一个较大的数据集进行一次知识获取，然后在裁减过的数据集上用代价较高的算法进一步改进知识获取的质量。国内外学者对空间关联规则挖掘已经开展了相关的研究工作，在基础理论和应用上取得了一定的成果，使得以空间数据库为中心的规则挖掘成为可能，如空间元规则、空间泛化、空间聚类和关联等。如 T. Tsegaye 等（2005）整合卫星、气候、生物、大气等相关数据，研究了干旱预测及其与植物生长之间的关联关系；B. Ekasingh 等（2005）基于数据挖掘方法进行了农户作物种植选择行为进行了模拟；Mignolet 等（2007）基于数据挖掘研究了塞纳河盆地农作活动空间动态关联特征。国内学者也在空间关联知识的算法和应用上取得了丰富的成果，如朱庆伟、苏里等（2006）应用粗糙集提取了土壤侵蚀度与植被、坡度和耕地之间的关联关系，武汉大学的秦昆（2006）将概念格应用于图像数据的关联规则挖掘中。

综上所述，可见国内外在空间关联知识研究方面已取得丰硕的理论和应用成果，获取的知识在解释地理规律方面起到了一定的作用。

（2）地理实体语义相似度的获取与表达

随着 GIS 专题数据广泛应用于决策、分析、规划、评价和管理，专题数据库综合逐渐成为 GIS 和地图学领域研究的热点（李红梅，2009）。专题数据库的综合中需要同时兼顾空间邻近度、语义邻近度以及图斑指数等因素，如果把实体类型之间的相似度定量化为语义相似度，那么从某种意义上讲，在模型综合层面就可以通过语义相似度来控制和指引专题数据的转换操作，而在图形综合层面可以实现同时考虑空间邻近、语义邻近和图斑指数三种不同的度量对次要图斑进行合并。可见，将语义相似度引入专题数据库综合中具有重要的理论和现实意义。

近年来，本体在人工智能、软件工程、语义 Web、信息检索等领域发挥了越来越重要的作用（李文杰，2010）。本体给出了构成相关领域词汇的基本概念和关系，并且构建了关键词的同义、上下位及平级扩展，已形成了关键词丰富的扩展概念集（聂卉，2007），还可以表示这些概念的属性以及同义、继承、部分整体等概念之间的关系。本体主要关注的焦点在于实体本身，具体到地理信息系统领域就是对地理空间实体目标域的关注（李红梅，2005）。在 GIS 领域中，本体是用于解决地理概念分类以及地理概念之间的相互关系的，它侧重的是实体的属性和实体之间的关系，而不是对实体的操作。本体引入 GIS 领域的最大意义在于对空间信息语义理论的丰富，主要反映了地理信息科学研究重心的转移。本体代表了 GIS 科学研究的新方向，在 GIS 中本体扮演了一个重要的角色，它允许人们去获取独立于数据表达的语义信息。

因此，基于本体的语义相似度计算是一项非常重要的基础性研究工作，一个好的语义相似度测度方法对于信息检索、信息集成、数据挖掘、知识工程、语义 Web 等研究工作具有重要的意义。同时，它还是专题数据库综合中语义邻近度计算的基础。

1.2.3　人工免疫系统算法及其改进

自从 1998 年，世界计算智能大会（WCCI）第一次在美国召开了人工免疫系统专题会议，各类研究人员对免疫系统的研究兴趣不断增加，以后每年均有人工免疫专题的国际学术会议。近年来，人工免疫系统的研究受到许多领域学者的关注，为求解多目标优化问题带来了新的希望。

在理论研究方面，生物免疫系统中的克隆选择原理本身就包含了一种进化过程，因此根据这些理论可以开发智能优化方法解决实际优化问题。这种想法由 De Castro（2000）首先实现，其后他又在 2002 年发表文章细化了算法实现的过程。起初提出的算法是基于二进制编码的，而 Wierzchon 等（2003）提出了基于实数编码的广义人工免疫算法，由此完善了基于免疫机理的优化算法原理，形成了基本人工免疫算法的结构。在此基础上，对于人工免疫算法理论和改进的研究纷纷展开。

在人工免疫算法的编码机制和算子方面，研究人员进行了大量工作以提高算法性能。Costa 等（2002）提出了基于多字符编码规则的人工免疫算法。继而，De Castro 和 Calos（2003）在算法中引入记忆集合，将进化群体中较好的个体记录于记忆集合中，而且不断更新该记忆集合，以此形成了用于多目标优化的人工免疫算法，而 Calos 等（2003）又对提出的算法进行了改进，使算法对于约束条件较少或非线性约束性不强的问题可以得到更好的效果。其后 Adnan Acan 和 Chunhua Li（2005）都对其进行改进，以提高算法的收敛速度。在人工免疫算法结构方面，刘若辰等（2004）对免疫单克隆机制和免疫多克隆机制进行了分析讨论。宋丹等（2005）提出一种基于多种群的自适应免疫进化算法 IABM，引入记忆算子，充分利用优良基因信息指导后代生成，加快了收敛速度。李广强等（2006）将人机合作机制引入人工免疫算法，提出了人机合作的免疫算法，由设计者根据先验知识提供部分抗体个体，充分利用了先验知识改善算法种群质量，并利用布局设计问题验证了算法的可行性和有效性。

生物免疫机理与其他理论和算法的结合应用同样是一个重要的研究方向。先后提出了以下算法：免疫遗传算法（Jiao，王磊，2000；梁勤欧，2003）、人工免疫算法和蚁群算法结合（胡纯德等，蒋加伏等，2004）、免疫粒子群算法（高鹰等，2004）、自适应混沌克隆进化规划算法（杜海峰等，2005）、基于免疫选择和自组织临界变异的进化算法（曹先彬，2007）。目前关于人工免疫算法的研究方兴未艾，该算法研究仍未成熟，仍然存在一些问题，有待深入探讨，如早熟问题和搜索效率问题等。

在应用研究方面，自 Farmer 在 1986 年提出免疫机理可以在机器学习等工程问题中得到应用之后，相关人员就一直在探索免疫机理在工程实际中的应用技术。而 De Castro 等完善了算法结构和算法模型后，更为人工免疫算法的应用研究提供了有力的支撑。综合现有文献，目前人工免疫算法在解决以下问题方面显示出了一定的优越性：旅行商问题（TSP）、分类器、路由选择、空间布局（梁勤欧，2003）。这些问题的解决为电力、电子、计算机安全和密码学等领域的应用问题提供了较好的解决方案。

国内外涉及有关人工免疫系统的研究者相对较少，但是在相关基础理论研究和应用方面都取得较大的进展。虽然国内从 2000 年才开始人工免疫系统的研究，已经在许多领域进行了实验研究，但是与国外相比，原创性的理论模型几乎没有，大部分是对国外相关理论的介绍和引进。

人工免疫系统相对于进化等算法具有其独特的优势（焦李成，2006）。De Castro 和 Von Zuben（1999，2000）依据克隆选择理论基本原理，提出了克隆选择算法（clonal selection principle，CLONALG）。Coello 等（2005）提出了自己的多目标人工免疫算法；尚荣华等提出了用于多目标优化的人工免疫算法，取得了较好的效果；焦李成等（2012）提出了免疫记忆克隆约束多目标优化算法（IMCCMO）。目前克隆选择已经被广泛应用于信息安全、错误诊断、机器学习、数据挖掘、智能优化和遥感图像处理等多个领域。

1.2.4 空间数据挖掘

1989 年 8 月举行的第十一届国际联合人工智能学术会议上首次出现了数据挖掘的概念。其后，出现了众多的研究机构、学术会议和期刊。2000 年，J. Han 教授出版第一本数据挖掘的专著——《数据挖掘：概念与技术》，系统介绍了数据挖掘的基本概念、基本方法和基本技术以及数据挖掘的最新进展，数据挖掘的研究进入一个崭新的时期。近年来，随着计算机技术的迅猛发展，人们获取与收集数据的能力大大提高，数据量以前所未有的速度迅速增长。面对海量的数据，数据挖掘技术也得到迅猛的发展，成为目前国际上数据库和信息决策领域最前沿、最活跃的研究领域之一，引起了学术界和工程界的广泛关注。最近 Gartner Group 的一次高级技术调查将数据挖掘和人工智能列为"未来 3~5 年将对工业产生深远影响的五大关键技术"之首，同时还将并行处理体系和数据挖掘列为未来五年内投资热点的十大新兴技术前两位。

现代数据采集技术的发展，促使数据量迅速膨胀，也导致了人们利用数据的困难。数据挖掘应运而生，空间数据挖掘为其主要的研究内容。长期以来，人们常常使用数据挖掘的方法研究空间数据挖掘，而较少考虑空间数据的独有特征。实际上，相对一般的事务数据挖掘而言，空间数据挖掘更为复杂，挖掘的对象不仅包含位置数据和属性数据，还有实体间的空间关系，而且空间数据的结构也比较复杂，既有表格数据，也有矢量数据和栅格数据。

我国李德仁院士等首次提出了从 GIS 数据库中发现知识（knowledge discovery from GIS，KDG），希望通过数据挖掘方法将 GIS 有限的数据变成无限的知识，使 GIS 成为智能化的信息系统（Li Deren & Cheng Tao，1994）。随后的研究，李德仁院士又进一步发展了空间数据挖掘的概念和方法，将 KDG 发展成为空间数据挖掘与知识发现（spatial data mining and knowledge discovery，SDMKD），从而奠定了空间数据挖掘的理论方法与技术体系。2000 年，邸凯昌博士出版了《空间数据挖掘与知识发现》专著，较为系统地总结了空间数据挖掘研究的内容和方法，这也是本领域出版的第一本学术专著。其后李德仁院士和他的学生王树良于 2006 年出版了《空间数据挖掘理论与方法》一书，更为系统地介绍了空间数据挖掘的理论与方法。空间数据挖掘与知识发现是数据挖掘研究的一个分支，其目的是从数据库系统中抽取隐含人们感兴趣的空间模式和特征，发现空间数据域非空间数据之间关系等，构建空间知识库。

1. 空间数据挖掘的理论研究

空间数据挖掘是一种决策支持过程，基本知识类型是规则和例外，理论方法的好坏将直接影响到所发现知识的优劣。已经使用或发展了的空间数据挖掘的理论方法，根据面对的空间数据对象，可以分为基于确定数据的和基于不确定性数据的，主要包括概率论、证据理论、空间统计学、规则归纳、聚类分析、空间分析、模糊集、云模型、数据场、粗集、地学粗空间、神经网络、遗传算法、可视化、决策树、空间在线数据挖掘等，并都取得了一定的成果（Ester et al.，2000；王树良，2006）。许多学者开展了相关研究取得了丰硕的成果，Grabmeier 和 Rudolph（2002）总结了空间数据聚类发现技术，分析了基于统计学、数据挖掘和地理信息系统的空间模式识别和知识发现方法。Koperski 等（1996）认为巨量的空间数据来自遥感、地理信息系统、计算机制图、环境评价和规划等各种领域，数据挖掘已经从关系数据库和交易数据库扩展到空间数据库，并就空间数据生成、空间数据聚类和空间关联规则挖掘等方面总结了空间数据挖掘的最近发展。Han 和 Kamber（2001）在他们的数据挖掘专著中，系统讲述了空间挖掘的概念和技术。李德仁和王树良等用两篇学术论文系统地概述了空间数据挖掘的产生和发展，研究了空间数据挖掘的含义，可发现的空间关联特征、分类和聚类等知识，以及它与数据挖掘、机器学习、地学数据分析、空间数据库、空间数据仓库、数字地球等相关学科的关系，分析了空间数据挖掘的应用开发，讨论了可用于此的理论和方法，并展望了空间数据挖掘的研究和应用前景（李德仁等，2001，2002）。空间数据挖掘的理论体系基本形成。目前空间数据挖掘的方法大多来自相关学科，如机器学习、统计学、软计算方法、模式识别和信息论等，尚未形成相对独立的方法体系。不少学者对数据挖掘和空间数据挖掘的方法进行了总结和划分。空间数据挖掘的方法体系是开放的，近年来，在实际应用过程中主要是综合使用它们，并充分汲取成功的机器学习和人工智能技术，出现了大量的应用成果和领域空间数据挖掘。

2. 空间数据挖掘的应用研究

空间数据挖掘从数据挖掘发展而来，数据挖掘的成功算法和应用系统在很大程度上影响着它的进展。因此，在讨论空间数据挖掘的应用之前，有必要先简要总结数据挖掘的典型应用成果。数据挖掘能有效利用大型数据集，为决策者提供极有价值的知识，带来不可估量的效益。在市场营销、金融银行、电信、交通、保险、政府和防卫部门等应用领域中，数据挖掘最为活跃，并开发了很多应用产品。目前数据挖掘已经渗透到人们的社会经济活动中，就连美国联邦调查局（FBI）也开始应用该项技术。数据挖掘可以作为决策支持系统的一个重要组成部分，用于市场调查、市场策略制定、金融分析、企业决策支持等。目前数据挖掘可以为决策者提供极有价值的知识，并带来了巨大的效益（Han and Kamber，2001；王树良，2006）。

空间数据挖掘也具有广泛而重要的现实作用，能够指导发现新空间实体、进行空间决策、浏览空间数据库、理解空间数据、发现空间联系以及空间数据与非空间数据之间的关系、重组空间数据库、构造空间知识库、优化空间查询等。虽然相对于数据挖掘，空间数据挖掘的研究和发展较为薄弱。但是由于数据挖掘的发展基础、空间数据的基础设施作用以及数字地球和数字城市的建设需要，空间数据挖掘的应用成果日益扩展，其效益是不可估量的。如 SKICAT 已经发现了 16 个新的极其遥远的类星体，POSS 系统将天空图像中的星体对象分类准确性从 75% 提高到 94%，MagellStudy 系统通过分析启明星表面的大约 30000 幅高分辨率雷达影像，识别了火山等。空间数据数据挖掘的应用范围正在扩大，逐步渗透到地理信息系统、信息融合系统、遥感影像、图像数据库、城镇规划、气象预报、医疗影像处理、导航和机器人等方面。

（1）聚类算法的研究进展

在半个多世纪中，聚类算法沿着多个方向不断得到发展依赖于新兴的优化技术、主要的方法学以及应用领域。从一般聚类的算法特征上看，目前比较成熟的聚类算法主要有以下几种：划分法（K-means 算法、K-中心点算法、PAM 算法、CLARA 算法、CLARANS 算法）、层次法（CURE 算法、CHAMELEON 算法、BIRCH 算法、Chameleon

算法、AutoCluster 算法)、基于密度的方法（DBSCAN 算法、OPTICS 算法）和基于网格的方法（BIRCH 算法、BUBBLE-FM 算法、STING 算法、DBCLASD 算法、CLIQUE 算法）等。随着对数据聚类研究的不断深入，新的聚类算法不断涌现以适应新的挖掘任务的要求，如使用数据场、粗集、模糊集和小波分析等理论进行空间聚类，这些算法都是在传统算法的基础上集成了多种聚类方法的思想，具有各自的特点，但也有一定的局限性。近年来，有部分学者受到免疫系统机制启发，在数据聚类领域提出了不同的人工免疫算法模型，用于数据聚类分析、数据浓缩、归类任务，取得了不少有益的成果。Hunt 和 Cooke（1999）研究了基于 AIS 模型的无监督学习算法，将其用到了 DNA 序列的分类任务中。Cooke 构造的 AIS 无监督学习算法在执行聚类任务方面取得比决策树、ANN 和最小临近法更好的效果，其误差率仅为 3%。在对人工免疫算法与聚类分析、Kohonen 网络进行对比分析后，J. Timmis（2000）指出 AIS 用于数据分析是可行且有效的，可对训练数据进行建模，对输入空间的大区域有泛化能力，并能对得到的进化网络提供更好的解释，获取更多的有用信息。De Castro（2002）基于免疫网络模型 aiNET 对高维原始数据进行聚类分析，进一步揭示出数据簇内的相互关系。实验证明，该方法是一种非常有效的数据聚类分析方法。国内方面，王磊、郑建国等（2003）把人工免疫原理与小波神经网络相结合用于数据挖掘中数据库规则的获取。李洁、焦李成（2004）提出了一种有限资源的模糊神经网络结构聚类方法，并将其用于混合属性特征大数据集聚类算法，取得了不错的效果。莫宏伟（2005）在 aiNET 和 AIRS 的基础上提出了人工免疫网络记忆分类器，并将其成功地用于网络文本聚类。

（2）空间聚类的研究进展

随着各种复杂特殊数据库的广泛应用，对聚类任务提出了更新的要求，聚类方法和技术的研究也面临着新的挑战，在空间聚类领域这一现象显得尤为突出。为了解决海量、高维的空间数据处理问题，通过对传统的聚类算法进行改进并引入到空间聚类问题的研究中，并取得了丰硕的成果（B. M. H. Romeny，1997），如 S. Shehroz（1999）等人改进 K-Means 用于空间数据的聚类，Ng（2002）提出了一种扩展 CLARANS 算法用于面状实体的聚类等。这些研究中大多是结合领域问题改进聚类算法或距离测度函数来解决空间聚类问题的，在复杂空间处理上，传统算法的引进还是有一定的局限性的。带有非空间属性的空间数据聚类是目前空间聚类研究的热点和难点。李新运（2004）提出了坐标与属性一体化的空间聚类模型；杨春成（2005）提出了一种满足旋转与平移不变性的线段链形状相似性评价方法，该方法计算简便，适用于面状地理实体聚类分析；Lin（2005）首次使用双重聚类（Dual clustering）来指代这样一类空间聚类问题：聚类结果中各子类在空间域上连续、在属性域上相近，由于空间域和属性域的不可比性，对空间聚类算法中的空间距离度量和属性扩展都具有一定的人为任意性；Keh-Shih Chuang（2006）等利用图像中像素含有的空间自相关性，提出了一种包含空间信息的模糊 c-means 聚类算法；郭庆胜（2008）基于原始的点集合生成的 DT

构建相应的 GG、UG、MST 和 NNG，然后在所选择的密度适应性约束、距离适应性约束和偏差适应性约束这三种条件下，利用所生成的临近图进行了点群的层次聚类；李光强（2008）针对传统空间聚类算法没有同时考虑空间位置关系和非空间属性的不足，引入直接可达和相连概念，提出了一种基于双重距离的空间聚类方法（dual distance based spatial clustering, DDBSC）；杨春成（2009）综合考虑距离和几何形状相似性来设计聚类准则，并实现相应的聚类算法；宋晓眉（2010）分析了图斑 k 阶临近图的特征及层次关系，对层次聚类方法进行改进，使得聚类的时空信息的结合灵活有效；刘启亮（2011）从力学的角度来考虑空间聚类问题，并结合地理学基本规律提出了一种基于力学思想的空间聚类有效性评价指标；邓敏（2011）从空间数据场的角度出发，提出了一种基于场论的层次空间聚类算法（HSCBT），该算法是通过模拟空间实体间的凝聚力来描述空间实体间的相互作用，进而采取层次凝聚的策略进行聚类；刘启亮（2011）借助 Delaunay 三角网构建空间临近关系的优势，通过施加不同层次、不同类型的约束，提出一种空间聚类的新方法。这些空间聚类模型主要是针对某一应用领域提出的，虽然能够解决一定的问题，但是没有形成统一框架下的空间聚类模型。

空间聚类的发展还依赖于针对空间信息特征的聚类算法的研究。近年来，空间聚类还将其他学科的最新研究成果如图论、模糊数学（S. Eschrich et al., 2003）、人工智能（U. Mali, 2000）引入空间聚类研究中，如 Witold Pedrycz（2005）将模糊数学引用于空间数据聚类中，郑涛（2006）使用数据场概念对 CLARA 算法进行了改进，并应用于大型多维空间数据的处理，优化了聚类的结果。关于空间聚类最新的研究成果是提出了许多基于遗传算法的聚类算法（U. Mali, 2004；杨春成，2006），但该方法收敛速度较慢、容易出现早熟，这一直是不能解决大规模应用的瓶颈问题；王家耀（2006）设计了一种遗传 k-均质空间聚类分析算法，该算法兼顾了局部收敛和全局收敛性能；梁勤欧（2011）改进了人工免疫网络模型和克隆选择算法并用于空间聚类研究；陈应显（2011）提出了一种基于粒子群优化算法的空间聚类分析方法，并对相应的适应度函数进行了改进。

3. 土地利用领域的空间数据挖掘

计算机数据采集和存储技术的发展，使得数据库急剧膨胀，这造成了"数据过量而知识贫乏"的瓶颈。在这些数据中，大约 80% 与地理分布有关，例如空间数据。面对持续增长的海量空间数据，人们由于难以在没有知识辅助的情况下完全理解数据，因此开始关注数据挖掘中的空间数据挖掘。除了数据挖掘的共性，空间数据挖掘还有自己的特性。它不仅包含位置和属性数据，还有实体间空间关系，而且空间数据的结构也比较复杂，既有表格数据，也有矢量数据、栅格数据。可是，人们几乎是在用数据挖掘的方法研究空间数据挖掘，却很少顾及数据的空间特征（Lotfi A. Zadeh, 2005）。

将数据挖掘技术作用于土地数据库，挖掘土地利用系统背后掩藏的有关土地利用结构、格局、土地利用动态演化、土地利用系统与社会经济系统之间的关联关系等，是深入认识土地利用系统本质，指导土地利用规划和科学管理的要求。近年来已有相关研究的开展，如 T. Tsegaye 等于 2005 年整合卫星、气候、生物、大气等相关数据，基于数据挖掘技术，研究了干旱预测及其与植物生长之间的关联关系；B. Ekasingh 等（2005）基于数据挖掘方法进行了农户作物种植选择行为进行了模拟；Q. Wu 等（2007）研究了基于数据挖掘技术的土壤侵蚀评价；Mignolet 等在 2007 年基于数据挖掘研究了塞纳河盆地农作活动空间动态特征。在国内，相关学者也进行了一些基础研究工作，如郑新奇等（2005）基于土地利用现状数据库和城镇地籍数据库，开展了土地利用数据整合、预处理和数据挖掘算法的研究；刘耀林等（2004，2005）研究了基于云理论和粗糙集的土地适宜性评价和基于决策树空间数据挖掘的城镇土地定级估价方法；刘耀林等（2006）研究了可视化交互空间数据挖掘技术在土地定级中应用以及可视化交互空间数据挖掘原型系统设计与实现；朱庆伟、苏里等（2006）应用粗糙集提取了土壤侵蚀度与植被、坡度和耕地之间的关联关系。贾泽露（2006）、孙元军（2008）研究了土地分等定级的数据挖掘，并设计实现了土地定级专家系统；刘洋（2008）提出了改进的禁忌搜索算法，并将这一算法应用在土地整理分区中；王坤（2009）研究了微粒群算法在土地用途分区中的相关理论；樊敏（2009）基于群体智能优化算法对土地评价进行了数据挖掘，导出了土地评价的分类规则。

Hansen 等（2003）选择了 16 个属性指标利用决策树方法对土地覆盖进行了分类，Eklund 等（2002）选择了多个自然地理要素产生了土壤二次盐碱化类型分类规则，周成虎等利用互信息原理提出了时空分割聚类模型，肖平等利用神经网络技术建立了遥感影像分类方法。这些空间聚类和分类方法并未充分考虑空间实体的位置坐标和空间关系，对类内的实体或地域单位，只能刻画其属性上的相似性，而不能充分反映位置上的邻近性，仍然是基于属性的数据挖掘方法。与此不同，Huang 等（2006）建立的土壤分类规则中，把位置坐标引入了条件属性，使分类准则与坐标有一定的对应关系。目前基于统计学和模糊集的分类算法已较成熟，基于神经网络、遗传算法、决策树、粗糙集等的分类算法研究也有很多成功的案例，但如何基于空间关系与属性指标一体化的空间对象模型建立新的空间-属性混合距离测度，并纳入空间聚类和分类计算模型，真正反映出类内"属性相似，空间相近"，类间"属性相异，空间相离"的空间分类规则，急需开展深入研究。

土地用途分区具有计算密集与数据密集的特点，现有的克隆选择算法多是基于串行计算设计的，优化计算效率低，仅适于小规模数据的实验验证研究，难以对大区域范围的土地利用空间进行运算。近年，随着网格、集群、桌面超级计算机、云计算、多核处理器、固态硬盘等先进计算设施的出现，新型硬件架构为实现全球或区域性的复杂地理计算提供了高性能计算基础，并行地理计算已成为解决复杂地理计算性能瓶颈的可行途径。由于人工免疫系统的经典算法是对种群进行迭代运算，所以具有天然的并行处理特性，非常适合在大规模并行计算机上实现。但是，目前模拟生物免疫系统并行性的工作还屈指可数（戚玉涛，2008）。A. Watkins（2003）利用免疫系统潜在的并行性研究了并行克隆选择算法，以提高效率。随后出现的 AIRS 并行化算法进一步说明了并行技术能够有效地应用于人工免疫系统算法，大幅度提高算法的求解能力（J. Timmis，2010）。刘耀林（2014）开发了土地利用优化配置人工免疫并行决策支持系统。现有的研究多是对已有人工免疫算法的并行实现，关于并行人工免疫系统模型的研究尚不多见。

1.2.5　存在的问题

通过对国内外现有研究的综述可见，在既有的研究中，土地用途分区研究主要集中在空间管制方面的研究，智能化的分区理论与方法等关键技术有待突破；土地用途分区模型与各应用领域的结合不够紧密，因此面向土地用途分区的空间数据挖掘研究还有待深入。已有研究难以满足土地利用数据的数据挖掘要求，表现在以下几个方面：

①土地用途分区及其相关工作研究还比较滞后，尤其是缺乏跟土地利用总体规划修编紧密结合、实用性强的分区方法的研究。目前土地利用规划中对于土地利用分区通常用的是传统的叠置分析法、主导因素法、多因素综合评判法以及聚类分析法等，甚至有的直接是人工的判断分区，或者采用图件作依据进行分区，或者根据用途选取指标，确定标准，依据标准分区划界，划区方法以定性为主。这些方法都存在一定的主观性，作业人员的经验和工作态度直接影响到分区结果的好坏，智能高效的土地用途分区的优化算法还有待进一步的研究。

②既有的综合分析法、主导因素法、叠置法都是定性的分区方法，只是对具体的方法进行研究，土地用途分区模型的关键问题还缺乏系统的分析和归纳，如何构建一种成功的土地用途分区工具仍需要进一步的探讨。在面向土地用途分区的空间数据挖掘中，还缺乏面向土地用途分区的界面友好、功能强大的空间数据挖掘系统。

③仅仅考虑了单元属性上的相似性，没有考虑单元的空间分区特征和分区原则，若当前土地利用空间分区问题中（如土地整理分区）需要考虑多种较重要的准则时，此方法无能为力。其次，聚类法的结果并不能保证分区结果中，各区片的完整连续性，在最后确定分区时，还需要遵照区域整体性和便于实施管理的分区原则，人工进行调整和改进。另外，此方法一般只能为用户提供唯一的分区方案，用户决策的自由度不大。

④现有的智能化分区方法的研究都是基于栅格数据的，众所周知，目前的土地利用数据库的建设是以矢量数据为基本的数据结构，一些隐含在数据中的空间关系没有得到较好的应用。因此，随着相关数字国土信息化工程的相继实施，基于这些整合的

数据深入开展数据挖掘研究，是提高土地管理水平的需要。

⑤各地土地利用数据库和规划数据库已基本建成，需要开展基于土地利用领域知识的数据挖掘技术研究，去除与挖掘任务无关的数据，降低数据维数；已有数据挖掘算法对高维、海量数据的挖掘存在效率低下、挖掘结果盲目等问题，还有存在大量瓶颈问题，特别是在土地利用数据库中的应用有待继续研究突破。

⑥传统的土地利用分区中，在一些模糊图斑的判别上往往存在多义性，这是土地用途分区的难点和核心问题，这些问题的解决必须结合领域知识的指导。

1.3　研究目标与方案

1.3.1　研究目标

针对目前土地信息难以利用的问题，拟在空间数据挖掘等理论的基础上，研究面向土地用途分区的空间数据挖掘的基础理论与技术框架，构建土地用途分区模型，并就空间关联知识的获取提出了基于改进的模糊概念格的挖掘算法，深入研究克隆选择算法，针对克隆选择算法进行扩展，提出了混沌免疫克隆选择算法，构建基于改进的免疫克隆选择算法的土地用途分区数据挖掘模型。设计面向土地用途分区的空间数据挖掘原型系统，并进行实例研究验证模型的科学性，以期建立面向土地用途分区的数据挖掘模型，为解决土地信息利用效率不高的问题提供理论基础和技术框架，为土地用途分区的智能决策提供支持，为空间数据挖掘提供新的、科学的智能算法。

1.3.2　研究内容

面向土地用途分区的空间数据挖掘理论与方法的具体研究内容主要包括以下几个方面：

①阐明研究背景，提出基于数据挖掘的土地利用分区问题研究的必要性，在分析国内外对土地用途分区和空间数据挖掘的研究进展的基础上，提出土地利用分区的特点和存在的问题，明确研究的目标和思路，并分析研究的意义，概括所做的主要工作和拟解决的关键问题。

②面向土地用途分区数据挖掘的理论研究。从土地用途分区、空间数据挖掘的定义出发，提出了面向土地利用分区数据挖掘的概念，并介绍了土地利用分区数据挖掘的特征和内容，探讨了土地用途分区数据挖掘的基本方法，主要包括空间计算模型——空间关系度量的方法、空间数据关联规则的挖掘方法——概念格、空间数据聚类分析的方法——人工免疫系统的聚类算法，探讨了面向土地用途分区的空间数据挖掘的体系结构与策略，构建了基于领域知识的土地用途分区模型。

③面向土地用途分区数据挖掘的关联规则发现。在分析现有的空间关联规则挖掘

模型的基础上，针对土地用途分区的问题，对概念格进行扩展，提出了改进的模糊概念格，并研究了模糊概念格的渐进式构造和 Hasse 图绘制算法，研究了土地用途分区数据挖掘的规则获取的方式和空间关联知识的存储与表达方式，提出地理实体语义相似度模型。

④基于知识的土地用途分区挖掘模型。研究了土地用途分区的问题，并将其表示为一个基于优化的聚类问题，提出了解决土地用途分区的方案。在对人工免疫系统算法的分析基础上，探讨了基于多目标的土地用途分区聚类算法的可行性，并采用混沌理论中的 Logistic 方程对传统的克隆选择算法进行扩展，提出了混沌免疫克隆选择聚类模型，并将该算法用于土地用途分区的研究。通过对小图斑模式的分析，提出顾及地理实体语义相似度的土地用途分区模型。

⑤面向土地用途分区的空间数据挖掘原型系统与案例研究。探讨了面向土地用途分区的空间数据挖掘原型系统的结构设计、功能设计、数据库设计、模型库实现、功能库实现以及方法库实现，并开展实验研究：①选择湖北省宜城市，利用土地数据库及相关资料对以下几个方面进行了实证研究，首先对数据进行预处理，并提取土地用途分区的领域知识并进行形式化表达，接着基于改进的克隆选择算法进行土地用途分区的空间聚类，最后对分区方案进行评价和可视化表达；②以海南省昌江黎族自治县（下文简称：昌江县）乌烈镇为例，采用改进的克隆选择算法，获得土地用途分区方案；③以海南省海尾镇为例，采用顾及地理实体语义相似度的土地用途分区模型，获得土地用途分区方案。

⑥总结论文的创新点，并对面向土地利用分区的数据挖掘模型的应用前景及研究方向进行分析与探讨。

结合研究目标和研究内容，在具体实施研究时采用如图 1-1 所示的技术路线。

1.3.3 研究思路

通过分析和借鉴已有的空间关系、概念格和人工免疫系统的相关研究成果，针对土地用途分区的问题进行改进，开展相关理论和方法的创新研究，可以总结为以下几点：

①探讨领域空间数据挖掘体系，提出土地用途分区模型。在总结已有研究工作的基础上，提出了面向土地用途分区的空间数据挖掘框架体系。

②基于模糊概念格的空间关联知识挖掘模型研究。针对目前空间关联规则难于获得的问题，本研究拟对概念格进行改进并引入到空间关联规则挖掘中，提出地理实体语义相似度模型，解决空间关联知识获得的瓶颈问题。

③融入土地利用领域知识指导的土地用途分区。空间数据聚类是发现空间数据隐含知识的主要方法，提出混沌免疫克隆选择聚类算法，用于土地用途分区。通过领域知识的指导，控制数据挖掘过程和辅助数据挖掘结果知识的选择、解释和验证，避免

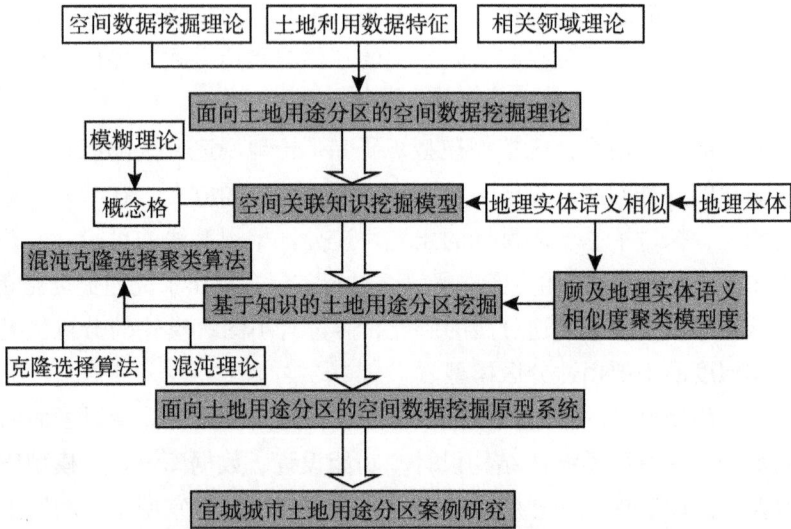

图 1-1 面向土地用途分区的空间数据挖掘研究技术路线

基于统计、证据、神经网络等传统数据挖掘方法由于搜索空间增大后出现盲目搜索和数据过拟的问题。通过对小图斑模式的分析，提出顾及地理实体语义相似度的土地用途分区模型。

④开展应用研究，在建立面向土地用途分区的空间数据挖掘模型的基础上，开展应用研究，解决目前土地利用总体规划的核心问题——土地用途分区存在的智能化不足。

在本研究中，需要解决的关键问题主要包括以下几个方面：

①研究面向土地用途分区的空间数据挖掘模型；

②建立面向土地用途分区的空间数据挖掘体系和挖掘方法；

③研究高效的空间关联规则挖掘模型如何处理复杂空间数据的问题；

④研究基于知识的土地用途分区挖掘模型；

⑤面向土地用途分区的空间数据挖掘原型系统的设计与实现，解决土地用途分区这一复杂巨系统的模型应用问题。

1.4 相关学科及其关系

面向土地用途分区的空间数据挖掘是在数据挖掘、人工智能、地学数据分析、空间数据库系统和土地利用规划等多个学科相融合的基础上发展起来的交叉学科，它们之间既有联系，又存在差别。

1.4.1　数据挖掘

面向土地用途分区的空间数据数据挖掘是数据挖掘的学科分支，但在挖掘对象、粒度及其属性方面又不同于普通的数据挖掘，在发现状态空间中比数据挖掘还多了尺度维。

1. 挖掘的对象

一般数据挖掘的对象是常规的结构化关系数据库（如销售数据库），存储的是事务型数据，挖掘的属性直接取自字段或由简单的数学或逻辑运算派生。而空间数据挖掘的对象是空间数据集，既存储了空间对象的位置和属性等数据（如地图、处理过的遥感或医疗图像、城市空间功能的规划数据），也拥有空间对象之间的拓扑关系和距离信息。非结构化的空间图形数据兼有矢量和栅格两种，并分成多个图层，而且空间数据的存储结构、查询方式、数据分析和数据库操作等都有别于常规的事务型数据库。

2. 挖掘的粒度及其属性

空间数据挖掘和数据挖掘的粒度不同。数据挖掘的粒度是事务型交易数据，而空间数据挖掘的粒度可以是点、线、面、多边形、体等空间对象，也可以是图像或栅格的像元（邸凯昌，2001），常互补采用两种空间粒度。采用矢量数据，以空间对象为粒度，空间数据挖掘可以利用空间对象的位置、形态、空间关联等特征，挖掘空间的分布规律、特征规则、分类规则等知识，直接用于决策分析。采用栅格数据，把像元作为粒度，空间数据挖掘可以利用像元的位置、多光谱值、高程、坡度等具体信息，提取图像特征，发现精确的分类规则，用于图像分类。

粒度的属性也不同。一般数据挖掘挖掘的关系数据库中的粒度属性，直接取自字段或由简单的数学或逻辑运算派生。而空间数据库中的粒度的图形几何特征、空间关系等属性，一般并不直接存储于数据库中，而是隐含在多个图层的图形数据中，需利用矢量或栅格的数据，经过特定的空间运算和空间分析才能得到，如空间对象的高程来自叠置分析，邻接对象来自拓扑分析，对象间间距离来自缓冲和距离分析，像元的坡度坡向则来自数字高程模型（DEM）等地形分析。

3. 发现状态空间的尺度

空间数据挖掘比数据挖掘还多了尺度维。数据挖掘赖以实施多种算法的发现状态空间（李德毅，1994）是三维的立体运作空间。纵向属性认识和发现属性之间的关系，横向宏元组理解和挖掘各种宏元组之间的一致性和差异性，二者构成特定知识模板的二维知识基。垂直模板是从微观到宏观的发现知识操作，由一块知识模板上升到抽象级别更高的另一块模板，可提高知识抽象度。而空间数据挖掘针对空间数据的特点，在三维发现状态空间的基础上又增加了尺度维，形成空间数据挖掘的四维发现状态空间（邸凯昌，2001）。在尺度维上，空间数据挖掘表达了空间数据由细至粗、多比例尺或多分辨率的几何变换过程。尺度越小，对空间目标表达越精细、越微观；尺度越大，对空间目标表达越概括、越宏观。面向尺度的操作，是对空间数据由细到粗的计算、变换、概括和综合过程。

1.4.2 人工智能

人工智能是数据挖掘产生的学科基础，主要研究人类如何获取知识和使用知识，是以演绎为主的正向方式认识世界。而空间数据挖掘是让机器模拟人的智能从数据中发现知识，用机器再现人类认识的过程，是以归纳为主的逆向方式认识世界。基于空间数据挖掘系统的人工智能，具有类似人的认知和思维能力，能够发现新的知识，去完成面临的新任务。通过空间数据挖掘来发现知识的过程就是构造专家系统、生成知识库的过程，可以为人工智能的认知科学提供一个新的实体模型和实在形式。

1.4.3 地学数据分析

在分析数据的效率上，传统的地学数据调查和分析过程通常是先由需要信息的用户自己负责，或委托专门的机构制订出技术方案，然后调派大量的调研人员通过抽样或普查获取基础信息，填写表格或输入计算机，再对基础信息进行汇总统计，最后由专家对数据进行分析，得出结果。这种方法耗费的人力、物力和财力巨大，周期长，结果滞后，而且不可避免地要受到调查和分析人员主观因素的影响。而空间数据挖掘在一定程度上克服了这些缺点。过去一项需要几个月甚至几年的统计分析工作，现在只需要几分钟、几秒钟就能完成。

在探索数据关系时，传统地学数据分析使用基于验证的方法，用户首先对特定的数据关系作出假设，然后使用分析工具去确定或否定这些假设，其有效性受到很多因素的限制，如提出的问题和预先假设是否合适等。而空间数据挖掘重在发现，更强调在隐含未知情形下对空间数据本身的规律挖掘，发现的知识要求满足大数据量的统计检验。空间知识比现有的 GIS 分析工具获取的信息更加概括、精练，还可以发现现有GIS 分析工具无法得出的隐含模式和规律。

应该指出，图像处理、图像分类、空间查询、空间分析等都是为了获得某一专业信息的信息提取过程，并非空间数据挖掘，而是空间数据挖掘的基础和工具。

1.4.4 空间推理

常见的推理方法主要有三类：演绎、归纳和常识推理。演绎是基于公理和演绎规则进行的，多用于数学科学，如定理证明。归纳是基于从事例或统计的大量事实、归纳规则进行的，多用于自然科学，如物理、化学等方面的归纳结论。常识推理则是从通常的大家公认的知识出发，推导出有普遍意义的知识，多用于政治、医学、经济等人文科学，也常见于日常生活中，如争论、辩论和讨论等。

空间数据挖掘的规则挖掘具有推理方法的原理，也有其自身的推理特点。通过空间数据挖掘得出的空间决策规则，是标准的或非标准逻辑中的隐含式形式，是数据库中总的或部分的数据之间的相关性。这种隐含式规则既是假言推理的一种演绎推理规则（基于前提为真而推出结论为真）的扩充，也是归纳方法的扩充，其条件部分被看作归纳的前提，决策部分被理解为归纳结论。不同之处在于，空间数据挖掘的规则挖掘强调优化，而归纳则不必关心它的优化形式。空间数据挖掘从条件出发，提取出恰当的或近似的决策知识，而常识推理则从区域专家共享的空间经验知识开始，推导出区域中有趣和公认的知识。

1.4.5 空间数据库系统

空间数据库管理系统把大量的空间数据组织起来，以方便用户进行存取和维护，并对数据的一致性和完整性进行约束，侧重于对数据库存储处理的高效率方法的研究。数据库定义为按照数据模型把相关空间数据组织在一起有效存储。数据库操作是提供插入、删除、更新、检索、查询、报表等功能，只是产生简单的检索、汇总和统计结果，为事实类信息。

空间数据挖掘侧重于对数据进行分析，以得到比数据更高层次的有用模式。它对具体空间数据实施挖掘运算、空间推理和知识表达，提取隐藏在空间数据中的结论性、精练性、概括性和综合性的高水平规则类知识，高于数据的理解和概括。这些数据在此之前早已存在，只是其中隐含的规律尚未为人所知。

空间数据库报表工具也是无法和空间数据挖掘比拟的。数据库报表制作工具是将数据库中的数据抽取出来，经过一些数学运算，最终以特定的格式呈现给用户。数据库报表工具可以回答出某地区过去一个时期内水土流失严重的区域和河流流域的有关情况是什么，但它无法回答下一个时期内水土流失严重的区域将会是什么区域，河流流域将随之做怎样的移动，而这正是空间数据挖掘的任务所在。空间数据挖掘能对空间数据背后隐藏的特征和趋势进行分析，从中挖掘出关于数据的总体特征和发展趋势。

目前，标准的空间数据库管理系统通常不具有推理新事实的能力。随着空间数据挖掘技术的进步，可以把空间数据库系统、专家系统的空间知识表示和空间推理能力相结合，解决专家系统中无法建立专家知识库的困难。

空间数据挖掘的对象可以是空间数据库，也可以是空间数据仓库，分别适用于不同的要求。当组织、存储、查询和分析数据时，数据库常停留在记录级的数据，用查询语言查找特定的事实。空间数据仓库对数据的加工层次高于一般的数据库，它遵循一定的原则，用多维数据库组织和显示数据，将不同数据库中的数据粗品汇集精炼成为半成品或成品。可见，空间数据仓库不是要替代数据库，而是可以看作空间数据库的数据库。如果利用空间数据库实施空间数据挖掘，那么空间数据挖掘需要根据要求对空间数据库进行清理、拆分和重组。不同的是，高于空间数据库的空间数据仓库较少对记录级的数据感兴趣，而是查看所有的事实，寻找具有某种含义深长的模式或关系，如发展趋势或运行模式等。空间数据仓库能被稍加整理或直接用于空间数据挖掘。在数字地球中，空间数据挖掘的对象一般为空间数据仓库。

1.4.6 土地利用规划

土地利用规划亦称土地规划，是指在土地利用的过程中，为达到一定的目标，对各类用地的结构和布局进行调整或配置的长期计划。它是根据土地开发利用的自然和社会经济条件、历史基础和现状特点、国民经济发展的需要等，对一定地区范围内的土地资源进行合理的组织利用和经营管理的一项综合性的技术经济措施。

土地用途分区是将规划区内的土地划分为不同的特定的土地利用分区，并规定其不同的土地用途管制规则，以对规划区的土地利用活动实行用途管制措施。所以规划本身就具有法律特征，任何单位和个人，不经过一定的法律程序不得任意地修改由规划所制定的区域土地利用分区方案，这也是公众参与规划、公众自觉监督执行的一个方面。

在土地利用规划过程中要实现土地用途分区仅仅依靠传统的方法训在效率低下、人为因素不可控等问题，这是因为土地用途分区具有计算密集与数据密集的特点，地理信息系统数据挖掘、人工智能等方法的出现可以为土地用途分区提供良好的技术平台。近年来，随着网格、集群、桌面超级计算机、云计算、多核处理器、固态硬盘等先进计算设施的出现，新型硬件架构为实现全球或区域性的复杂地理计算提供了高性能计算基础，并行地理计算已成为解决土地用途分区这一复杂地理计算问题的可行途径。

1.5 本章小结

近年来由于空间信息技术领域内对地观测技术、数据库技术、网络技术等的飞速发展，使得土地利用数据的获取与管理变得更为便利。土地用途分区是土地利用规划的核心问题，涉及社会、经济、工程、技术等方面的理论和方法。本章针对目前土地用途分区中存在的问题，并提出发展空间数据挖掘模型是解决土地用途分区的迫切要求。以此为研究对象，对国内外的相关研究进展进行了综述，明确了研究的目标与方案，阐述了面向土地用途分区的空间数据挖掘及其相关学科之间的关系。

第 2 章　面向土地用途分区的空间数据挖掘理论

随着现代对地观测技术、空间数据获取技术和计算机网络等技术的迅速发展，土地领域获得了大量的空间数据，数据的数量急剧膨胀，远远超出了人们的解译能力，"空间数据海量而知识贫乏"已经成为土地科学领域进一步发展的瓶颈。空间数据挖掘可以从大量数据中挖掘有用的知识。土地用途分区是指依据土地资源的特点、社会经济发展需要和上级规划的要求，将规划范围内的土地划分为特定的区域。土地用途分区是土地利用总体规划的核心问题，如何从现有的数据中获取知识，并用这些知识来进行土地用途分区是目前亟待解决的问题。

本章主要对面向土地用途分区的相关理论和技术进行研究探讨，以获得后续章节所需要的基本理论技术支撑。本章研究讨论的理论和技术主要包括：土地用途分区和空间数据挖掘的相关概念，领域空间数据挖掘的内容、特征、体系和过程，空间数据挖掘的方法，土地用途分区模型设计等内容。

2.1　有关概念

面向土地用途分区的空间数据挖掘问题就是要解决目前海量数据和应用不足的问题。因此在进行深入研究这一问题之前有必要对涉及的两个重要概念进行研究。

2.1.1　土地用途分区

土地利用分区制度在对未来土地利用总体规划实施控制上的突出特点是位置和范围显示、数量隐含，即通过分区界线和利用规则直接对待定位置和范围里的土地利用实施控制，而不是直接对各类用途土地的数量实施控制。该模式与以往以用地数量为规划对象的模式相比，具有可操作性强，应付未来不确定因素冲击的弹性大等优点。土地利用分区是当前国外及中国台湾地区普遍采用的规划模式。一方面，通过用途地域界线，控制各种主要土地用途空间；另一方面，通过用地规则，控制用途地域内部的土地利用行为。

1. 土地用途分区的定义

土地利用分区一般可以分为土地利用地域分区、土地利用功能分区和土地用途分区。土地利用地域分区是根据自然、社会和经济相结合的地域分异规律和土地利用条件、特征、发展方向及途径的相对一致性而划分的土地利用综合区域，其主要应用在市级以上的土地利用分区。在一个地域内，土地利用功能分区（土地的主导用途一个或多个）和管理措施相对一致，在不同的地域之间，土地的主导用途和管理措施存在明显的差异。土地利用功能分区主要用于地市级以上土地利用总体规划。土地用途分区是指依据土地资源的特点、社会经济发展需要和上级规划的要求，将规划范围内的土地划分为特定的区域，并规定不同的土地用途管制规则，以对土地利用实行控制和引导的措施。土地用途分区主要用于县级和乡（镇）土地利用总体规划。

除土地利用分区以外，我国还根据社会经济发展潜力进行了国土开发空间分区，这一分区主要根据区域内的主导功能和未来发展潜力进行的，把区域内的土地按照不同的利用方向划分为优化开发、重点开发、限制开发和禁止开发四类主体功能区。这些分区的对象、主体和范围都有所不同。图 2-1 显示了我国的国土空间分区的类型和适用层次，可以看出从战略宏观层次的以行政区为分区单元到微观层次的以图斑为分区单元的分区体系。

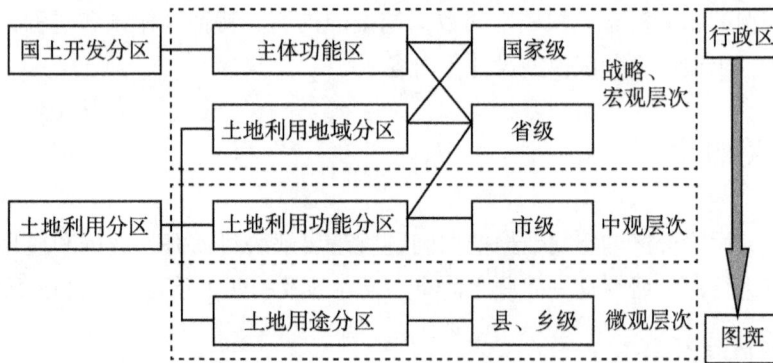

图 2-1　土地利用分区及适用体系

我国《土地管理法》第 20 条规定县级和乡（镇）级土地利用总体规划均要划分"土地利用区"，明确土地用途，实施差别化的土地利用政策。土地利用分区是综合考虑影响土地质量与土地利用方式的各类因素（包括自然、社会、经济方面的因素）的基础上，将研究区域划分为若干均质区片的方法，以建立微观土地利用单元与区域土地利用管制之间的桥梁，以实现土地资源的可持续利用（王万茂，2006）。土地利用分区是一定区域的土地利用区域差异性的客观反映，是土地利用规划的关键内容之一，对于科学制定土地利用方向，提高土地利用集约化程度，促进区域协调发展具有重要意义。

2. 土地用途分区的体系

县级规划编制中，各地结合实际，确定土地用途区类型。乡级规划编制中，应当依据上级规划的要求、区域社会经济需要和土地资源利用特点进行划定，重点落实县级规划中土地用途区的范围与界线，确定基本农田、生态廊道与重点建设用地，明确各土地用途区管制细则，控制土地用途转变。一般在县乡尺度下可划定以下土地用途区：

①基本农田保护区：指为主要对耕地及其他优质农用地进行特殊保护和管理划定的土地用途区，原则上依农用地分等定级成果划定。下列土地应当划入基本农田保护区：国家和地方人民政府批准确定的粮、棉、油、蔬菜生产基地；有良好的自然条件、水利与水土保持设施的耕地、设施农用地；已列入规划期内的或正在进行改造或中、低产田；农业科研、教学试验田；为基本农田服务的农田水利设施用地、农村道路、防护林和其他设施；为了保证分区的聚集性，还包括了农田之间的零星土地。

虽然现状为基本农田，但是在规划期内已列入生态保护与建设实施项目的退耕还林、还草、还湖（河）耕地，或已列入城镇村建设用地区、独立建设用地区或自然和人文景观保护区的土地不再列入基本农田保护区。

②一般农地区：指为农业生产发展需要划定的土地用途区。下列土地应当划入一般农地区：现有成片的果园、桑园、茶园、橡胶园等种植园用地；畜禽和水产养殖用地；城镇绿化隔离带用地；规划期间通过土地整理、开发和复垦等活动增加的集中连片耕地和园地；以农业生产和生态建设为主的农村道路、农田防护林和农田水利设施等其他农业设施，以及可以划到一般农地区的农田之间的零星土地。

除已列入基本农田、林业用地、牧业用地、城镇村、独立建设等土地用途区内的耕地外，其余耕地原则上均应划入一般农地区。

③林业用地区：指为林业发展需要划定的土地用途区。下列土地应当划入林业用地区：现有成片的面积超过最小上图面积的林地，已划入其他用途区的除外；已列入生态保护和建设实施项目的造林地（如生态退耕土地）；规划期间拟增加的集中连片林地；为林业生产和生态建设服务的设施用地及其他零星土地。

④牧业用地区：指为畜牧业发展需要划定的土地用途区。下列土地应当列入牧业用地区：现有成片的人工、改良和天然草地，已划入其他用途区的除外；已列入生态保护和建设实施项目的土地；规划期间通过土地整理、开发和复垦等活动增加的集中连片牧草地；为牧业生产和生态建设服务的牧道、栏圈、牲畜饮水点、防火道、护牧林等设施用地。

⑤城镇村建设用地区：指为城镇（城市和建制镇，含各类开发区和园区，下同）

和农村居民点（村庄和集镇，下同）建设需要划定的土地用途区。在乡镇级的土地用途分区中可细分为以下三个区：城镇建设用地区（指为城镇发展需要划定的土地用途区）、村镇建设用地区（指为农村居民点发展需要划定的土地用途区）、村镇建设控制区（指为控制农村居民点建设需要划定的土地用途区）。下列土地应当划入城镇村建设用地区：现有的城市、建制镇、集镇和中心村建设用地；规划期间新增的城市建制镇、集镇和中心村建设发展用地；附属于城镇和村镇的开发区、工业小区、别墅区、大学城等现状及规划建设用地。

规划期间，应复垦、整理的村镇用地不得划入城镇村建设用地区。区内新增建设用地应符合规划的城镇村建设用地规模和范围要求，划入城镇村建设用地区的面积要与城镇村建设用地规模相一致。

⑥独立建设用地区：指为独立于城镇村之外的采矿地以及其他独立建设用地发展需要划定的土地用途区。独立于城镇村建设用地区以外的采矿地及其他独立建设用地应当划入独立建设用地区，其中已划入其他土地用途区的除外；不宜在居民点内配置的其他建设用地。

已列入居民点范围内的开发区、工业小区、别墅区、市场、学校等不得划入独立建设用地区。应复垦、整理的采矿地和其他独立建设用地不得划入独立建设用地区。区内独立工矿用地应满足建筑、交通、水源、排水、能源、环保等建设条件，新增建设用地应符合规划的独立建设用地规模和范围要求。

⑦风景旅游用地区：指具有一定游览条件和旅游设施，为人们进行风景观赏、休憩、娱乐、文化等活动需要划定的土地用途区。下列土地应划入风景旅游用地区：风景游赏用地；游览设施用地；为游人服务而又独立设置的管理机构、科技教育、对外及内部交通、通讯用地；水、电、热、气、环境、防灾设施用地等。

⑧自然和人文景观保护区：指为对自然、人文景观进行特殊保护和管理划定的土地用途区。下列土地应当划入自然和人文景观保护区：典型的自然地理区域、有代表性的自然生态系统区域以及已经遭受破坏但经保护能够恢复的自然生态系统区域；珍惜、濒危野生动植物物种的天然集中分布区域；具有特殊保护价值的海域、海岸、岛屿、湿地、内陆水域、森林、草原和荒漠；具有重大科学文化价值的地质构造、著名溶洞、化石分布区及冰川、火山温泉等自然遗迹；需要予以特殊保护的其他自然和人文景观、文物古迹、历史遗迹等保护区域。

土地用途区应依据用途管制的需要而划定，原则上各土地用途区不相互重叠，土地用途区可不覆盖规划范围内的全部土地。在乡镇级土地用途分区中，可根据当地自然条件和土地用途管制的需求，在上述土地用途区的基础上进一步确定二级区类型，一般包括：①园地区：指在一般农地区内为发展果、桑、茶、橡胶及其他多年生作物需要划定的土地用途区。②生态林区：指在林业用地区内为保护和改善生态环境，对林地进行特殊保护和管理划定的土地用途区。③基本草地保护区：指在牧业用地区内为保护和改善生态环境，对牧草地进行特殊保护和管理划定的土地用途区。④水源保护区：指在风景旅游用地区或自然和人文景观保护区内，为对水源地进行特殊保护和管理划定的土地用途区。

2.1.2 空间数据挖掘

空间数据挖掘（spatial data mining, SDM），也称基于空间数据库的数据挖掘和知识发现（spatial data mining and knowledge discovery），作为数据挖掘的一个新的分支，是指从空间数据库中提取隐含其中、事先未知、潜在有用、最终可以理解的空间或非空间的一般知识规则的过程（Koperski et al., 1996；Ester et al., 2000；Miller & Han, 2001；王树良，2006）。因此空间数据挖掘就是在空间数据库的基础上，综合利用统计方法和智能算法从大量含有噪声、不确定性的空间数据中提取人们可信的、新颖的、感兴趣的、隐藏的、事先未知的、潜在有用的和最终可理解的知识，揭示蕴含在数据背后的客观世界的本质规律、内在联系和发展趋势，实现知识的自动获取，为决策提供不同层次的知识依据。

可见空间数据挖掘和知识发现的过程大致可分为以下多个步骤：数据准备、数据选择、数据预处理、数据缩减或者数据变换、确定数据挖掘目标、确定知识发现算法、数据挖掘、模式解释、知识评价等，而数据挖掘只是其中的一个关键步骤。但是为了简便，人们常常用空间数据挖掘来代替空间数据挖掘和知识发现。空间数据挖掘具有以下基本特性：

①空间数据挖掘的目的在于从空间数据库或空间数据仓库中提取事先未知且潜在的有用的空间规则、概要关系、摘要数据特征、分类概念描述或偏差检测等知识，是一种决策支持过程，尚有含噪声、信息冗余和数据量超大等技术难点需要解决。

②空间数据挖掘的数据源是真实的、大量的、含噪声的，早已以电子形式存储在空间数据库中。原始空间数据可以是结构化的数据，如关系数据库中的数据，也可以是半结构化的数据，如文本数据、图形数据、图像数据以及分布在网络上的异构型数据。数据源支持相应的发现，但发现的知识是隐含的，事先并不知道。

③空间数据挖掘是发现而不是证明。发现是自动的或至少是在计算机辅助下的交互半自动的。发现知识的方法可以是数学的，也可以是非数学的；可以是演绎的，也可以是归纳的。空间数据挖掘的多个步骤之间互相影响、反复调整、螺旋上升，从数据集中挖掘以模式来表示的知识。

④空间数据挖掘所发现的知识都是面向具体领域的，具有特定的前提约束条件和相对性。不要求发现放之四海皆准的知识，也不是要去发现崭新的科学定理或纯数学公式，仅支持特定的空间问题（李德仁，2005）。发现得到的是人们感兴趣的非外在存储的知识、空间关系或其他有兴趣知识，同时还要易于接受、理解和应用，最好能够用包括自然语言在内的多种方式表示发现的过程和结果。发现的空间知识可以被用

于信息管理、查询优化、决策支持和过程控制等，还可以用于数据自身的维护。例如为理解土地利用数据，发现土地利用的规律、模式和空间对象之间的关系，整合土地利用数据库，优化空间查询，为实现土地资源管理和决策的智能化、集成化等提供知识指导和保障。

2.2　土地领域的空间数据挖掘内容与特征

2.2.1　空间数据挖掘的内容

从土地利用数据库中可以发现哪些知识类型？这是进行土地利用空间数据挖掘时首先要解决的一个问题，知识的类型也决定着空间数据挖掘的任务类型。空间数据挖掘是交叉学科，发现的知识有多种，与许多学科既紧密相连又相互区别。Jiawei Han 等（2007）把数据挖掘功能分为 6 大类：描述、关联分析、分类和预测、聚类分析、孤立点分析及演变分析。M. H. Dunham 则把数据挖掘的任务与内容分为 8 个方面，其中预测性挖掘（分类、回归分析、时间序列分析、预测）利用从历史资料中得到的结果对数据做出预测，而描述性挖掘（聚类、概括、关联规则序贯分析）则识别出数据中的模式和关系。

综上所述，现有研究对空间数据挖掘内容存在两种主要观点：第一种是认为空间数据挖掘的内容主要是以空间规则和知识挖掘为主；第二种则认为空间数据挖掘不但包括空间规则和知识的挖掘，还包括了几何知识、空间分类知识、预测知识还有空间分布与演化。因此，空间数据库中隐藏着大量的"浅层知识"，如某区域有无一般耕地、农村居民点，这些图斑的周长和面积层等，这些知识一般通过 SQL 语句或 GIS 的查询功能就能提取出来；除此以外还有更多的"深层知识"，如空间关联规则、空间分类和预测型知识、空间聚类和偏差型知识、空间分布规律等，必须通过一定的运算和挖掘才能发现。事实上，由于空间数据的复杂性和多样性，空间数据挖掘任务也是多方面的，归纳面向土地利用的空间数据挖掘所能发现的知识类型主要如下：

1. 空间几何知识 （spatial geometric knowledge）

空间几何知识，是指土地利用图斑的数量、大小、形态特征等空间几何特征。可用统计学方法统计图斑的数量和大小，而图斑的形态特征则是要把直观的可视化的图形用计算机定量化的特征值表示出来。土地利用数据库中一般仅存储图形的周长、面积、权属、几何中心位置等几何特征，而空间几何知识需要用一定的算法来计算，根据数据库中已知的特征来归纳出隐藏在背后的几何知识。

2. 空间规则型知识

空间规则型知识（spatial rules and knowledge）包括空间关联规则（spatial association rules）、空间特征规则（spatial characteristic rules）、空间区分规则（spatial discriminate rules）、空间同位规则（spatial co-location rules）和空间演变规则（spatial evolution rules）等（李德仁，2006）。

3. 空间分类和预测

空间分类和预测（spatial discriminate and forecast）可以认为是基于已有的空间区分规则，将数据库中的数据单元映射到某个给定的类上，通常可使用空间分类规则用以对未知样本进行分类预测。例如"if 地形坡度<5°and 排水条件较好，then 农用地等级高"就是一条描述农用地等级的空间分类规则，这条空间分类规则必须基于地形坡度和排水条件的空间分布规律来推理。

4. 空间聚类和空间例外

目前空间数据挖掘领域研究较多的是空间聚类和分类方法和技术（李德仁，王树良，2002），空间聚类（spatial clustering）就是根据特征相似性对空间数据进行划分使得组间的差别尽可能大，组内的差别尽可能小。空间例外（spatial exceptions and outliers）是大部分空间实体的共性特征之外的偏差或独立点，是与空间数据库或空间数据仓库中的数据的一般行为或通用模型不一致的数据对象的特征。

5. 空间分布规律

空间分布规律（spatial distributing）是空间对象在地理空间的分布规律，可分成：①垂直向分布规律，如植被沿高程带分布规律、植被沿坡度坡向分布规律等；②水平向分布规律，如不同区域农作物的差异、公用设施的城乡差异等；③垂直向和水平向的联合分布规律。

6. 空间演化

空间演化（spatial evolution knowledge）是从同一地区不同时相的空间数据库中发现该地区空间演化的规律，是空间目标依时间的变化的规律，如土地利用数据库中的土地利用方式的演化等。

2.2.2 空间数据挖掘的特征

复杂性是空间数据的重要特征之一，同时也是空间数据区别于其他一般类型数据的关键内容。空间数据挖掘比数据挖掘更复杂主要原因是空间数据的复杂性，主要表现在以下几个方面：

1. 空间特性

空间特性指土地领域图斑的空间位置、形状和大小等几何特征，以及相邻对象的拓扑关系。其中，位置和拓扑特征是空间信息系统所独有的。一般地，人类对于空间目标的定位不是通过记忆其空间坐标，更多的是确定某一目标与其他已知目标间的空间位置关系，尤其是空间距离和拓扑关系（王树良，2006）。因此空间数据之间的关系类型也就变得更为复杂。空间数据的特征包含多尺度特征、高维特征和空间–属性非线性特征。

2. 时间特性

严格说来，空间数据总是在某一特定的时间或时间段内采集得到或计算产生的，这些数据是时间的函数，即具有时效性。其中有些数据变化较慢，有些数据则变化较快。在我国，为了土地管理的需要，土地利用数据每年进行变更，这些时序数据，再加上卫星的遥感数据对于研究土地利用的动态变化过程具有十分重要的意义。

3. 专题特性

专题特征是指一种属性数据是除了时间和空间特征以外的空间现象的其他特征，如地形的坡度、坡向，某地的年降雨量、土地耐力矿产资源分布等，这类数据在其他类型的信息系统中均可存储和处理。一般的关系数据库管理系统均可用来管理属性数据，其特征是多维性，这些专题信息可以从土地利用数据库获得，也可以通过数据挖掘的方法自动或半自动的提取，有些仍然需要通过实地调查或从其他专题信息系统和有关统计数据中获得。

4. 数据不确定性

空间数据复杂性的另一个方面就是数据的不确定性。同时空间信息的模糊性几乎存在于各种类型的空间信息中，如土地利用中某个地类图斑的位置具有模糊性、两个以上图斑之间的空间相关的模糊性以及模糊的属性值等（史文中，2005）。土地利用数据的缺值现象源自于数据无法获得或发生丢失，空间数据也不可避免很多项会缺值。对丢失数据进行恢复并估计数据的固有分布参数，历来是解决空间数据不确定性的难点。

2.3　土地领域空间数据挖掘的体系与过程

2.3.1　空间数据挖掘体系

根据空间数据挖掘体系结构、GIS 与土地利用空间数据挖掘的集成模式、土地利用空间关联规则挖掘以及土地用途分区的聚类挖掘内部各环节的协作，设计土地用途分区的空间数据挖掘为四层体系结构，分别为数据层、知识层、挖掘层和人机交互层，如图 2-2 所示。

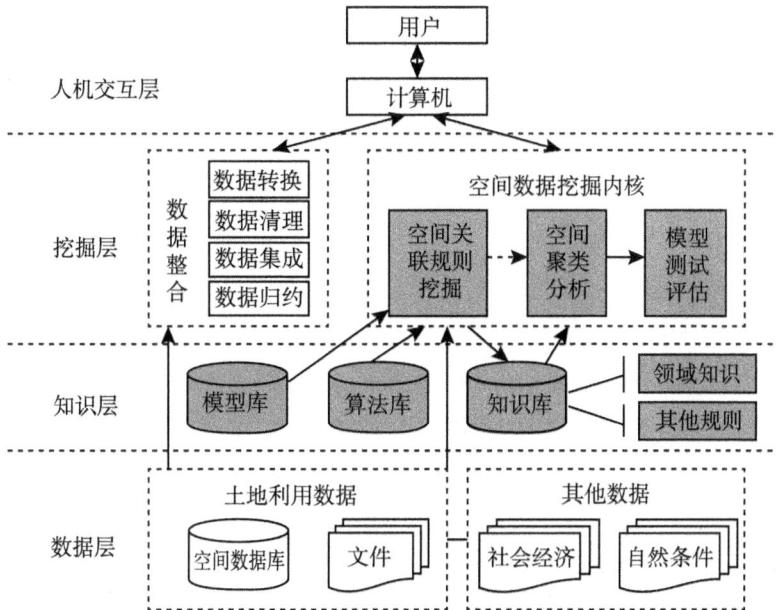

图 2-2 土地用途分区数据挖掘的体系结构

第一层是数据层，用于管理所有初始的、中间的以及最终的数据。包括从各部门收集的多尺度、多类型的原始数据库（空间数据库和属性数据库），为了获取空间数据挖掘过程中需要的适合于挖掘的将原始数据处理后的中间数据，经过数据整合后的整合数据库。这些可为面向土地用途分区的空间数据挖掘提供索引、查询、优化等功能获取和提炼土地利用领域相关知识的数据源。在实际应用中，可直接通过土地利用空间数据库管理工具选取、查询和统计与空间数据挖掘有关的数据，并将结果进行必要的分析，以提炼出土地用途分区的相关数据。

第二层是知识层，主要包含模型库、算法库和知识库三个方面的内容。模型库包含面向土地用途分区的空间数据挖掘过程中所构建的各种模型；算法库为挖掘过程所使用的各种算法；而知识库则主要包含土地利用规划的领域知识、进行挖掘时所需要设置的各种参数数据以及经过空间数据挖掘算法，挖掘出来的模式集合和提炼的各种知识。

第三层是挖掘层，主要负责参与待挖掘的数据集进行转换、集成和编辑等处理，使其成为适合挖掘的数据，再根据挖掘的目的，选取适当的算法，来完成挖掘任务。挖掘层与数据层、知识层和人机交互层息息相关，它主要有数据整合和空间数据挖掘模型两个部分。

第四层是人机交互层，这是整个系统与用户交互的唯一平台。人机交互主要是用于人与计算机交互对话的接口，使得计算机按照用户的旨意进行运算。计算机也通过将其内部运行进程运行结果以友好可视化的形式反馈给用户用于理解、分析和评价。因此，用户界面的优劣直接关系到挖掘系统能否有效良好的工作，同时也是顺利进行空间数据挖掘并取得满意结果的基础。

2.3.2　空间数据挖掘过程

空间数据挖掘从数据到知识，历经数字、空间数值、空间数据、空间信息和空间知识，是一个逐渐升华的技术过程，这些基本概念之间既相互区别，又相互联系。长期以来，有些空间数据挖掘的概念及其不同的定义，已在很多著作、文献中被讨论和研究。可是由于空间数据挖掘是交叉学科，不同的学科站在不同的角度，定义了很多不同的概念和含义。例如，数据、信息和知识及其关系的研究（邸凯昌，2001；Frasconi et al.，1999；Han，Kambei，2001）。但是，这些学者都是针对各自不同的专业领域提出的不同的理解，有些并不一定完全适合空间数据挖掘。本书立足于地球空间信息科学，将这一领域进行扩展，重点研究现实世界、概念、数据、空间数值、空间数据、空间信息和空间知识等概念之间的演变历程。

数据库系统中的现实世界是指客观存在的事物及其相互间的联系，一个客观存在并且可以识别的事物称为个体。每个个体都有自己的特点，用以区别于其他个体，例如地块有编号、面积、权属等。概念世界是现实世界在人脑中的反应，是对客观事物及其联系的一种抽象描述。它不是现实世界的简单记录，而是要经过选择、命名、分类等抽象过程产生概念模型，概念模型是现实世界到计算机世界必然经过的中间层次。数据库中的数据是有结构的，这种结构用数据模型表示。数据模型将概念世界中的实体与实体之间的联系进一步抽象成便于计算机处理的方式。

空间数据挖掘的基础是空间数据库系统，土地利用数据挖掘的基础则是土地利用的专题空间数据库系统。数据挖掘的过程是从计算机世界的数据中抽取蕴含的知识，这些知识可以用自然语言来描述，易于被人类所理解，有些知识还可以进一步用可视化技术进行表达，其结果更具有形象性。在一定程度上说，这是现实世界知识的抽象化表达，这个表达不是直接来源于现实世界，而是在数据库系统的基础上通过挖掘得到的结果。因此空间数据挖掘是空间数据库系统建设的逆过程（图2-3），而这个逆过程的结果是更高层次的知识（对应于概念）和抽象的可视化成果（对应于现实世界）。数据挖掘的机理是基于不同视角的"数据→概念→知识"视图，而空间知识则是各级的"类和离群"，或者"规则/决策加例外"。当从空间数据中发现知识时，首先从空间数据抽象出对应的空间概念，然后在概念空间中总结初步的空间特征，最后于特征空间内归纳出空间知识。透过纷繁复杂的表象，更准确地区分差别。如果概念层次上升，则从微观逐步到宏观，知识模板上升到抽象级别或更高的知识层次。

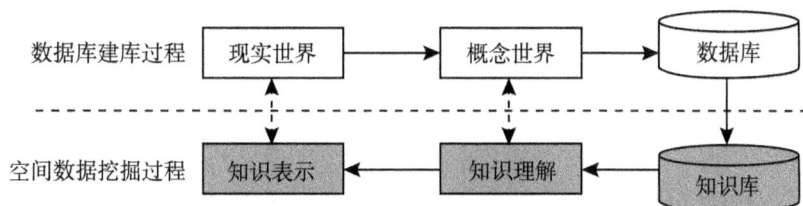

图 2-3 数据库建库与空间数据挖掘

可见空间数据挖掘机理"数据→概念→知识/决策（规则/决策）"揭示了人类由个别到一般，从具体到抽象，既统揽全局又抓住本质，既深入基层又把握重点的认知规律，对于空间数据挖掘具有一般性的理论指导意义。面向土地用途分区的空间数据挖掘，其实质是在现有的土地数据库中挖掘相关领域的知识或者为领域应用提供决策，从一定意义上说，它是从数据库中挖掘知识和规律，挖掘的知识是需要能被人所理解的，因此可以认为空间数据挖掘是数据库设计的逆过程。但是这一过程不是简单的重复，而是在层次上有所提高，如数据库范畴里面的概念更多与现实世界的概念相似，而数据挖掘的结果则是知识。因此有必要对数据库和知识挖掘做以下对比。

空间数据挖掘是一个通过人机交互来理解数据的过程。系统在执行这些基本过程时可以通过系统界面与用户进行交互，也可以与知识库进行交互，将有趣的规则或模式决策提供给用户或作为新的知识存入知识库中。因此，从一定程度上说空间数据挖掘与传统数据挖掘一样，具有如下几个基本过程（图 2-4）：数据选取、集成与清理、数据转换、空间数据挖掘、知识评价和知识解释等阶段（Gregory Piatetsky shapiro et al.，Usama M. Fayyad et al.，1996）。

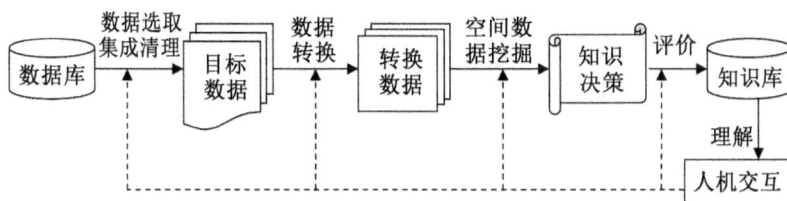

图 2-4 空间数据挖掘的过程

①数据选取、清理与集成。从空间数据库中检索出与分析任务相关的数据，将多种数据源按照主题组合在一起，清除原始数据中噪声或不一致的数据，处理缺值或丢失数据等，并定义感兴趣的对象及其属性数据。

33

②数据转换。通过数据转换或降维技术进行特征提取，使其转换成适合挖掘的数据。

③空间数据挖掘。空间数据挖掘是整个过程中的核心，根据空间数据挖掘任务的目标，通过选择传统的或智能计算方法，或对这些方法进行集成，确定参数，从数据库中提取任务相关的规则或决策方案，使用产生式规则或可视化等手段向用户提供挖掘的知识。

④知识、决策评价。根据领域应用需求针对某种感兴趣的规则进行度量，识别真正有趣的模式。

⑤知识理解。用户对挖掘的知识和模式进行解译并理解，判断结果是否满意，如若不满意，则返回前面的阶段重新开始挖掘任务，直至满意为止。在数据挖掘任务中这几个过程并非按照预定顺序执行，而是根据挖掘的结果不断进行循环往复的过程。

2.4　空间数据挖掘的方法

空间数据挖掘所用理论方法的好坏将直接影响所发现的知识的优劣。可用于空间数据挖掘的理论方法很多，主要包括确定集合理论、扩展集合理论、仿生学、可视化和决策树等理论方法（王树良，2006）。王劲峰和刘卫国将数据挖掘方法分为模型驱动和数据驱动两种类型（刘卫国，2005）。数据驱动方法中预先并不定义模式，最终的模式由数据自发地"形成"，使用的方法包括聚类、规则归纳、决策树等；而模型驱动的方法事先包含了模式，数据是用来验证假象模式的正确性。模型驱动的方法包括分类，回归分析、神经网络、贝叶斯网络等。当然有些方法既具有数据驱动的特征，又包含了模型驱动成分，例如可视化分析、探索性发现等。

由于土地利用的空间数据更具复杂性，已有的方法在解决空间数据挖掘问题时具有明显的缺点，因此扩展空间关系的内涵，引入概念格和人工免疫系统两种方法，以便能够深层地挖掘出领域知识，并使之成为解决土地利用空间问题的有力工具。

2.4.1　空间关系

有效地对空间数据库（SDB）进行数据挖掘，必然要考虑到空间数据的一些特性，特别是空间数据的空间属性，这也是和其他数据的主要差别。当研究两个以上的空间对象时，空间关系就必然成为研究的重点。在此有必要对空间关系进行研究，以期提出适用于空间数据挖掘的新的空间关系计算模型。

空间关系可以是由空间对象的几何特性引起的空间关系，如距离、方位、连通性、相似性等，也可以是由空间对象的几何特性和非几何特性共同引起的空间关系，如空间分布现象的统计相关、空间自相关、空间相互作用、空间依赖等，还有一种是完全由空间对象的非几何属性所导出的空间关系，如由两个地类图斑面积的比较产生的大小关系、图斑演变时间上的先后关系等都属于此类关系。本研究不可能对所有可能的空间对象之间的关系进行研究，因此作为一种限制，本研究规定：空间关系是空间对象之间由它们的几何特征（位置、形状）所决定的关系。这类关系概括起来主要包括：距离关系、方位关系、拓扑关系和相似关系。近年来又有关于空间相关场的研究。在本研究中，没有涉及方位关系（在一定程度上说，土地利用中的空间方位关系不是很明显，且区域差异很大，部分聚类方法中考虑方向关系主要是进行图斑的扫描），因此仅研究空间距离、拓扑关系和相似关系三种关系。

1. 空间距离

地理空间的距离概念与广义距离概念不甚相同，地理空间的距离所描述的对象一定是发生在地理空间上的，也就是说它具有空间概念，是基于地理位置的，反映了空间对象间的几何接近程度。郭仁忠（2001）对空间距离进行了分类。本研究中距离的计算较少涉及三维对象，因此主要讨论点、线、面三类对象之间的距离的定义与计算。

在基于矢量数据结构的 GIS 中点状对象是相对简单的，直接可以用一个坐标 (x, y) 来表示，线状对象用折线来表示，具有有限个数据点，因此可以通过直线段到其他对象的距离来计算相互之间的距离。面状对象在地理空间表示一定的范围，因此可以定义面状地物的一个特定点（形心、重心或面上的某一点）到其他对象的距离。

综上所述，空间距离的计算，宏观上讲就是计算两个点之间的距离，如等级道路和基本农田的距离，其实是计算道路上的某点和基本农田上的某点之间的距离。因此，根据现有的研究，定义了一个新的空间距离：

$$d = \alpha(d_{P_m P_n} | P_m \in O_a, P_n \in O_b) \tag{2-1}$$

式中，d 为空间对象之间的距离，$d_{P_m P_n}$ 为空间对象之间的各种距离的集合，O_a、O_b 为两个空间对象，$P_m \in O_a$ 和 $P_n \in O_b$ 表示 P_m、P_n 是分别属于 O_a 和 O_b 中的点，α 是对距离的约束。

2. 拓扑关系

拓扑关系是不考虑度量和方向的空间对象之间的空间关系。在地理信息系统中，关于拓扑关系及其应用的研究是最多的。空间数据模型研究的核心问题，就是如何在描述空间对象的形态时，尽可能保留空间对象之间的拓扑关系信息。

拓扑关系的分类是基于点、线、面三类几何对象的，因此拓扑关系的计算归结为点、线、面关系的计算。许多学者对拓扑关系进行了研究并取得了丰硕成果。在对基本拓扑关系的描述中，应当把握描述完备性的程度，过于拘泥于拓扑上的严格性，并没有更多的意义。在土地用途分区中，通常考虑的是对象是否相邻。

$$(A | B): A \cap B = \partial A \cap \partial B \neq 0 \tag{2-2}$$

3. 相似关系

目前对于相似关系的研究较少，其原因是相似性的可计算性差。虽然在计算几何和模式识别领域我们发现有不少关于图形相似计算的文献，但能够解决空间分析问题的不多，主要原因是相似关系不是计算的目的，而是需要复杂分析过程和领域知识，希望通过相似关系揭示较为深层次上的信息，这才是空间数据挖掘的主要内容。因此相似分析不是地理信息系统目前发展水平上能较好进行的分析，但应该认识到相似分析的潜在意义。几何形态上和结构上的相似在不少情况下仅是一个表象，它可能是偶然的现象，也可能是某种空间规律和空间事件影响的结果。相似关系具有两方面的含义：一是指空间对象形态上相似，二是指空间对象（群）结构上相似。

形态相似在很多情况下是更深层次分析的基础，提供部分分析依据，这是因为形态是空间对象的特征之一，而属性（非图形的）特征是另一个重要方面。对形态相似性分析有两条途径可循：一是在相似变换下图形吻合度的分析，二是形态参数的聚类分析或者是相关分析。郭仁忠（2008）对空间相似性问题进行了深入的研究。

2.4.2　空间统计学

空间统计学（spatial statistics）依靠有序的模型描述无序事件，根据有限信息来分析、评价和预测空间数据（Cressie，1991），一直是有效地综合分析数值型空间数据的普遍方法（Zeitouni，2002）。空间统计学基于足够多的样本给出空间现象的现实模型，运用空间自协方差结构、变异函数或与其相关的自协变量或局部变量值的相似程度，在统计空间对象的几何特征量的最小值、最大值、均值、方差、众数或直方图的基础上，可以得到空间对象特征的先验概率，进而根据领域知识发现共性的几何知识。

空间统计学用随机模型将区域化变量和随机性联系在一起，认为区域化变量是某个随机函数的实现，拥有较强的理论基础和大量的成熟算法，把图像看作区域化变量，用数学模型描述纹理，设置不同的纹理模型参数，借助变差函数分析其结构，可以获得期望的纹理。例如，缺失数据的替代（Addink and Stein，1999）、图像信噪比估计（Smith and Curren，1999）、分类（Alkinson and Lewis，2000）、各向异性的遥感图像纠正（Collins and Woodcock，2009）、半参数模型非线性预测（Costa et al.，2010）、火车车轮异常识别（马洪超，2012）。

空间统计学拥有较强的理论基础和大量的成熟算法，能够改善空间数据挖掘对随机过程的处理，估计模拟决策分析的不确定性范围，分析空间模型的误差传播规律，有效地综合处理数值型空间数据，分析空间过程，预计前景，并为分析连续域的空间相关性提供理论依据和量化工具等。所以空间统计学是基本的数据挖掘技术，尤其是多元统计分析（如主成分分析、因子分析、相关分析、多元回归分析等）。由于大部分空间数据挖掘的研究偏重于提高静态数据查询的效率，基于统计信息，研究了一种由用户定义的主动空间数据挖掘的方法。应用空间统计学的克吕格方法，可以从图像上获取类别变量在任一位置上所观测到的各类别的分类概率知识。

但是，空间统计学的数据不相关假设，第一，在空间数据库或空间数据仓库中常常难以得到满足；第二，它能够有效地处理数值型数据，却难以分析字符型数据；第三，如果一个区域的数据受到其相邻区域特征的影响，统计者可能会采用回归模型分析独立变量的滞后形式；第四，在应用空间统计学时，需要同时具备空间领域知识和统计学知识。第五，空间统计分析的计算量也过大。同时，当非匀质空间对象的什么属性可能发生，却难以构建其概率分布模型时，将空间统计学和其他方法（如模糊集）结合，更有利于发现隐藏在这种不确定性中的知识。

2.4.3 聚类分析

聚类分析（clustering analysis）主要根据空间对象的特征将描述个体的数据集划分成一系列相互区分的组，使得属于同一类别的个体之间的差异尽可能地小，而不同类别的个体之间的差异尽可能地大或者说类间相似性尽量小，而类内相似性尽量大（Kaufman and Rousseew，1990；Murray and Shyy，2000）。与规则归纳不同的是，聚类算法无需背景知识，能直接从空间数据库中发现有意义的空间聚类结构。

聚类算法用特征表示空间对象，一个空间对象为特征空间的一个点（Murray and Esti vill-Castro，2008）。空间数据库中的聚类是对目标的图形直接聚类，空间目标有点状、线状、面状等多种类型，有时聚类形状复杂，同时数据量庞大，这就使空间数据挖掘对聚类算法提出了更高的要求：能处理任意形状的聚类；适用于点、线、面等任意形状对象的聚类；处理大型空间数据库时效率较高；算法需要的参数能自动确定或用户容易确定。在数据挖掘中，聚类按一定的距离或相似性测度在空间数据集中标识聚类或稠密分布的区域，以期从中发现数据集的整个空间分布规律和典型模式，它不仅是知识发现任务的一个重要组成部分，也是数据挖掘系统中发现分类知识、广义知识、关联知识等共性知识和离群知识的先决条件。聚类的质量主要体现在紧凑性（compactness）和可区分性（separation），紧凑性反映每个聚类的紧凑或密集程度，而可区分性反映不同聚类之间的差异或距离。

根据相似性度量和聚类评价准则等的不同，常用的聚类方法包括分割方法（pmtitioning methods）、层次方法（hierarchical methods）、基于密度方法（density-based methods）和基于网格方法（grid-based methods）等（Kaufman and Rousseew，1990；Agrawal and Srikant，1994；Zhang el al.，1996；Guha et al.，1998；Sheikholeslami et al.，1998；George et al.，1999；Hinneburg and Keim，1999；Grabmeier and Rudolph，2002；淦文燕，2003；Wang et al.，2011）。

分割算法根据目标到聚类中心的距离迭代聚类，对于给定的聚类个数和某个基于距离的目标准则函数划分数据，使目标准则函数在此划分下达到最优。典型算法包括

Kmeans、K-mediods 、PAM（paltitioning around medoids）、CLARA（clustering large appplication）和 CLARANS（clustering large application based upon randomized search）算法等。这些分割算法都采用了距离平方和准则及基于单代表点（类均值或者类中心）的类原型表示方法，都面临共同的球形偏见问题。针对任意形状的聚类发现，一种有效的解决方法是采用连续光滑的非线性映射将数据空间中的对象映射到高维特征空间中，使之具有较好的线性可分性，然后在特征空间中实现聚类划分，代表算法有 Mercer-Kernel Cluslering 和 SVC（support vector clustering）、DBCLASD（distribution based clusteling of large spatial databases）等。概念聚类是分割算法的一种延伸，它用描述对象的一组概念取值将数据划分为不同的类，而不是基于几何距离来实现数据对象之间的相似性度量。概念聚类能够输出不同类确定其属性特征的覆盖，并对聚类结果给予解释。

层次方法递归地对数据进行合并或分裂，将数据集划分为嵌套的类层次结构或类谱系图，可分为凝聚式和分裂式。一般地，分裂式层次方法的运算量比凝聚式层次方法更大，应用也不如后者广泛。凝聚式层次聚类算法结合自下而上聚类生成策略与循环重定位技术实现数据集的分层聚集，如 Single-Link、Complete-Link、Group Average 和 Cenlroid 等，它们采用链式距离衡量类间相似性，聚类结果存在球形偏见，且算法的时间复杂度很高。改进的层次聚类算法通过有机地集成划分方法、层次方法、随机抽样等多种聚类技术来提高聚类结果的质量和改善聚类算法的性能代，代表算法包括 BIRCH（balanced iterative reducing and clustering using hierarchies）、CURE（clustering using representatives）、chameleon 和 CLIQUE（clustering in quest），聚类结果严重依赖于用户参数的合理设置。

基于密度的聚类针对复杂形状的聚类发现而提出，每个聚类对应数据分布的一个相对密集区，通过将空间划分为若干由低密度区域（对应噪声或离群数据）所分割的连通高密度区域来实现聚类分析。典型算法包括：DBSCAN（density based spatial clustering of applications wilh noise）、OPTICS（ordering points to identify the clustering structure）和 DENCLUE（density based clust ering）等。聚类质量严重依赖于算法参数的仔细选择。

基于网格的聚类通过空间划分实现聚类分析将空间划分为有限数目的网格单元形成网格结构，所有聚类操作都在网格结构上进行。典型算法有 STING（statistical information grid-based method）、Wave Cluster、CLIQUE 和 OptiGrid 等。算法的处理时间与对象个数无关，具有良好的效率和可扩展性，但聚类结果的质量依赖于网格划分的量化尺度。

根据数据挖掘中聚类算法的典型性能要求，如算法的可扩展性、发现任意形状聚类的能力、对用户输入参数的依赖性、处理噪声或异常数据的能力、处理高维数据的能力、对数据输入顺序的不敏感性等对上述常用聚类算法的效率和有效性进行分析和比较。

分割方法的聚类质量比较差，仅适于发现大小相等的球形聚类，抗噪声能力弱，对数据的输入顺序很敏感，需要用户预先确定聚类个数；改进的层次方法具有相对较好的聚类质量，但算法的时间复杂度比较高；基于密度的方法和基于网格的方法具有良好的聚类质量和算法性能，能够发现任意形状的聚类，能够有效处理噪声数据，对数据输入顺序不敏感，但是聚类结果的质量都依赖于多个算法参数的合适选取；此外，除了 DENCLUE 和 CLIQUE 等少数算法以外，大多数聚类算法都不能有效处理高维数据。

此外，还有数据场聚类、模型聚类、图聚类、模糊聚类、神经网络聚类、数学形态学等聚类方法。邸凯昌（2001）分析了空间数据挖掘中的聚类和特征关系，提出了发现聚合亲近关系和公共特征的算法。Ester 等（1995）使用聚类方法研究了在大型空间数据库中挖掘类别判读知识的技术。Tung 等（2007）提出了一种在空间数据挖掘中实行空间聚类时，处理河流、高速公路等阻隔的算法。Murray 和 Shyy（2010）提出了一种探测性空间数据聚类方法。

2.4.4 Apriori 算法

Apriori 算法是一种挖掘关联规则的频繁项集算法，其核心思想是通过候选集生成和情节的向下封闭检测两个阶段来挖掘频繁项集，也是最有影响的关联规则挖掘算法，最早由 Agrawal 等人提出。设 C_k 表示候选 k-项集，L_k 表示 C_k 中出现频率大于或等于最小支持度阈值与事务总数的乘积的 k-项集，即 k-频繁项集或者是 k-大项集（Han，Kamber，2001）。

1. Apriori 算法的性质和基本过程

Apriori 算法具有以下性质：任何非频繁的 $(k-1)$-项集都不可能是频繁 k-项集的子集。这是因为：如果含有 $(k-1)$-项集的事务占事务总数的百分比不大于最小支持度阈值，那么含有该 $(k-1)$-项集与另外一项构成的 k-项集的事务占事务总数的百分比就更不可能大于或等于最小支持度阈值了。如果用概念来概括的话，含有 k-项集的事务构成的概念的内涵比含有 $(k-1)$-项集事务所构成的概念的内涵增加了，那么它的外延必然会减小，所包含的事务数也必然减小。因此，根据这个性质可以再生成 k-项集之前先将 $(k-1)$-项集中的非频繁项集删除，通过删除候选 $(k-1)$-项集中的非频繁项集得到 $(k-1)$-频繁项集。该算法的基本过程如下：

①计算所有的 C_1；
②扫描数据库，删除其中的非频繁子集，生成 L_1（1-频繁项集）；
③将 L_1 于自己连接生成 C_2（候选 2-项集）；
④扫描数据库，删除 C_2 中的非频繁子集，生成 L_2（2-频繁项集）；

⑤依此类推，通过 L_{k-1}（$(k-1)$-频繁项集）与自己连接生成 C_k（候选 k-项集），然后扫描数据库，生成 L_k（频繁 k-项集），直到不再有频繁项集产生为止。

在连接的过程中，为了连接的方便，将项集（项目的集合）中的项按照辞典序排列。执行 L_k 与 L_k 的连接时，如果某两个元素的前 $k-1$ 项相同，则认为二者是可连接的，否则认为二者是不可连接的，不作处理。

2. Apriori 算法的应用领域

经典的关联规则数据挖掘算法 Apriori 算法广泛应用于各种领域，通过对数据的关联性进行了分析和挖掘，挖掘出的这些信息在决策制定过程中具有重要的参考价值。

Apriori 算法广泛应用于商业中，尤其是消费市场价格分析中，它能够很快地求出各种产品之间的价格关系和它们之间的影响。通过数据挖掘，市场商人可以瞄准目标客户，采用个人股票行市、最新信息、特殊的市场推广活动或其他一些特殊的信息手段，从而极大地减少广告预算和增加收入。百货商场、超市和一些零售店也在进行数据挖掘，以便猜测这些年来顾客的消费习惯。

Apriori 算法应用于网络安全领域，比如时候入侵检测技术中。早期中大型的电脑系统中都收集审计信息来建立跟踪档，这些审计跟踪的目的多是为了性能测试或计费，因此对攻击检测提供的有用信息比较少。它通过模式的学习和训练可以发现网络用户的异常行为模式。采用作用度的 Apriori 算法削弱了 Apriori 算法的挖掘结果规则，是网络入侵检测系统可以快速的发现用户的行为模式，能够快速的锁定攻击者，提高了基于关联规则的入侵检测系统的检测性。

Apriori 算法应用于高校管理中。随着高校贫困生人数的不断增加，学校管理部门资助工作难度也越加增大。针对这一现象，提出一种基于数据挖掘算法的解决方法。将关联规则的 Apriori 算法应用到贫困助学体系中，并且针对经典 Apriori 挖掘算法存在的不足进行改进，先将事务数据库映射为一个布尔矩阵，用一种逐层递增的思想来动态的分配内存进行存储，再利用向量求"与"运算，寻找频繁项集。实验结果表明，改进后的 Apriori 算法在运行效率上有了很大的提升，挖掘出的规则也可以有效地辅助学校管理部门有针对性地开展贫困助学工作。

Apriori 算法被广泛应用于移动通信领域。移动增值业务逐渐成为移动通信市场上最有活力、最具潜力、最受瞩目的业务。随着产业的复苏，越来越多的增值业务表现出强劲的发展势头，呈现出应用多元化、营销品牌化、管理集中化、合作纵深化的特点。针对这种趋势，在关联规则数据挖掘中广泛应用的 Apriori 算法被很多公司采用。依托某电信运营商正在建设的增值业务 Web 数据仓库平台，对来自移动增值业务方面的调查数据进行了相关的挖掘处理，从而获得了关于用户行为特征和需求的间接反映市场动态的有用信息，这些信息在指导运营商的业务运营和辅助业务提供商的决策制定等方面具有十分重要的参考价值。

3. Apriori 算法优缺点分析

Apriori 算法能够有效地发现大数据中的关联规则，并且算法很容易理解，因此仍然被很多数据挖掘的研究者所采用。但是该算法存在以下缺点：

①在由 k-候选项集生成 k-频繁项集的过程中，需要对数据库重新扫描一次，这样需要多次扫描数据库，如果数据库很大，该算法将十分费时。

②在根据频繁项集生成关联规则的时候，需要计算频繁项集的所有子集，这个过程也是比较费时的。

③生成的规则太多，有很多的规则是冗余规则。

2.4.5 概念格

在认识和改造世界的过程中，人类把所感觉事物和现象的共同特点抽象并加以概括，形成了概念。基于哲学中认为概念是由内涵和外延组成的思想单元这一思想，德国的 Rodolf Wille 教授于 1982 年首先提出了形式概念分析的理论。这一理论是基于概念和概念层次的数学化表达的应用数学的一个分支。关于概念格的理论，已有众多的学者进行了研究，在此不再赘述。为了较好地处理土地用途分区的知识获取问题，主要对采用模糊概念格对土地利用关联规则进行挖掘的问题进行研究。

1. 模糊概念格

随着计算机的发展和对地观测技术的进步，越来越多的数据被保存在土地利用时空数据库中，信息量的俱增，与此同时出现了越来越多的模糊信息导致数据难以利用。美国人扎德最早提出了模糊集理论并应用于模糊控制中，其后众多学者不断发展这一理论。目前该理论是解决模糊问题的重要方法。基于此本研究中拟使用模糊概念格进行空间关联规则挖掘，并对模糊概念格进行研究，以利于土地数据库的空间关联规则挖掘。

模糊形式背景 $K = (U, A, \tilde{R})$，其中 U 为对象集，对象 $o \in U$；A 为模糊属性标识集，属性 $d \in A$；$\tilde{R}$ 是映射，满足式 $\tilde{R}: U \times A \rightarrow [0, 1]$，或写成 $\tilde{R}(o, d) = m$，$0 \leqslant m \leqslant 1$。隶属度函数可以是一般函数（Hongliang Lai, 2009）。

在模糊形式背景 K 中，$O \in U$，$D \in A$，对于 D 中的每个属性 d 选取阈值 $\phi_{d_j}(0 \leqslant \phi_{d_j} \leqslant 1)$ 在 O 和 D 间可定义两个映射 f 和 g，如下式表示：

$$\forall O \subseteq U: f(O) = \{d \,|\, \forall o \in O, \ \tilde{R}(o, d) \geqslant \phi_{d_j}\} \tag{2-3}$$

$$\forall O \subseteq A: g(D) = \{o \,|\, \forall d \in D, \ \tilde{R}(o, d) \geqslant \phi_{d_j}\} \tag{2-4}$$

式中，f 和 g 称为 U 的幂集和 A 的幂集之间的 Galois 连接。

如果二元组 $C = (O, D)(O \subseteq U,\ D \subseteq A)$ 满足：$O = g(D)$，$D = f(O)$，则称为模糊背景 K 的一个模糊概念，O 和 D 分别是模糊概念 C 的外延和内涵。模糊形式背景 K 的所有模糊概念的集合记为 $CS(K)$。$CS(K)$ 上的结构是通过泛化、例化关系产生的，其定义为：如果模糊概念 $C_1 = (O_1, D_1)$ 和 $C_2 = (O_2, D_2)$ 的两个对象集 O_1、O_2 满足 $O_1 \subseteq O_2$，则满足 $(O_1, D_1) \leqslant (O_2, D_2)$。通过此关系得到的有序集 $CS(K) = (CS(K),\ \leqslant)$ 称作模糊形式背景 K 的模糊概念格。

模糊参数 E：对于对象集合 O 和属性集合 $D = f(O)$，$d \in D$，参数 E 为：

$$E_d = \frac{1}{|O|} \sum_{o \in O} \tilde{R}(o, d)\ (\ |O|\ \text{是集合} O \text{的元素个数}) \tag{2-5}$$

$$E = \frac{1}{|D|} \sum_{d \in D} E_d\ (\ |D|\ \text{是集合} D \text{的元素个数}) \tag{2-6}$$

当需要指明 (O, D) 时，分别写为 $E_d(O, D)$ 和 $E(O, D)$。

模糊参数 δ：对于对象集合 O 和属性集合 $D = f(O)$，$d \in D$，参数 δ 定义如下：

$$\delta_d = \sqrt{\frac{\sum\limits_{o \in O} (\tilde{R}(o, d) - E_d)^2}{|O|}} \tag{2-7}$$

$$\delta = \frac{1}{|D|} \sum_{d \in D} \delta_d \tag{2-8}$$

当需要指明 (O, D) 时，分别写为 $\delta_d(O, D)$ 和 $\delta(O, D)$。

对每个模糊概念 $C = (O, D)(O \subseteq U,\ D \subseteq A)$，应用模糊背景的信息计算模糊参数 E 值和 δ 值，采用 E 和 δ，可以在从模糊概念格提取关联规则时避免生成冗余节点，进而避免生成效果欠佳的规则。

E 是 C 中所有对象的平均隶属度。δ 是所有 $\delta_d(C)$ 的均值，其中 $\delta_d(C)$ 是 C 中所有对象的隶属度值相对基于属性 d 的隶属度均值的偏离程度，δ 反映了 C 中对象的隶属度值相对平均隶属度的偏离程度。

在模糊概念格的构造算法中，为了能够用渐进式方法计算参数 E 和 δ，引进中间变量 k_d、h_d：

$$k_d = \sum_{o \in O} \tilde{R}(o, d) \tag{2-9}$$

$$h_d = \sum_{o \in O} \tilde{R}(o, d)^2 \tag{2-10}$$

由中间变量 k_d、h_d 可以计算 E、δ：

$$E = \frac{1}{|D|} \sum_{d \in D} E_d = \frac{1}{|D|} \sum_{d \in D} \frac{k_d}{|O|} \tag{2-11}$$

$$\delta = \frac{1}{|D|} \sum_{d \in D} \delta_d = \frac{1}{|D|} \sum_{d \in D} \left(\frac{\sum\limits_{o \in O} (\tilde{R}(o, d) - E_d)^2}{|O|} \right)^{\frac{1}{2}}$$

$$= \frac{1}{|D|} \sum_{d \in D} \left(\frac{h_d - 2k_d \times E_d + \sum_{o \in O} E_d^{\ 2}}{|O|} \right)^{\frac{1}{2}} \tag{2-12}$$

2. 概念格的应用领域

作为数据分析和知识处理的形式化工具，经过近二十年的发展，概念格（形式概念分析理论中的一种核心数据结构）已经在众多的领域取得了广泛而成功的应用。在软件工程领域，形式概念分析为再工程、软件重用、面向对象程序设计等领域中某些问题的解决提供了理论支持，并已经取得了一系列的应用成果。在数据挖掘领域，由于形式概念分析以概念格的形式使数据有机地组织起来，因此可以从关系数据中构造出来。概念格节点体现了概念内涵和外延的统一，因此非常适合于用来发现规则型知识，如蕴含规则、关联规则、分类规则等。除了在软件工程和数据挖掘领域获得的研究成果外，概念格还被成功地应用于信息检索、知识库组织等诸多领域（Lei Yinbin et al.，2009）。

综上所述，每个概念格节点都是一个形式概念，由外延和内涵两个部分组成。在规则的挖掘过程中，用内涵集之间的关系来描述规则，它体现了相应外延集之间的包含（或近似包含）关系。由于概念格节点反映了概念内涵和外延的统一，节点间关系体现了概念之间的泛化和例化关系，因此非常适合作为规则提取的基础性数据结构。在既有研究的基础上提出模糊概念格和其构造算法，并用于土地利用分区中的关联规则挖掘，具体内容在第3章详细介绍。

2.4.6　决策树

决策树（decision tree）根据不同的特征，以树型结构表示分类或决策集合，产生规则和发现规律（quinlan，1993）。在空间数据挖掘中，决策树首先利用训练空间对象集生成测试函数，其次根据不同取值建立树的分支，在每个分支子集中重复建立下层节点和分支，形成决策树，然后对决策树进行剪枝处理，把决策树转化为据以对新空间对象进行分类的规则。ID3（Interactive DichotornÏzer 3）方法根据信息论原理建立决策树或者决策规则树，它计算数据库中各字段的信息量，寻找数据库中具有最大信息量的字段，建立决策树的一个节点，再根据字段的不同取值建立树的分支，在每个分支子集中重复建树的下层节点和分支，叶节点为正例或反例。顾及决策树邻近对象的非空间聚合值，基于分类对象的非空间属性、描述被分类对象和邻近特征的空间关系的属性、谓词和函数，Koperski（1999）提出了空间数据的两步决策分类法。在查找样本对象的粗略描述后，利用机器学习的 Relief 算法提取空间谓词，合并空间谓词和非空间谓词为分类决策知识。Marsala 和 Bigolin（2002）利用模糊决策树在面向目标的空间数据库中挖掘区域分类规则。POSS 系统（Fayyad et al.，2006）使用决策树方法对天空图像中的星体对象进行分类，并通过分辨率、背景等级或平均强度等属性参数对图像进行规范化，以提高分类准确性。著名的 C4.5 系统也是基于决策树的。

2.4.7　人工智能

1. 神经网络

神经网络（neural network）是在结构上模仿人的神经网络，由大量神经元通过极其丰富和完善的连接而构成的自适应高度非线性的超大规模连续时间动力系统，并具有分布存储、联想记忆、大规模并行处理、自学习、自组织、自适应等功能（Gallant，1993）。神经网络由输入层、中间层和输出层组成。大量神经元集体通过示例训练来学习待分析数据中的模式，形成描述复杂非线性系统的非线性函数，得到客观规律的定量描述，适于从环境信息复杂、背景知识模糊、推理规则不明确的非线性空间系统中挖掘分类知识。神经网络对计算机科学、人工智能、认知科学以及信息技术等都产生了重要而深远的影响，在空间数据挖掘中可用来进行分类、聚类、特征挖掘等操作（Miller et al.，1990）。

以神经网络和数学模型为基础，存在的神经网络可分为三类：①用于预测、模式识别等的前馈式网络，如感知机（perceptron）、反向传播模型、函数型网络和模糊神经网络等；②用于联想记忆和优化计算的反馈式网络，如 Hopfield 的离散模型和连续模型等；③用于聚类的自组织网络，如 ART（adaptive resonance theory）聚类和 Koholen 聚类等。其中，Hopfield 网络是一种用于神经优化计算、联想记忆等领域的网络模型，它将网络的动态演化与其 Lyapno 能量函数联系起来，其动力演化行为由它的能量函数的吸引子决定。如果该吸引子是稳定的并对应于能量函数的某个极小值点，那么网络的动态演化过程就是寻找能量函数极小点的过程，网络停止演化时便可自然得到能量函数的极小点。采用逐步添加训练数据和隐节点避开局部极小点，可在数据挖掘中改进前向人工神经网络算法。此外，神经网络与遗传算法结合，也能优化网络连接强度和网络参数。

神经网络具有鲜明的"具体问题具体分析"的特点，其收敛性、稳定性、局部最小值以及参数调整等问题尚待更深的研究，尤其对于输入变量多、系统复杂且非线性程度大等情况（Lu el al.，1996）。神经网络长于表达能力，却短于解释能力。在神经网络被用于数据挖掘时，训练速度慢，学习时间长，有可能陷入局部最小。同时，难以从网络结构中提取分类规则，难以融合已有的应用领域知识，难以确定网络参数（如中间层神经元的个数）和训练参数（如学习率、误差阈值等）。

人工神经网络是近十多年来学术界的一个研究热点，在信号处理、模式识别、人工智能、向适应控制、决策优化等众多领域得到了广泛的研究和应用。神经网络由多个非常简单的处理单元（神经元）按某种方式相互连接而形成，靠网络状态对外部输入信息的动态响应来处理信息。以模式识别应用为例，人工神经网络的信息分布式存储于联结权系数中，使网络具有很强的容错性和稳健性，可有效地减少或消除模式识别问题中噪声的干扰。另外，人工神经网络的自组织、自适应学习功能，大大放松了传统模式识别方法所需的约束条件，使其对某些识别问题显示出很大的优越性。神经网络方法被称为联结主义（connectionist）方法，而与其相对的以往的方法称为守号主义（symbolic）方法。

由于神经网络的独特特点，它在数据挖掘和知识发现中也得到了应用，主要用于获取分类知识。同决策树等符号主义分类方法相比，神经网络分类算法的优点是分类精度高（错分率低），对噪声具有稳健性。但是，由于神经网络分类方法获取的知识隐含在网络结构中，而不是显式地表达为规则，不容易被人们理解和解释，因此，一些专家认为神经网络方法不太适合数据挖掘和知识发现。另外，神经网络方法获取分类知识时要多次扫描训练数据，网络训练时间一般比较长；神经网络学习时不易利用领域知识。

为了克服神经网络获取的知识不易理解的缺点，Lu 等（1996）提出了一种用神经网络获取分类规则的算法，称为 NeuroRule。该算法采用三层 BP（back propagation）网络，由网络训练、网络剪枝和规则提取三步构成。网络训练与常规的 BP 网络训练方法基本相同，为了便于后面的规则提取，数值型属性先离散化成区间值再输入网络。训练结束后，一般网络节点和联结个数非常多元法转换为精练的规则。网络剪枝的目的就是在不增加错分率的前提下，去掉冗余的节点并联结得到一个简练的网络，再在此网络中提取规则。提取规则时，在不牺牲分类精度的前提下，首先将隐层节点的激活值离散化成为较少的离散值，根据输出值和隐节点值之间的依赖以及隐节点激活值与输入值之间的依赖就可以生成规则。典型试验表明，NeuroRule 在分类精度与 C4.5 相当的情况下提取的规则比 C4.5 更加精练。

在遥感领域，用神经网络进行图像分类的研究已有很多报道，一些商用遥感图像处理软件中已经有神经网络分类的模块。神经网络分类同样可用于 GIS 数据中的分类、聚类、预测等知识的获取。同样地，知识的获取是通过对训练数据进行学习实现的，这些知识隐含在网络结构中。若是作为中间处理结果，这些知识直接提供计算机算法使用，则一般不必转换为更加精练的规则，此时，网络结构本身可以看作是一种知识表达方式。若是作为最终数据挖掘和知识发现结果提供给人理解和决策，则可借鉴 NeuroRule 的方法把隐含在网络结构中的知识转换为显式的精练的规则，这样便于人分析和理解，更重要的是可以根据显式规则从大型空间数据库查询某类对象进行更深入的分析。充分利用人工神经网络的优点，结合或借鉴其他方法克服神经网络的一些缺点，必然会使神经网络方法在空间数据挖掘中得到广泛的应用。

"深度学习"的概念由 Hinton 等人于 2006 年提出。基于深度置信网络（DBN）提出非监督贪心逐层训练算法，为解决深层结构相关的优化难题带来希望，随后提出多层自动编码器深层结构。此外 Lecun 等人提出的卷积神经网络是第一个真正多层结构学习算法，它利用空间相对关系减少参数数目以提高训练性能。深度学习是机器学习中一种基于对数据进行表征学习的方法。观测值（例如一幅图像）可以使用多种方式来表示，如每个像素强度值的向量，或者更抽象地表示成一系列边、特定形状的区域等。而使用某些特定的表示方法更容易从实例中学习任务（例如人脸识别或面部表情识别）。深度学习的好处是用非监督式或半监督式的特征学习和分层特征提取高效算法来替代手工获取特征。

2. 遗传算法

遗传算法（genetic aigorithms，GA）由 J. Holland 于 1975 年提出，利用复制（选择）、交叉（重组）和变异（突变）三个基本算子仿效生物的进化过程，是一种有效地解决最优化问题的方法（Buckless and Petry，1994）。它以严密而抽象的科学方法解释自然界中"物竞天择，适者生存"的演化过程，将生物界中基因演化的重要机制用计算机软件模拟，使空间数据挖掘从初始解一步步地逼近最优解。

复制是从一个旧种群（父代）选出生命力强的个体，产生新种群（后代）的过程；交叉是两个不同个体（染色体）的部分（基因）进行交换，形成新个体；变异（突变）是对某些个体的某些基因进行变异（I 变 O、O 变 I）。遗传算法应用演化算法的适应函数来决定搜寻的方向。当实施遗传算法时，首先要对求解的问题进行编码，构造染色体，产生初始群体，然后计算个体的适应度，再进行染色体的复制、交换、突变等操作，产生新的个体。重复以上操作直至求得最佳个体。

遗传算法可起到产生优良后代的作用。这些后代需满足适应值，经过若干代的遗传，将得到满足要求的后代（问题的解）。遗传算法具有稳健性（robustness）、求值空间的独立性（domain Independence）、智能式搜索、渐进式优化、易获得全局最优解、黑箱式结构、适于并行计算和通用性强等优点。稳健性使问题的限制条件降到最低，并大幅提高系统的容错能力；而求值空间的独立性则使遗传算法的设计单一化，且适用多种不同性质、领域的问题。近年来，信息科技的长足进步，在更快更稳定的系统支援下，遗传算法被机器学习、图像处理、模式识别、自动控制和社会科学等领域广泛应用。目前，遗传算法已在优化计算、自我学习机制、分类机器学习方面发挥了显著作用。

在空间数据挖掘中，把数据挖掘任务表达为一种搜索问题，利用遗传算法的空间搜索能力，经过若干代的遗传，就能求得满足适应值的最优解规则。它提供了一种不同于以往的思考模式，运用在数据挖掘上，可以在巨量数据中快速搜寻、比对、演化出最佳点，并且具有学习机制。数据挖掘和知识发现中的许多问题，如分类、聚类、预测等知识的获取等，可以表达或转换成最优化问题，进而可以用遗传算法来求解。Jiang 等（2010）研究解译染色体空间结构的计算工具，以沟通代间信息。

3. 人工免疫系统

早在 17 世纪，我国医学家就创造性地发明了人痘以预防天花。1796 年，英国医生 Edward Jenner 发明了牛痘，从而取代了人痘苗，这是公认的现代免疫学的开端。法国免疫学家 Pasteur 发明了减毒细菌疫苗，奠定了经典免疫疫苗的基础。经过 300 多年的发展，免疫学已经从微生物学的一章发展成为一门独立的学科。

生物免疫系统是一种高度进化的智能系统，具有学习、识别和记忆等诸多特征。它由免疫器官、免疫组织以及多种淋巴细胞组成，其中，淋巴细胞主要包括 T 细胞和 B 细胞两种，它们分布于整个身体，在免疫中起主要作用。正是充分认识到生物免疫系统中蕴含丰富的信息处理机制，Farmer 等率先基于免疫网络学说给出了免疫系统的动态模型，开始了人工免疫系统的研究。其后召开的多次国际会议使人工免疫系统称为人工智能领域的研究热点问题。人工免疫系统（artificial immune systems，AIS）是模仿自然免疫系统功能的一种智能方法，它实现了一种受生物免疫系统启发，通过学习外界物质的自然防御机理的学习技术，提供了噪音忍耐、无教师学习、自组织、记忆等进化学机理，结合了分类器、升级网络和机器推理等系统的一些优点，因此提供了新颖的解决问题的方法和途径。

理论免疫学与人工免疫系统是与人类免疫系统有关的两个研究领域：前者（包括计算免疫学）目的是解释免疫学现象，解决免疫学或医学问题，这一领域的历史较为悠久；后者则是从工程和科学角度研究免疫系统机制和性质，找到解决工程和科学问题（包括医学问题）的新方法。理论免疫学的研究远早于人工免疫系统的研究，奠定了人工免疫系统的生物学基础。它的研究成果不断促进人工免疫系统的发展，最近几年，二者的部分研究内容尤其是免疫系统建模和仿真研究日益融合，因此理论免疫学与人工免疫系统是互相促进发展的。人工免疫系统在发展过程中有多个定义。国际上也有利用免疫计算（immune computing）概括这一领域的思想。采用莫宏伟的定义：人工免疫系统是基于免疫系统机制和理论免疫学而发展起来的各种人工范例的统称。这个定义涵盖免疫启发的算法与模型，免疫启发的软、硬件系统及免疫系统建模与仿真等多种基于免疫机制的系统与方法。

免疫系统之所以受到计算机科学和工程研究人员的关注，是由于免疫系统具有许多特征，包括：模式识别与匹配、特征抽取、学习与记忆、阈值机制、模糊与概率检测、鲁棒性、自适应、多样性、分布式、自我调节、复杂性、协同刺激、自组织等。通过分析产生这些特征的原理，经过工程设计，人们可以从需求出发设计出具有鲁棒性、适应性、伸缩性、灵活性、自我平衡、自我修复等性能优良的人工系统。

为了解释各种免疫现象，许多学者提出了多种免疫系统理论，其中有许多学者因为研究免疫系统而获得诺贝尔奖。最有影响的理论包括免疫抗体形成的侧链理论、免疫调节和网络理论、克隆选择学说、免疫耐受、抗体多样性理论等。目前，人工免疫算法研究主要集中于克隆选择算法、免疫阴性选择算法和基于免疫网络的算法这三大类。这些理论已经广泛应用于计算机安全、故障耐受与检测、机器学习、数据挖掘、机器人、优化、调度、模式识别、图像处理、生物信息学、天气预报、电力系统、生产设计、化学、农业、经济、疾病监测、预测、计算机音乐、物理安全系统等多个领域。从目前的应用范围看，人工免疫系统反映了智能信息处理领域研究与应用的一个新方向。

虽然人工免疫系统已经被广大研究者逐渐重视，然而与利用已经比较成熟的方法和模型的人工神经网络研究相比，不论是对免疫机理的认识还是免疫算法的构造还是工程应用，人工免疫系统的相应研究都还有很大的潜力，特别是对人工免疫系统在数据挖掘领域的应用，目前研究成果较少。J. Timmis 等将人工免疫系统用于数据库知识发现，与单一联结聚类分析的 Kohonen 网络作了比较，认为人工免疫系统作为数据分析工具是适合的。可见已有的人工免疫系统算法是可以用于数据挖掘的，但是针对空间数据的自身特点，在具体应用时要进行调整，可以把较成熟的数据挖掘方法和人工免疫系统算法相结合，会有更加广阔的应用前景（梁勤欧，2003）。本研究中主要是针对土地用途分区中的问题，结合克隆选择算法在数据挖掘中的可行性，对其进行了改进，具体内容在第 4 章进行详细研究。

2.5　土地用途分区知识与挖掘模型

为了解决土地用途分区问题必须建立一个基于方法的模型。在传统的土地用途分区中，在工作者脑海里存储着各种相关知识，如地图知识、地理知识、经济知识、地形知识等，这些知识融会贯通指导工作者进行分区，所以说知识是土地用途分区的指示灯。在设计智能化土地用途分区的过程中，应该让系统能够模拟上述知识在分区工作者脑海中的运用是必不可少的研究工作。土地用途分区的智能化实施同样需要知识的指导。本节首先根据土地用途分区问题建立了土地用途分区的知识体系，并在此基础上构建土地用途分区的多目标优化聚类模型。

2.5.1　土地用途分区的知识体系

基于知识的土地用途分区的研究和应用已在众多文献中有了深入的探讨，但大多集中在领域经验知识方面，如经济效益、聚集知识的研究。就目前收集的资料文献显示，尚没有使用空间数据挖掘的方法来获取相关知识，而且就土地用途分区研究的角度讲，也主要集中在智能算法的研究上，如禁忌搜索算法（刘洋，2008）、微粒群算法（王坤，2009），还没有从数据挖掘的角度对土地用途分区进行系统分析与研究。

土地用途分区所涉及的知识主要包括一般性知识（常识）、领域知识、特定问题知识和空间关联知识。其中领域知识主要有土地科学领域知识和生态学领域知识，生态学领域知识如景观格局的"大集中，小分散"，可持续发展等，土地科学领域知识主要是有关土地利用现状分析、土地适宜性评价方面，以及土地利用优化配置方面的比较成熟的经验、知识和模型，如土地利用的多宜性原则、土地利用类型之间的转化的一般规律。根据这些知识的来源进行了分类，其基本结构体系如图 2-5 所示。

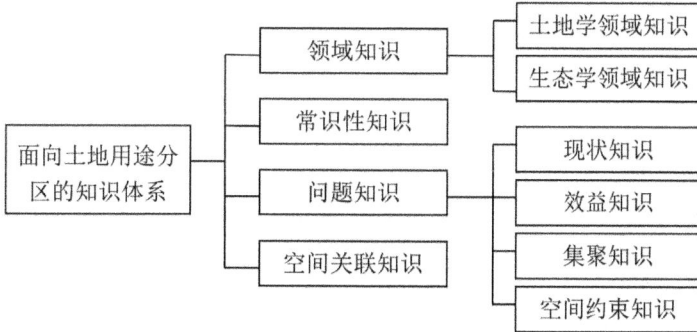

图 2-5　土地用途分区的知识体系

1. 效益知识

土地利用效益是土地用途分区的综合反映，土地用途分区的优化程度越高，土地利用效益越好。土地利用规划是一个复杂的系统，牵涉影响的因素众多，强调综合效益，即协调好土地的经济、社会和生态效益，但是由于对社会效益、生态效益研究的缺乏和不成熟，缺乏实用的生态和社会方面的可度量指标，因此传统的综合效益常以经济效益来替代，而社会效益、生态效益则作为约束条件存在。在土地利用规划过程中要调整土地利用结构，土地利用结构就是对土地利用效益的分解（图 2-6），土地利用结构数量上的优化在很大程度上考虑了经济、社会和生态效益。因此，在进行分区的时候的土地利用结构就是土地利用效益的表示，可以使用土地规划中的数量结构来作为效益知识的指标。

土地作为稀缺资源，土地规划的目标之一就是力争各部门土地利用需求与供给在数量上和空间上达到平衡。土地资源的供给量受制于土地的自然经济属性，所以在进行土地用途分区之前必须明确土地资源的现状，挖掘存量土地利用潜力，开发整理复垦可利用地，明确土地总供给量；根据各部门国民经济发展计划和人口总量计算土地需求量，从而构建各类土地面积约束。但是在现实生活中，各部门为了追求自身利益最大化，总想占有更多的土地资源，在此思想倾向下需求量的预测结果往往偏离科学性，导致一个区域内需求的土地总面积大于区域土地资源供给量。因此，必须贯彻以供给制约和引导需求的原则，以保证土地资源的持续利用和集约利用。但从总体上看，

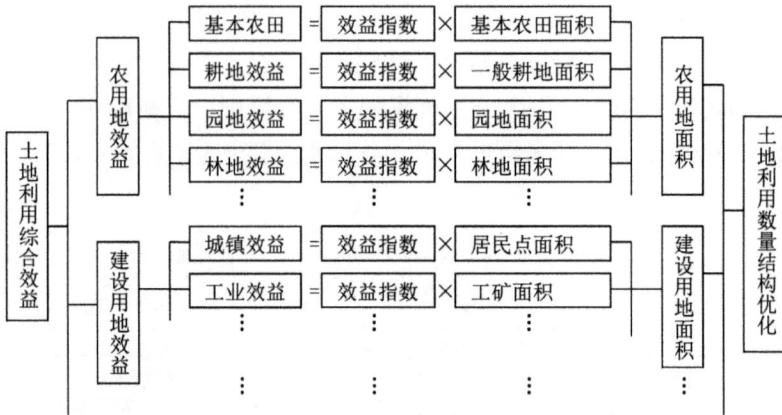

图 2-6　土地利用效益知识分析

各个部门的土地需求结构仍是反映一个区域内土地需求趋势的依据，通过一定的上下限数量弹性分析，仍可作为模型的在用地需求量上的约束。

在此，以耕地数量约束为例，以 C_1 表示耕地现状数量，C_1' 表示规划数量，一般都受耕地保有量约束，可有如下约束：

$$\lambda_1 \leqslant C_1' \leqslant S \tag{2-13}$$

式中，λ_1 表示配置耕地的最小值；S 表示配置耕地的最大值，参考耕地供求预测结果，耕地供给量预测结果可以用如下公式表示：

$$S = S_1 + S_2 + S_3 + S_4 - S_5 - S_6 - S_7 - S_8 \tag{2-14}$$

式中，S 是耕地总需求量；S_1 是现有耕地面积；S_2 是土地开发增加耕地面积；S_3 是土地整理增加的耕地面积；S_4 是土地复垦增加耕地面积；S_5 是建设占用耕地面积；S_6 是生态退耕面积；S_7 是农业结构调整面积；S_8 是灾害毁弃面积，根据耕地占补平衡分析，得出规划年耕地保有量。

其他各类用地的数量约束也可按照上述方法求得，即设定模型中的各用地变量的上下限，这样在确保模型运行结果合理性的情况下，使得模型能非常好地符合规划的要求，在规划许可的弹性范围内，做到规划刚性与弹性的有效结合，同时又能提高运算模型的运行效率。因此，在预测各类用地需求量时，对需求量都应给出一个区间范围，特别是需求下限值，而这是相对比较容易确定的，比如林地，一般都有一个森林覆盖率基本要求，可以作为其下限。而对于建设用地，则有建设用地控制性指标，可以作为其不可突破的上限。

2. 聚集知识

通常一种形状相对紧凑的用地分布方式（如呈正方形或圆形状）比狭长的用地区

在管理上要方便、利用效率上要高些。在景观生态学中有很多描述斑块形状的指标，这里可以简单地利用周长与面积平方根的比值来描述土地利用簇的形状，称为形状指数 δ。用如下公式来具体计算某一土地利用簇的形状指数：

$$\delta_{kc} = \frac{Y_{kc}}{\sqrt{A_{kc}}} \tag{2-15}$$

式中，δ_{kc} 表示类型为 k 的土地利用簇 c 的紧凑程度；Y_{kc}、A_{kc} 分别表示类型为 k、土地利用簇 c 的周长和面积。式中对面积取平方根，这样就使得形状指数与尺度无关。在以矢量形式表达土地利用空间时，该指标的最小值为 π，即土地利用呈圆形分布时。

在土地用途分区中，通常不会关注单一簇对象，更多的是关注其整体格局和效益，这样就可以引入类型簇的形状指数 δ_k，即土地利用类型 k 的形状指数 δ_k，用如下公式计算：

$$\delta_k = \sum_{k=1}^{K} \sum_{c=1}^{C} \frac{Y_{kc}}{\sqrt{A_{kc}}} \tag{2-16}$$

式中，$A_{kc} \geqslant S_k$，S_k 为规定的每个用途簇的最小值，即关于簇的最小规模的限定，以避免过于零散的对象单元参与计算。

土地利用配置所形成的空间形态相对紧凑，即相同类型的用地尽可能集中连片，则有利于获得更大的效益。因此，表达土地利用紧凑程度的形状指数值 δ_k 趋小。简单的表达公式如下：

$$\min^{-} \delta_k \tag{2-17}$$

在不同尺度下，土地用途分区具有不同的特征。根据《中华人民共和国国土资源部县级土地利用规划规程》（TD/T 1024-2010）可以约定土地用途分区的最小上图面积（表2-1）。

表2-1　　　　　　　　　　　　土地用途分区最小上图面积规定

土地用途区类型	图上面积（mm²）	1:10000实际面积（公顷）	1:20000实际面积（公顷）	1:25000实际面积（公顷）	1:50000实际面积（公顷）	1:100000实际面积（公顷）
基本农田保护区	20	0.20	0.80	1.25	5	20
一般农地区	20	0.20	0.80	1.25	5	20
林业用地区	100	1.00	4.00	6.25	25	100
牧业用地区	100	1.00	4.00	6.25	25	100
城镇村建设用地区	20	0.20	0.80	1.25	5	20
独立建设用地区	20	0.20	0.80	1.25	5	20

续表

土地用途区 类型	图上面积 （mm²）	1∶10000 实际面积 （公顷）	1∶20000 实际面积 （公顷）	1∶25000 实际面积 （公顷）	1∶50000 实际面积 （公顷）	1∶100000 实际面积 （公顷）
风景旅游用地区	20	0.20	0.80	1.25	5	20
自然人文景观 保护区	100	1.00	4.00	6.25	25	100

3. 空间关联知识

划定土地用途区是基于一定的土地利用现状来进行的，脱离土地利用现状来进行土地用途分区是不现实的。土地利用现状是划定土地用途区的基本依据之一。因此，划定土地用途分区必须要考虑土地利用的规律。通过对过去土地利用规律的探测来研究土地利用的转换规则，是一种非常自然的想法。然而，要想获取土地利用规律是非常困难的问题，且由于土地利用本身就是一个复杂的地理过程，导致其结果带有很大的不确定性。既有研究中的土地利用规律很大程度上是根据人们的经验来进行规定的，这些经验有的是基于不合理利用土地资源得出的，有的是个人经验，因此这些规律有的时候受到人们的经验的限制，未必能够表现出土地用途的自然属性。

土地利用规律很大程度上是指土地利用的空间关联知识，因此在进行土地用途分区的过程中，还需要借助一定的智能算法来实现自动的获得土地用途分区的空间关联知识，这是一个系统而复杂的获取过程，现有的研究很少涉及，因此关于空间关联知识的获取，将在第 3 章进行重点研究。

4. 土地用途转换约束知识

土地用途的转换约束知识主要用来表示土地从一种类型向另外一种类型变化所需具备的条件以及相应性可能性或概率，或者转换所要付出的代价、成本等。土地用途的变更、转换受众多因素的影响，因此分析规划区域内的土地用途转换约束知识，对实施土地用途分区具有重要意义。本研究主要从土地的适宜性以及土地的历史演变角度来探讨用地的转换规则提取。

（1）基于适宜性的用途转换知识

土地适宜评价是明确土地适宜性的基础工作，是为合理利用土地资源、调整土地利用结构和布局服务，即土地用途的转换在多数情况下需要遵循土地的适宜性特点。通常情况下，由于农业生产要求有较好的立地条件，加之宜农土地资源十分有限，因此需要做到良田必须留给农业，在规则中鼓励水肥条件好、适宜农作物生长的土地作为耕地划定。基于土地适宜性的土地利用转换规则在区域土地适宜性评价的基础上，相对较容易确定。

这里可以按以下规定：现状用地类型记为 $LandUT$，分区类型记为 $LandUZ$，土地多宜性评价结果：宜耕、宜园、宜林、宜牧等级分别记为 D_1、D_2、D_3、D_4。在对农业用地的优先规划布局时，采用的部分规则如下：

规则1.1：if $LandUT=111$ and（$D_1=1$ or $D_1=2$）and $S>S_1$ then $LandUZ=$ JN

规则1.2：if $LandUT=111$ and（$D_1=3$ or $D_1=4$）then $LandUZ=$ NULL

规则1.3：if $LandUT=12$ and（$D_2=1$ or $D_2=2$）then $LandUZ=$ YN

……

NULL 表示用途有待进一步明确，需要进一步考虑效益知识、空间关系和集聚知识等。以上规则也体现了保持合理土地利用现状，改变不合理用地的思想，符合规划的基本原则。

通过土地用途转换规则的分析，既是对土地用途分区进行了限制，同时也是鼓励土地用途分区朝着有利方向进行。为了在模型中应用规则，因此必须采取一定的方法，使得这些规则能够以量化指标值的形式被反映出来。

根据土地利用类型过渡期分类来进行划分，由于部分建设用地的不可逆性，未利用地的单向转化性，即假定其他用地类型不可能转化为未利用地。本书简单地用 P_{cf} 表示从当前的用地类型 c 转换到用地类型 f 的可能性指数，或称转换系数，它为 0~1 的常数，取值 0 表示不可转换（如通常情况下，其他用地不可转换成未利用地），取值 1 表示最佳转换方式。因此，可用表 2-2 形式来表示用地类型的转换规则。

表 2-2 　　　　　　土地用途分区的用地类型转换规则

当前用地类型	规划的土地用途区 k								
	JN	YN	LD	MD	CC	DJ	FL	ZJ	QT
耕地	p11	p12	p13	p14	p15	p16	p17	p18	p19
园地	p21	p22	p23	p24	p25	p26	p27	p28	p29
林地	p31	p32	p33	p34	p35	p36	p37	p38	p39
牧草地	p41	p42	p43	p44	p45	p46	p47	p48	p49
其他农用地	p51	p52	p53	p54	p55	p56	p57	p58	p59
城市	p61	p62	p63	p64	p65	p66	p67	p68	p69
建制镇	p71	p72	p73	p74	p75	p76	p77	p78	p79
农村居民点	p81	p82	p83	p84	p85	p86	p87	p88	p89
独立建设用地	p91	p92	p93	p94	p95	p96	p99	p98	p99

续表

当前用地类型	规划的土地用途区 k								
	JN	YN	LD	MD	CC	DJ	FL	ZJ	QT
交通水利用地	p101	p102	p103	p104	p105	p106	p109	p108	p109
其他建设用地	p111	p112	p113	p114	p115	p116	p119	p118	p119
未利用地	p121	p122	p123	p124	p125	p126	p129	p128	p129

这里，P_{cf} 值受土地自身的适宜性、土地的领域特征等影响，根据研究区实际设置，可以在规划区取相同的值，也可以根据用地条件等划分不同的用地区，从而设定不同的 P_{cf} 值。例如在耕地资源相对匮乏的地区，耕地保护显得尤为重要，其他类型转化为耕地是鼓励的，因此相应地应设置一个较大值；而耕地转化为其他用地类型则要求尽量避免而设置一个接近于 0 的值。同样地，由于节约和集约用地的要求，对未利用地的开发利用一般是鼓励的，因此相应地应设置一个较大的值；其他的诸如林地保护、草场保护等具体区域实际情况，也可在具体各项转换值确定时加以考虑，以满足区域土地利用的实际需求。若条件允许，可以针对每一个单元测算其转换为用途 k 或者保持用途 k 的可能性指数 p_{ijk}。

（2）基于土地演变的用途转换约束知识

近年来，很多学者通过对土地演变的探测来研究土地利用的转换，比如：Richards 等提出一种基于 GA 的方法从给定的土地利用时空模式中提取出用于 CA 模型总的规则；Adamatskii 讨论了提取规则的复杂性，并给出了一个用于计算转换表的并行算法。但是这些研究表明，要想获取土地利用变化的规则是非常困难的问题。此外，这种方法存在一种风险，即如果过去存在的不合理利用土地的现象，那么从中提取的转换规则应用于土地用途分区中，其结果是不可信的。但这种规则，可以作为制定转换规则时的一种参考或对照，使得所定义的规则能够促使用地向着更合理的方向发展。

由于现状用地性质影响，使得某些用地单元的用途不能发生改变，如城镇建设用地一般情况下不可能转换为其他用地。因此，在研究的模型中，考虑到土地利用的历史演变规律，对于现有的城市和建制镇等建设用地，直接划定到"城镇村建设用地区（CC）"。如果不对这些用地单元作特殊处理，将无法保证把这些单元合理地划定到某一用途区。因此，在应用智能算法前需要对初始数据作一定的预处理。同样地，对于有林地、疏林地和未成林地等林业用地图斑，应划到林业用地区（保证图斑的面积达到上图面积，并不进行图斑合并）。基于土地演变知识的现状分类转换如表 2-3 所示。

采用的部分规则如下：

规则 2.4：if $LandUT$ = 211 or $LandUT$ = 212 then $LandUZ$ = CC

规则 2.5：if $LandUT$ = 131 or $LandUT$ = 132 or $LandUT$ = 133 then $LandUZ$ = LD

……

表 2-3 基于土地演变知识的现状分类转换

名称	名称	主 要 地 类
农用地	耕地	111 水田、112 水浇地、113 旱地
	园地及其他农用地	12 园地 15 其他农用地
	林地	
	牧草地	
建设用地	城乡建设用地	211 城市、212 建制镇、213 农村居民点
	独立建设用地	214 其他独立建设用地、215 采矿用地
	其他建设用地	231 风景名胜设施用地、232 特殊用地、233 盐田
未利用地	未利用地	226 水库、31 水域、32 滩涂沼泽、33 未利用地

5. 其他约束知识

从区域土地利用生态安全的角度出发，一般要求土地利用能保持和促进区域生态网络系统结构的相对稳定性，应对那些具有关键生态价值或生态作用的地段给以特别的重视，如各类自然保护区、水源保护地、地质公园、重要的防护林等。从而需要对这些区域的用地类型进行相应的限制，一般不变化其现有的用地状况，要求在这些区域只能安排生态服务功能较高的林地、草地等利用类型，而禁止或减少建设用地的布局。军事用地等特殊用地也需要特别重视，在一定的区域范围内不能随便改变用途，有特殊要求的要根据有关原则进行布局。

任周桥（2007）、王坤（2009）对其他一些常识性知识已经做了相关的研究，不再详细介绍。

2.5.2 土地用途分区挖掘模型

在土地用途分区中，常用的方法有：综合分析法、主导因素法、叠置法和聚类法（王万茂，韩桐魁，2002）。综合分析法、主导因素法是定性的分区方法，一般采用手工作业方式，自动化程度不高，而且受操作人员的经验影响较大。而聚类法是一种定量的分区方法，在分区时主要考虑了基本单元各种土地利用指标的相似性，把相似性程度较高的单元划分在相同的区片。但目前此方法也具有 3 个明显的缺陷：①它仅仅考虑了单元属性上的相似性，没有考虑单元的空间分区特征和分区原则；②现有的聚类法获得结果并不能保证分区结果中，各区片的完整连续性；③在确定分区时，还需要遵照区域整体性和便于实施管理的分区原则，人工进行调整和改进。

实际上，土地用途分区问题是一种比较复杂的图斑聚类问题，即有的研究中没有考虑的以上 3 个问题，因此其应用受到一定的限制。将土地用途分区问题视为需要知识指导下的空间聚类问题，并构建一种基于多目标优化的聚类模型是本研究的重点。它能够帮助用户在同时兼顾多种准则和约束条件，在保证区片完整连续的前提下迅速高效的获取土地用途分区方案。下面对土地用途分区的模型进行探讨。

土地用途分区问题既包括了数量分配，还包含空间布局的问题，而且它是土地利用规划的核心。传统的土地用途分区模型解决了土地利用在数量结构上的优化，但是规划人员和土地管理者无法实现土地利用的空间优化配置。计算机技术、GIS 和空间数据挖掘理论与技术的发展，为土地用途分区提供了重要的技术支撑，将智能和 GIS 功能相结合，同时实现土地利用在数量上和空间上的合理布局，成为目前研究热点，推动了土地利用规划科学研究的发展。

本研究提出了面向土地用途分区的空间数据挖掘模型。基于多目标优化的聚类模型可以将土地用途分区分为 3 个阶段：问题的定义和描述、方案设计、方案评价，如图 2-7 所示。对于土地用途分区问题，应该做到：①根据其定义和内涵，明确其约束知识体系，并进行形式化表达；②进行必要的数据预处理为优化分区计算做好准备；③通过经验知识和空间数据挖掘算法获取相关知识；④在知识的指导下基于改进的克隆选择算法获取分区方案；⑤对方案进行表达、评价，以确定最终的分区方案。此模型中，问题的定义和描述智能算法是该模型的两大核心。

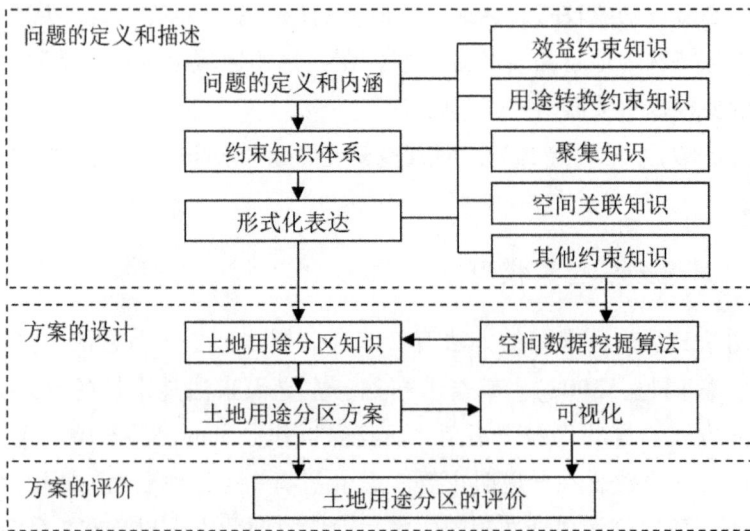

图 2-7　基于多目标优化的聚类模型

2.6 本章小结

面向土地用途分区的空间数据挖掘是一项复杂的系统工程，它涵盖土地利用学、系统工程学、地理信息系统、智能算法和空间数据挖掘等方面的理论和方法。虽然对该问题已有不少研究，但是面向土地用途分区的空间数据挖掘研究相对于现实需求来说还非常薄弱。本章首先从土地用途分区与空间数据挖掘的基本概念出发，阐述面向土地用途分区的空间数据挖掘的内容和特征，明确了研究体系和过程；然后把空间关系、空间统计学、聚类分析、Apriori 算法、决策树、概念格和人工智能等理论与方法引入空间数据挖掘，为后续的研究技术路线提供理论和方法基础；紧接着土地用途分区的基本原理，提出面向土地用途分区的空间数据挖掘的体系结构与策略。针对土地利用规划工作的需要，分析了应用传统的数学方法来进行土地用途分区存在的问题。最后从效益知识、土地用途转换约束知识、聚集知识和空间关联知识等方面展开研究，明确面向土地用途分区空间数据挖掘的知识体系，提出面向土地用途分区空间数据挖掘的基本数学模型。该模型通过知识的约束与指导，借助改进的人工免疫系统的免疫克隆选择算法，从而实现土地用途分区的智能化。

第3章 土地利用知识挖掘模型

世界是普遍联系的。现实世界的事物和现象之间既相互区别,又相互联系。空间关联(spatial association)是事物和现象在空间上的相互依赖、相互制约、相互影响和相互作用,是事物和现象本身所固有的属性,是地理空间现象和空间过程的本质特征。Tobler(1970)进一步将空间关联的普遍性上升为地理学第一定律(first law of geography),即"地表所有事物和现象在空间上都是关联的;距离越近,关联程度就越强;距离越远,关联程度就越弱"。由于土地系统与地理系统有着千丝万缕的联系,因此在一定程度上说,这一定律也适用于土地领域。空间关联包含空间规则,规则的获取是获得空间关联知识的手段。由于土地数据库中的数据具有空间性、海量性、异构性和数据类型的多样性、结构的复杂性等特点,对关联规则挖掘的研究提出了新的课题。本章将具有完备特性的概念格模型进行扩展并引入到空间关联规则挖掘中,基于本体构建地理实体语义相似度测度模型,以期获得对土地用途分区具有指导意义的知识。

3.1 空间关联规则挖掘

地理(空间)域的复杂性,需要在时空框架上映射所有数据值及其绝大多数时空数据集中呈现的时空自相关性等因素,为空间数据挖掘的研究提出了一系列挑战性问题(Miller et al.,2001)。空间数据挖掘不能脱离地学领域特征本质,必须从研究空间信息机理和建立时空信息模型出发。在土地利用现状数据的基础上运用快速、定量的处理和分析模型,在分析过程中不断地发现知识和补充知识,揭示土地利用现象的空间关联规则。

3.1.1 空间关联规则的定义

关联规则是数据中一种简单但很实用的规则,它属于描述型的模式,对其进行挖掘的目的是发现数据库中项集之间有趣的关联或相互关系。关联分析是依据符合一定的统计意义事件发生的概率和条件概率进行统计和挖掘,以利于快速发现那些有实用价值的关联发生的事件。因此,对空间数据库进行空间关联规则分析,主要用于发现不同空间对象之间的空间关联性，即空间要素之间的相互依存、相互制约的关系。考察研究对象——土地利用的空间数据库，例如，对象 A 和对象 a 存在一定的空间关系，对象 B 和对象 b 也存在一定的空间关系，对象 C 和对象 a、b 也存在同样的空间关系，那么对象 A 和对象 B 在土地利用数据库中的出现相互之间应该存在特定的规律或模式。在空间数据库中使用空间数据挖掘模型发现的这种规律或模型就称为空间关联规则。更确切地说，空间关联规则是通过量化的数字描述对象之间在空间上的相互影响作用。

因此可将空间关联规则定义为：挖掘发现空间数据库中对象之间有趣的关联或相关联系。换句话说，它描述了空间数据库中隐含在其他特征中的一个或一组特征。例如，"基本农田大多处于水源条件较好、等级较高的地势相对平坦的地区"，这就是一条空间关联规则。下面根据空间数据的特征给出空间关联规则的具体的形式化定义：

设 $I = \{i_1, i_2, \cdots, i_n\}$ 是空间对象的集合，空间数据挖掘任务相关的数据 D 是空间数据事务的集合，其中每个事务 T 是空间对象的集合，使得 $T \subseteq I$，每一个事务有一个标识符，称作 TID。设 A 是一个对象集，事务 T 包含 A，当且仅当 $A \subseteq T$。关联规则是形如 $A \Rightarrow B$ 的蕴涵式，其中 $A \subseteq I$，$B \subseteq I$，并且 A、B 之间的交集为空。

在已有的研究中，主要通过支持度、置信度、期望置信度和作用度四个指标反映关联规则属性或强度。空间关联规则的支持度描述了空间对象集 A 和 B 同时在空间数据事务集 D 中出现的概率，是对空间关联规则的重要性的衡量（秦昆，2009）；置信度描述了在空间数据事务集 D 中，包含了对象集 A 的事务中同时出现 B 的概率，是对空间关联规则的准确度的衡量；期望置信度则描述了在没有任何条件影响下，含有对象集 B 的事务在所有的事务中出现的概率；作用度描述了对象集 A 的出现对对象集 B 的出现的影响有多大（田金兰、黄刚，1999）。

根据以上的定义可以看出，在土地利用数据库中任意两个对象集之间都必然存在着空间关联规则，在空间数据对象集 D 中可以发现海量的空间规则，事实证明在这些规则中绝大部分是没有意义的，它们不具有代表性，也就没有实际意义。因此可以对能够反映规则的有趣程度的两个重要指标支持度和置信度分别定义最小支持度阈值 min_sup 和最小置信度 min_conf，将同时大于这两个阈值的空间关联规则称为有趣规则。在进行实际的空间关联规则挖掘分析时，必须选择恰当的阈值。如果阈值过小，则会发现大量无用的规则，不但无法获取关键规则，而且还会影响执行效率，浪费系统资源；如果取值过大，得到的规则难以表达空间规律，甚至得不到规则。一般需要根据具体的情况设定合适的阈值，或者对此设定阈值，然后通过对空间关联规则的理解来判断阈值的选取是否合适，因此有的时候需要多次进行空间关联规则的挖掘才可以得到满意的结果。

3.1.2 空间关联规则挖掘的步骤

空间关联规则通常可分为两种：布尔型关联规则和多值关联规则。多值关联规则比较复杂，一种方便的办法就是将它转换为布尔型关联规则。空间关联规则挖掘包括如图 3-1 所示的 5 个步骤：

第一步，在土地利用集成数据库中进行数据准备与清理。

第二步，设定阈值。设定最小支持度阈值 min_sup 和最小置信度阈值 min_con。

第三步，获取有趣的空间关联规则。根据关联规则挖掘的算法找出所有支持度大于或等于最小支持度 min_sup 的所有频繁项集。根据频繁项集生成所有置信度大于或等于置信度的有趣规则，也称为强规则。

第四步，判断规则是否合适。如果生成的规则过多或过少，则返回第二步需要对支持度阈值和置信度阈值进行调整，并重新生成有趣规则。

第五步，空间关联规则的理解。

在挖掘出关联规则后，还可以对规则进行表达，并结合领域专业知识对关联规则的意义进行解释和理解，这样才能体现出有意义的规则的含义（秦昆，2004；李德仁，2006）。

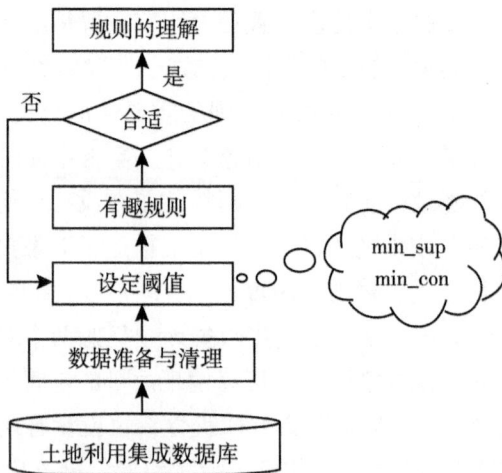

图 3-1　空间关联规则挖掘的步骤

在上述 5 个步骤中，最繁杂、最耗时的工作是获取有趣规则的工作，并且这一过程的算法也最为复杂，很多空间关联规则的算法也是针对这一步骤提出的，这也是研究的重点。生成关联规则的工作比较简单，但是在这一步骤中需要避免过多的、冗余的规则生成，因此这也是空间关联规则挖掘的关键，它直接决定了挖掘结果的质量。其他步骤可以认为是一些相关的辅助性的步骤。

3.1.3　已有挖掘算法

空间关联规则算法研究重在高效、准确地发现并获取多种形式的规则。利用既有的空间关联规则的挖掘算法可以挖掘出相应的规则。空间关联规则的获取比较有效的方法有：传统的知识工程技术，典型方法包括与专家会谈、通过已知内容学习、通过观察学习（高文秀，2004）；资料的分析；机器学习人工神经元网络智能增强法（amplified Intelligence）。在实际应用中常需要上述多种方法联合以最大限度地获取所需的知识（Weibel，1995）。如果将传统的方法应用到土地信息领域，则必须对传统的知识工程方法进行精炼和扩展。

综合现有文献对关联规则的研究发现：现有的各种空间关联规则挖掘算法大致可分为搜索算法、层次算法、数据集划分算法、抽样算法等。虽然这些算法是针对非空间数据挖掘提出的，但是可以在进行扩展后应用到空间数据挖掘中。由于空间关联规则的挖掘需要在大量的空间对象中计算多种空间关系，因此其代价很高。一种逐步求精的挖掘优化方法可用于空间关联的分析，该方法首先用一种快速的算法，粗略地对一个较大的数据集进行一次挖掘，然后在裁减过的数据集上用代价较高的算法进一步改进挖掘的质量。因为其代价非常高，所以空间的关联方法需要进一步优化。国内外学者对空间关联规则挖掘已经开展了相关的研究工作，在基础理论和应用上取得了一定的成果，使得以空间数据库为中心的规则挖掘成为可能，如空间元规则、空间泛化、空间聚类和关联等。知识的形式化表达方法有多种，本章采用扩展的概念格理论方法，建立用于土地利用的规则应用模式。

3.2 土地利用数据的模糊概念格

形式概念分析（FCA）是空间关联知识发现的经典框架，不但可以改善挖掘算法的度量性，还被广泛证明是挖掘无缺失关联规则的唯一框架（秦昆，2004）。在既有的研究中，概念格多是基于标准单值背景构造的研究并提出空间模糊概念格模型。

3.2.1 土地利用的概念格表示

1. 单值属性的形式背景

概念格是形式概念分析理论的核心的内容，也是其基本的数据结构。从低层概念综合得到高层概念的过程是概念格从数据中提取出隐含的概念构建的一般过程。因此概念格是进行数据分析的一种十分有力的工具（Ganter，Wille，1999）。形式概念分析理论是一种基于概念和概念层次的数学化的表达，是应用数学的一个分支。因此需要应用数学的思维方式进行概念数据分析和知识的处理（Wille，2000）。形式概念分析理论用交叉表（cross table）这一基本形式来对数据进行表达形式背景（formal context）。概念格通过与这些过程相联系的结构化的概念，发现可理解的、有意义的空间与非空间知识。

【例 1】 假设有 6 个面状地物（地类图斑），每个图斑有 6 个属性（实际上无论是图斑还是属性的数量上要比这大的多），这 6 个图斑记作 P_1、P_2、P_3、P_4、P_5、P_6，6 个属性分别为是基本农田、面积 ≥20 公顷、形态指数 ≥0.5、有水源、临近道路、坡度 ≤25°，分别用 a、b、c、d、e、f 来表示，因此每个属性只有两个可能值 0 和 1。这样就可以用单值背景的建格方法来表示（表 3-1）。

表 3-1　　　　　　　　　　　　转换为单值属性形式背景表

	a 是基本农田	b 面积 ≥20 公顷	c 形态指数 ≥0.5	d 有水源	e 临近道路	f 坡度 ≤25°
P_1	0	1	0	0	1	1
P_2	1	1	1	1	0	0
P_3	1	0	1	1	1	0
P_4	1	1	0	1	0	0
P_5	1	1	0	0	0	1
P_6	1	1	0	1	1	0

通过转换我们关心的是各属性是否符合要求的图斑（对象）的数量，对于具体是由哪个图斑决定的并不是很关心，因此根据表 3-1 可以得出表 3-2 所示的 15 个概念。

表 3-2　　　　　　　　　　　　由表 3-1 生成的形式概念表

$(0, \{a, b, c, d, e, f\})$	$(1, \{a, c, d, e\})$	$(1, \{a, b, d, e\})$
$(1, \{a, b, c, d\})$	$(1, \{a, b, d, f\})$	$(2, \{a, c, d\})$
$(1, \{b, e, f\})$	$(4, \{a, b, d\})$	$(2, \{a, d, e\})$
$(2, \{b, f\})$	$(2, \{b, e\})$	$(5, \{a, d\})$
$(5, \{b\})$	$(3, \{e\})$	$(6, \{\Phi\})$

根据以上概念生成的 Hasse 图如图 3-2 所示。

土地利用空间数据挖掘的目的就是从这些由图斑及其属性构成的形式化背景中析取出不同层次的概念以及概念之间的关系，并可以利用 Hasse 图实现对数据挖掘进行有效的形式化表达（胡可云，2001；谢志鹏，2001）。但是土地利用系统是一个复杂的巨系统，每个区域其点状地物、线状地物和面状地物（图斑）的数量是很庞大的，例如我国中东部平原地区一个县的图斑大致在数万个，山区县的图斑数更多可以达到十万个以上。为了进行关联规则的获取，图斑的属性也不是简单的几个，有的时候要涉

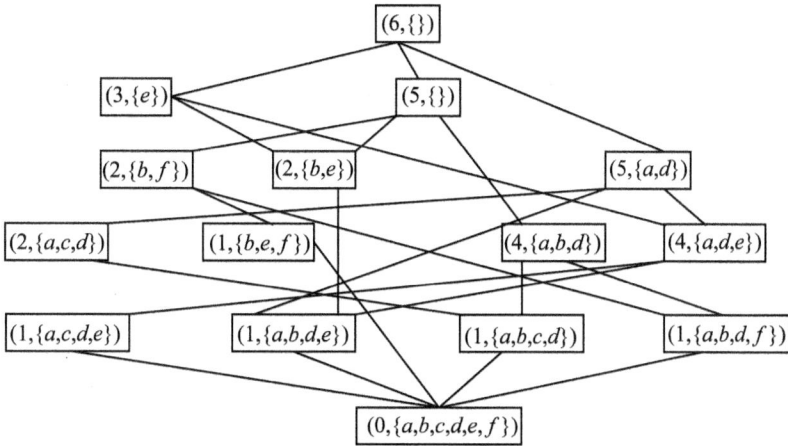

图 3-2　根据表 3-2 生成的 Hasse 图

及几十个属性，每个属性也不是简单的二值数据，而是连续数据。例如，对于属性项：到水源的距离、到道路的距离等，都属于连续性的属性，可以通过一定的方法使其形成离散的多值属性，以适用于概念格处理。土地数据库中的属性多属于这种属性，并且很多属性具有一定的空间模糊性。因此按例 1 的方法来进行多值属性的处理，不但带来了大量的数据处理，而且可能在关联规则挖掘中出现一些错误。故有必要对现有的概念格进行扩展，以利于处理类似土地利用数据库中的这种空间信息。

2. 多值属性的形式背景

如前所述，在进行数据处理的过程中，更多的情况是每个属性项具有多种值，例如土地的级别、土地面积等，都通过离散化形成多种属性值。概念格不但可以用来表示单值属性背景，还可用来表示更为复杂的数据类型，如多值属性背景。多值背景可以用 $(O，D，A，R)$ 来表示，其中 O 是对象集合，D 是属性集合，A 是属性的集合、R 是它们之间的三元关系，即 $R \subseteq O \times D \times A$。$(o，d，a_1) \in R$，并且 $(o，d，a_2) \in R$ 总是蕴含着 $a_1 = a_2$，表示相同的对象的同一个属性项的值应该相等。$(o，d，a) \in R$ 表示对象 o 的属性项 d 的值为 a，一个属性 d 可以被认为是从 O 到 A 的一个映射，因此 $d(o) = a$ 可以写作 $(o，d，a) \in R$。

有两种方式可以用于处理多值属性背景，第一种方式是通过概念定标（conceptual scaling）的方法将离散化的连续值转换为单值属性背景；第二种方式在处理多值属性背景时较少用到，它不进行转换，直接根据低层概念之间的关系抽象出高层的概念。比较这两种方式，较为方便的处理方法就是将其转换为单值背景，以利于建格。

概念定标通过给每个多值属性赋一个概念标尺 S_d 实现从多值背景中导出单值背景。即以单个多值属性为准，将多值背景划分为多个子背景，原来的单个属性值转换为属性集合。通过使用概念标尺，可以产生存储于多值背景的数据的概念模式的全局视图。

R. Wille 于 1992 年提出了使用形式化语言来进行逻辑定标的思想：根据多值背景的属性和属性值产生一元谓词，由谓词形成术语，从而构成单值背景。相比较而言，逻辑定标有两个的优点：一是通过使用关系创建复杂的谓词，二是指定术语比概念定标中定义标尺更直观。

对以例 1 的问题，其实是现实挖掘问题的一个简化，问题的实质是要通过简化来表达空间关联，但是这种方法带来的后果是一把双刃剑：效率的提高和信息的丢失，这样也会带来挖掘知识的不完整或知识偏差。可以根据概念定标和逻辑定标的方法来实现数据信息的保留。这样例 1 的问题可以描述为：假设有 6 个面状地物（地类图斑），每个图斑有 6 个属性，这 6 个图斑记作 P_1、P_2、P_3、P_4、P_5、P_6，6 个属性分别为耕地、面积、形态指数、水源距离、道路距离、坡度，分别用 a、b、c、d、e、f 来表示。对于每个属性的值进行标准化，再通过逻辑定标或概念定标的方法处理（表），这样就可以用多值背景的建格方法来表示（表 3-3）。

表 3-3　　　　　　　　　　　　　　地类图斑多值属性背景表

	耕地	面积（公顷）	形态指数	水源距离（km）	道路距离（km）	坡度（°）
P_1	JN	37.67	0.61	0.81	1.25	0
P_2	JN	28.30	0.43	0.46	2.78	0
P_3	012	10.76	0.36	0.12	0.71	10
P_4	011	23.15	0.29	2.6	0.6	26
P_5	JN	7.69	0.41	1.59	1.6	28
P_6	013	10.64	0.52	0.96	0.34	23

注：JN 表示基本农田，011、012、013 是过渡期的地类码。

在表 3-3 的连续性属性中，可以通过离散化的方式将其转化到多值属性背景表中，这样每个属性项都有多种属性值，是不利于使用概念格进行处理的，因此可以利用概念定标方法将其转换为单值属性背景（表 3-4）。

表 3-4　　　　　　　　对多值属性背景转换得到的单值属性形式背景

	耕地				面积			形态指数				水源距离			…
	JN	011	012	013	≤15	≤30	>30	≤0.3	≤0.4	≤0.5	>0.5	≤1	≤2	>2	…
P_1	1	0	0	0	0	0	1	0	0	0	1	0	1	0	…

续表

	耕地			面积			形态指数				水源距离			…
	JN	011	012	013	≤15	≤30	>30	≤0.3	≤0.4	≤0.5	>0.5	≤1	≤2	>2	…
P_2	1	0	0	0	0	1	0	0	0	1	0	0	0	1	…
P_3	0	0	1	0	1	0	0	0	1	0	0	1	0	0	…
P_4	0	1	0	0	0	1	0	1	0	0	0	0	1	0	…
P_5	1	0	0		1	0	0	0	0	1	0	0	1	0	…
P_6	0	0	0	1	1	0	0	0	0	0	1	1	0	0	…

这样就可以使用单值背景概念格的构造方法来对多值背景进行表示。但是在实际应用中，这种简单地将多值背景转换为单值背景的形式仍然难以处理，主要原因是大量信息是模糊的、不确定性的（Partha Ghosh et al.，2009）。因此，可以使用模糊概念格对土地利用中的空间关联规则进行挖掘，并解决复杂空间的应用问题。

3.2.2 土地利用的模糊概念格表示

关于模糊信息及表示研究国外已有一些成果，例如 Karl Erich Wolff 的模糊信息表示法，Burusco 的 *L_模糊集法*，Girard 的模糊量词集法等。Karl Erich Wolff 在 1992 年发表的文章 *Conceptual interpretation of fuzzy theory* 中提出了一种模糊信息的表示方法，属性用模糊语言变量值来表示，并构造了语言变量值的标度格，采用此格去分类形式背景中的对象。Burusco 等（2000）从 L_模糊集合的形式背景，采用了 fix point 理论，给出了一个计算格结构的方法。Girard（2005）研究了由模糊量词描述的数据的概念格的构造问题，通过在数据类型定义中插入模糊量词集以处理模糊信息。国内关于模糊概念格的研究较晚，上海大学的强宇博士先后发表了多篇论文，对模糊概念格进行了研究；众多学者也展开了相关的应用研究工作用来解决了 Web 搜索（黄建斌等，2005）、知识发现（强宇等，2005）和软件演化分析（许佳卿等，2009）等方面的部分问题。

但是国内外的相关研究主要是从概念格的理论方面进行的研究，这些研究成果还未能较好地实现，并且没有考虑到空间数据库的特点，尚没有面向空间数据的模糊概念格及其构造算法的研究。空间数据具有模糊性，精确信息的取值可以看成模糊信息的特例（J. Medina，2009）。因此，模糊形式背景可以看成属性与对象之间的隶属度关系表。模糊集合是一种特殊定义的集合，其中的隶属度反映了模糊集合中的元素属于该集合的程度。根据相关的定义举例来说明模糊概念格的处理过程。

【例2】有五个地类图斑，具有 4 个属性，使用模糊隶属度函数值替代二元赋值对原有的对象和属性进行处理，生成如表 3-5 所示的模糊形式背景。下面研究这个标准化的形式背景的概念格构造。

表 3-5　　　　　　　　　　　　　　　　模糊形式背景

对象集	形态指数		水源距离		临近道路		坡度
	d_1	d_2	d_3	d_4	d_5	d_6	d_7
P_1	0	0.7	0.6	0	0	0.8	0.5
P_2	0.7	0	0.6	0	0.9	0	0.1
P_3	0.9	0	0.6	0	0.9	0	0
P_4	0	0.8	0.6	0	0	0.8	0.6
P_5	0.6	0	0	0.9	0.8	0	0.2
阈值	0.5	0.5	0.5	0.5	0.5	0.5	0.5

3.3　模糊概念格构建算法的关键技术

概念格的构建及其 Hasse 图的绘制过程是一个概念聚类的过程，结果是产生一个概念层次，因此建格算法是用概念格挖掘空间关联规则的关键问题。概念格与传统算法相比一个重要的优势在于，对于同一批数据，在参数给定的情况下，不受数据或属性的排列次序的影响，所生成的格是唯一的。关于精确概念格的构造大致可以分为三类：批处理算法、渐进式算法和并行算法。

批处理算法根据其构造格的不同，可分为三类：从顶向下算法，例如 Bordat 算法（Godin，1995）、OSHAM 算法（Ho，1995）等；以 Chelin 的算法（Godin，1995）为代表的自底向上算法；以 Ganter 的算法（Godin，1995）、Nourine 的算法（Nourine and Raynaud，1999；胡可云，2001）等为代表的枚举算法。这类算法都需要多遍扫描数据库。并行算法虽然具有较大的优势和潜力，但是其基础理论研究不足，在进行海量数据挖掘的实现上还存在很多尚未解决的问题。

渐进式算法，又称增量式算法。这类算法的基本思想都是将当前要插入的记录和格中概念进行交运算，根据结果采取不同的处理方法，主要区别在连接边的方法。经典的渐进式算法有 Godin 算法、T. B. Ho 算法等。由于时间性能优越，现有的大多数概念格系统都是基于这类算法搭建的。国内的学者也对此进行了较为深入的研究，如陈继华等（2007）给出了模糊概念格的快速构造算法；杨丽等（2009）从矩阵角度对一类模糊概念格的构造方法进行了研究，并基于矩阵蕴涵运算给出了格值模糊概念格的构造方法。经实践证明渐进式算法具有优良的性能（强宇，2005）。如前所述，秦昆（2004）将概念格理论引入图像数据挖掘，并给出了概念格构建和 Hasse 图绘制的统一算法。土地用途分区是一个复杂问题，海量数据和问题的复杂性决定应用渐进式的思想构造模糊概念格具有较大优势。

3.3.1　模糊概念格构建

渐进式构造模糊概念格就是在给定原始模糊形式背景 $K=(U,A,\tilde{R})$ 所对应的原始概念格 L 以及新增对象 $x*$ 的情况下，求解形式背景 $K=(X\cup\{x*\},A,\tilde{R})$ 所对应的模糊概念格 $L*$。在渐进式生成模糊概念格的求解过程中，要解决的问题主要有三个：①所有新节点的生成；②避免已有格节点的重复生成；③边的更新。为了有效地解决上述三个问题，对于原有模糊概念格中的每个节点，根据它和新增对象的内涵描述之间的关系，可以定义它们的不同类型：不变节点、更新节点、产生子格节点和新生格节点（R.Godin，1995；谢志鹏，2001）。

1. 基本思想

Godin 最先提出了渐进式算法，他认为在四类节点中找出所有的产生子格节点是渐进式算法中生成所有新生格节点的关键。在模糊概念格的构建过程中，不同的产生子格节点所对应的新生格节点是互不相同的，因此必须在算法中处理这个问题。下面对模糊概念格构建的基本思想进行说明。

根据模糊形式背景的对象和属性初始化一个仅有顶节点和底节点的模糊概念格。在模糊形式背景中取出一个对象定义为新增节点，如果它不是已有节点内涵的子集，则将节点的内涵和外延加入模糊概念格，计算模糊参数 E 和 δ 的中间结果 k_d、h_d。继续扫描模糊概念格中的所有节点，找出所有内涵小于或等于新增对象内涵的节点，则该节点为更新节点，对每个更新节点的内涵和外延进行更新，但是边不更新，更新 E 和 δ 的中间结果 k_d、h_d。如果格中已有节点与新增节点的内涵交集与格中任意节点的内涵不等，则在这样的节点中取外延最大的一个，称之为产生子节点，将每个产生子节点与新增节点一起作为新生成节点加入到模糊概念格中。如果格中存在新生成节点的更新节点，则对这些节点进行更新，否则加入新生成节点到模糊概念格中，并连接新生成节点到它的子节点和父节点，更新 E 和 δ 的中间结果 k_d、h_d，直到所有的对象加入格中。对已完成构造的模糊概念格中的每个节点，计算模糊参数 E 和 δ。

在模糊形式背景中使用渐进式构建概念格也可以先初始化一个空的模糊概念格。在将所有的对象加入格后采用下面的方式形成顶节点和底节点（也称为根节点）来搜索模糊概念格中所有没有子节点的节点，如果这样的节点只有一个则将其定义为底节点，如果有多个则生成底节点并加入到模糊概念格中，增加这些点到底节点的边。搜索模糊概念格中所有没有父节点的节点，如果这样的节点只有一个则将其定义为顶节点，如果有多个则生成顶节点并加入到模糊概念格中，增加顶节点到这些点的边。

2. 算法描述

基于上述算法思想，首先对数据库中的数据进行提取并做数据预处理形成模糊背景，对应每个属性确定阈值 $\phi_{d_j}(0 \leqslant \phi_{d_j} \leqslant 1)$，通过概念定标或逻辑定标，将多值背景转换为单值背景，采用算法 3-1 来处理。下面用伪码的方式介绍算法 3-1。

算法 3-1：模糊概念格的构造。输入经过预处理的记录，构成单值模糊形式背景 T。

BEGIN

确定阈值 $\phi_{d_j}(0 \leqslant \phi_{d_j} \leqslant 1)$

$C. larernum = 0$，$C. Ext\_count = 0$，$C. Intension =$ 所有项目集合，$C. y = yStart$；//构建最低层节点

将 C 加入到模糊概念格 $CLLattice$ 中

$C. layernum = l$，$C. Ext\_count = 0$，$C. Intension = \Phi$，$C. y = yStart + DeltaY$；//构建最高层节点

将 C 加入到模糊概念格 $CLLattice$ 中

FOR 输入的每条记录 **DO**

　FOR $layernum$ 按 $layernum$ 的降序进行操作 **DO**

　FOR 按节点序号顺序排列的节点 C **DO**

　IF $C. layernum = layernum$ **THEN**

　　IF $C. Intenion \subset T$ **THEN**

　　　$C. Ext\_count = C. Ext\_count + 1$；

　　　退出本层及上一层的 **FOR** 循环。

　　ELSE IF $C. Intension = T$ **THEN**

　　　$C. Ext\_count = C. Ext\_count + 1$；

　　ELSE $Intersection = C. Intension \cap T$；

　　IF 原模糊概念格中没有 $Intersection$，并且 $Intersection \neq T$ **THEN**

　　　对于新增节点 N：

　　　$N. Intension： = Intersection$；

　　　$N. Ext\_count = C. Ext\_count + 1$；

　　　$N. layernum = C. layernum + 1$

　　　$N. y = C. y ＋ DeltaY$；

　　　将 N 加到 $C. ParVertexIDs$ 和 $T. ParVertexIDs$；将 C、T 加入 $N. SonVertexIDs$ 中；

　　　计算 $k_d = k_d + I(x^*, d)$，$h_d = h_d + I(x^*, d)^2$；

　　　FOR 对于每个 C 的父节点 M，**DO**

　　　　IF $M. Intensionc \subset N. Intension$ **THEN**

　　　　　将 M 从 $C. ParVertexIDs$ 中删除，加入 $N. ParVertexIDs$，并将 M 及其祖先节点的层号加 1；并从 $M. SonVertexIDs$ 中删除 C，将 N 加入；y 坐标分别加上 $DeltaY$。

ENDFOR

ELSE IF 在原模糊概念格中无 *Intersection*，并且 *Intersection* = *T* **THEN**

对于新增节点 N'，

$N'. Intension：= Intersection = T$；

$N'. Ext\_count = C. Ext\_count +1$；

$N'. layernum = C. layernum+1$

$N'. y = C. y + DeltaY$；

如果 N' 无父节点，则添加顶层节点 M' 到 $N'. ParVertexIDs$，并且添加 N' 到 $M'. SonVertexIDs$，$C. ParVertexIDs$ 中增加 N'，$N' SonVertexIDs$ 中增加 C。

计算并保存 $k_d = k_d + I(x^*, d)$，$h_d = h_d + I(x^*, d)^2$；

退出本层及上一层的 **FOR** 循环。

FOR 对于每个 C 的父节点 M，**DO**

　IF $M. Intension \subset N. Intension$ **THEN**

　　将 M 从 $C. ParVertexIDs$ 中删除，加入到 $N. ParVertexIDs$，并将 M 及其祖先节点的层号加 1；将 C 从 $M. SonVertexIDs$ 中删除；并将 N 加入到 $M. SonVertexIDs$；y 坐标加上 *DeltaY*。退出本层及上一层的 FOR 循环。

　ENDFOR

ELSE//原模糊概念格中存在交集 *Intersection*

建立新对象与对应节点之间的父子关系；

对已构造格 C 中的每个节点，计算模糊参数 E 和 δ 并保存；

　ENDIF

　ENDIF

　ENDIF

ENDFOR

ENDFOR

ENDFOR

END

算法中，定义 y 方向上的起始坐标为 *yStart*；相邻层之间的 y 方向上的间隔为 *DeltaY*；为了便于构建父子节点之间的联系，*VertexID* 用来记录节点的编号（标识码）；*layernum* 用于记录某一节点的层号，进一步也可用于计算 y 坐标；定义了用于记录节点的内涵集的数组 *Intension*；定义了用于记录外延的基数的整型变量 *Ext_count*；用于记录该模糊概念节点的子节点标识码和父节点标识码的两个动态数组 *SonVertexIDs* 和 *ParVertexID*；定义了变量 x 和 y 用于记录坐标的函数；定义了两个结构体对象：*CLStructureVertex* 用于记录从数据库中读取的记录的数据，*CLStructureVertexNew* 用于记录从数据库中读取的记录数据与模糊概念格中的某个节点相交所产生的新的节点；定义了用于记录整个概念格的动态数组 *CLLatlice*。

与传统的概念格构造算法比较，该算法的优势主要表现在可以直接用模糊参数 E 和 δ 来提取规则，也可以通过对记录节点的层号来生成 Hasse 图。

3.3.2　渐进式算法的改进

通过对模糊概念格渐进式算法的分析，在数据量较少时，以上算法是非常有效的，但是当数据量比较多时，特别是在土地利用这种海量数据的情况下，根据以上算法实现的程序的运行速度很慢。对已有的研究，谢志鹏（2002）认为是没有建立节点之间的索引，在进行运算的过程中需要通过依次比较所有的节点进行遍历，降低了运算效率。针对这一问题 Lhouari Nourine（1999）、谢志鹏（2002）等人已经进行了很好的研究，并提出通过建立索引的方法可以提高概念格的构建速度，秦昆（2004）又在吸取前人研究的基础上对该算法进行改进。在上述研究的基础上，参考基于辞典序的索引树的构建算法，提出了模糊概念格的快速构建算法，该算法不但在格的构建过程中表现出较高的效率，而且对规则的获取也具有较大的优势，主要是减少了冗余规则的生成。算法的特点是：使用渐进式算法，在建立索引树的同时，将概念节点分层存放，并计算模糊参数 E 和 δ 以利于关联规则的获取。下面对于建立基于辞典序的索引树相关问题进行简要的解释说明，然后重点描述该算法构造模糊概念格的过程。

1. 基于辞典序的模糊概念格构造

（1）索引树的生成

按照辞典中的字母顺序建立索引，用其顺序组织模糊概念节点的集合。在索引树中，每条边表示一个特征，假设两个节点之间存在父子关系，边的特征是用字母顺序中的 c 表示的，则称子节点是父节点的第 c 个子节点。每个树节点对应一个单词 λ，从全体来看这个从根节点到任何一个节点所经过的边的排列都可以用一个单词 λ 表示。这样就可以根据内涵的情况把模糊概念格中的节点分为：有效树节点、辅助树节点和祖先节点（Lhouari Nourine，1999；谢志鹏，2002）。

根据以上原则，谢志鹏设计了构建索引树的关键函数：对新插入的节点的内涵 D 中的特征按照升序排列，按照从下到上的规则，从根部节点开始分析，如果对于 D 中根节点的第 d 个子节点存在，则直接将该子节点赋予节点 *IndexNode*，并进行概念格的更新，否则产生一个新的索引树节点，并把该节点赋给 *IndexNode* 节点。

（2）索引树的遍历方式

遍历索引树及其子树的顺序是由大到小，即从上到下、从右向左，也就是说在进行遍历的时候先访问树根，再依次遍历它的所有子树，最终达到对整个概念格进行遍历的目的。从这种遍历方式来看可以有以下几个特征：

①任意一个节点的父节点总是先于该节点被访问；

②产生子节点的内涵不可能是新产生节点内涵的子集；

③对于某新生格节点，除了其产生子格节点外，其他旧节点都不可能成为其子节点；

④对新生格节点，它不可能成为其后生成的格节点的子节点。

根据以上四个特征，为了达到"由大到小，即从右到左遍历子树的顺序"，本研究提出了节点的数据结构（*CCLVertex*，见本章 3.3.3）和索引节点堆栈数据结构（*IndexNodeArray*）。

在模糊概念格的构建过程还定义了索引节点的结构，可以描述为：首先定义一个索引节点的链表，在索引节点中包含是否辅助节点、索引节点的内涵和内涵集中的子项的可能取值。这样的结构可以较好地描述索引节点的内容。

（3）模糊概念格构建基本思想

对于任一树节点，如果从树根到它的路径集合是新增对象内涵的子集，则该节点被称为更新树节点。显然，如果格节点是更新节点，那么它的充分必要条件就是它所对应的树节点是更新节点。在添加新的数据项时，需要对索引树中的每一个节点进行判断，面临以下几种情况：

①如果新加的数据属于辅助树节点，继续进行比较，不对该节点处理；

②如果该节点是更新节点，其外延基数加 1；

③对于产生子格节点，第一步应该先求出样本点与候选节点内涵之间的交集；然后以该交集为内涵，在索引树中按顺序进行遍历；接下来判断内涵为该交集的节点类型，经过判断如果该节点属于辅助节点，说明原有概念格中不存在这样的节点；最后产生一个新的节点，并添加到相应的层中，确定层号并更新模糊概念格中的父子关系。

如何确定新生节点与原有节点之间的父子关系是在建格过程中的一个关键问题。对于新生节点来说，新生节点是其产生子的父节点，新生节点的父节点只可能存在于更新节点以及其他新生节点中，因此 *newnodes* 为一个层数等于最大内涵基数的临时层对象，主要用于临时存放更新节点以及新生节点。若产生子格节点记为 *pCandVex*，新生格节点记为 *pCNewVex*，则函数 *UpdataPCRelation*（*pCandVex*，*pCNewVex*）可用于表示更新父子关系。

FUNCTION *newnodes*［］. *UpdataPCRelation*（*pCandVex*，*pCNewVex*）

BEGIN

 FOR 每一个 *p_newNodesvertex DO*//*p_newNodesvertex* 为新生节点的一个节点

  IF *p_newNodesVertex. Intention* 是 *pCNewVex. Intension* 的真子集 **THEN**

   IsParentFlag = TRUE；

    FOR 每 个 *p _ ChildnewNodesVertex* **DO**//*p _ ChildnewNodesvertex* 为 *newNodesVertex* 的子节点

71

　　　　　IF *p_ChildnewNodesvertex* 是 *pCNewVex. Intension* 的真子集 **THEN**

　　　　　　　IsParenlFlag = FALSE；

　　　　　ENDIF

　　　　ENDFOR

　　　　IF *IsParentFlag = = TRUE* **THEN**

　　　　　　pCandVex->DelParent（*p_newNodesVertex*）；//删除节点的原父子关系

　　　　　　　pCNewVex->AddParent（*p_newNodesVertex*）；//建立节点的父子关系

　　　　ENDIF

　　　ENDIF

　　　　ENDFOR

END

2. 算法描述

　　根据以上原理，设计了如下基于索引树的模糊概念格生成算法。所有的原始数据存放在关系数据库中。下面详细介绍该算法：

　　算法 3-2：基于辞典序的模糊概念格构造。输入数据库中的记录，构成模糊概念格。

BEGIN

连接已经整合的空间数据库，获取记录指针 *m_pRecordset*。

对模糊概念格的初始化，这个过程包括三项工作：产生具有 *nMax* 层的空模糊概念格 *CClattece*、构造顶层节点以及最底层节点。

读入记录获取样本点的内涵值（每次读入一条记录）。

在索引树节点数组 *IndexNodeArray* 中加入根节点 *m_pCLRootVertex*。

标注 *m_pCLRootVertex* 为更新树节点。

WHILE *IndexNodeArray* 非空 **DO**

　　从 *IndexNodeArray* 的头部移出树节点放入 *IndexNode*；

　　FOR 每个 $d \in D$ 按升序排列 **DO**

　　　IndexSubnode：= *IndexNode. children*［*d*］；

　　　IF *IndexSubnode* 非空 **THEN** 将 *IndexSubnode* 插入到 *IndexSubArray* 的头部；

　　　计算 $k_d = k_d + I(x^*, d)$，$h_d = h_d + I(x^*, d)^2$；

　　　　ENDIF

　　ENDFOR

　IF *IndexNode* 属于辅助节点 **THEN** *continue*；

　IF *IndexNode* 属于更新树节点 **THEN**

　　将 *o* * 加入到 *IndexNode. latticenode* 的外延集中；

将 $IndexNode.latticenode$ 加入 $newnodes$［｜｜$Intent$（$IndexNode.latticenode$）｜｜］//newnodes 为层数等于最底层节点内涵基数的一个 $CCLayer$ 类

计算 $k_d = k_d + I(x^*, d)$，$h_d = h_d + I(x^*, d)^2$；

ELSE

C_{cand}：$= IndexNode.latticenode$；

$Intersection$：$= Intent$（C_{cand}）$\cap f$（$x*$）；

$pInterIndex$：$= SearchForInsert$（$pCLRootVertex$，$intersection$）；

IF $pInterIndex\text{->}latticenode = = $空 **THEN**

C_{new}：$=$（$Extent$（$C_{cand} \cup x*$），$intersecrion$）；//创建一个新的节点

将 C_{new} 加入到 $L*$ 及 $newnodes.index$［｜｜$intersection$｜｜］；

$pInterIndex\text{->}latticenode$：$= C_{new}$；

$pInterIndex\text{->}LinkVertex$（$pCNewVex$）；//建立索引节点与概念格节点之间的联系

计算 $k_d = k_d + I(x^*, d)$，$h_d = h_d + I(x^*, d)^2$；

FOR 概念层次树的每一层 i

$Newnode$［i］$UpdataPCRelation$（$pCandVex$，$pCNewVex$）；//对新生节点和其他节点的父子关系进行更新

ENDFOR

ENDIF

ENDIF

ENDWHILE

对已构造格 C 中的每个节点，计算模糊参数 E 和 δ 并保存；

END

3.3.3　Hasse 图的绘制

在3.3.1 和3.3.2 的模糊概念格的构造算法中已经考虑了 Hasse 图的绘制问题，在建格过程中同时确定各节点的父节点的集合和子节点的集合。因此 Hasse 图绘制的过程中需要解决两个问题：一是如何确定节点的坐标，这是 Hasse 图绘制的关键问题，二是如何来绘制，当第一个问题解决后，就可以在父子格节点之间绘制一条线段（O. Kwon，2009）。

1. 模糊概念格节点坐标确定方法

对于已经建设的模糊概念格如果要绘制 Hasse 图就必须确定格节点的层号、y 坐标的 x 坐标。根据这一原则，下文将说明模糊概念格节点的数据结构。在建格时就需要考虑 Hasse 图的绘制，一般应采用一定的数据结构，数据结构中应该说明以下方面的

内容节点的标识码、节点的层数、节点的内涵（项目集）、外延的基数（具有共同的内涵的对象的数目）、子节点的标识码、父节点的标识码、节点的 x 坐标、节点的 y 坐标以及其他需要的内容。

采取这样的数据结构，根据预先确定的层号和层间距离，可以直接得到某节点的 y 坐标。如何确定 x 坐标相对比较困难。同一层节点的序号用 $nNum$ 表示（即同一层的第 $nNum$ 个节点），X 方向的相邻节点之间的间隔用 $nDeltaxX$ 表示。x 坐标的确定方法如下：假设用 X_{center} 表示绘图区域 X 方向的中点的 X 值，为了保证 Hasse 图的美观应将同层中首先生成的节点绘制在绘图区域的中心，其余的按一定间隔平均分布在中心的两侧，该过程可以表达为：

FOR *Layernum* 升序 **DO**
　　FOR 每层的节点 *C* **DO**
　　　　C. x = Xcenter+（*nNum+l*）*/2 · nDeltaxX · pow*（−1，*nNum*）
　　ENDFOR
ENDFOR

这一算法保证了在 X 方向上同一层的所有节点等距离均匀分布在绘图区域的中点的两边。

2. 基于辞典树模糊概念格节点坐标确定算法

在提出的基于辞典树模糊概念格节点坐标确定算法中，自动绘制 Hasse 图的基本思想是将模糊概念格的节点按照内涵集的大小分层存放，然后根据层号确定任一节点的 y 坐标。这需要一个能够描述这些信息的结构，首先定义一个概念格节点的链表，对于每一个节点，应该能够在这个结构中自动记录以下信息：节点的层数、外延的基数、节点进入概念格的次序、子节点集合、父节点集合、节点的 x 坐标、节点的 y 坐标、指示是否为频繁节点以及节点的内涵等相关内容。x 坐标与"模糊概念格节点坐标确定方法"中的计算方法相同。

3. 绘制 Hasse 图

在进行概念格的构建的同时，需要进行节点坐标的设置。采用动态的方式设定层与层之间的距离以及每一层中各节点之间的距离。设定 $xDim$，$yDim$ 为绘制 Hasse 图的最大 x 和 y 范围，则 y 方向上的距离为 $dy=yDim/$（$LayerNum+1$），$LayerNum$ 为最大层数。每一层的 y 坐标为（$LayerNum+1$）$×dy$，$layer$ 为各节点所位于的层数。对于 x 方向的距离 $dy=$（$xDim-xStart$）/（$VexNum+2$），x 方向上的起始点坐标为 $xStart$。可以让同一层节点按照加入的先后顺序左右分别布置在中心线的两边，因此可以采用下式进行计算，$x=xstart+$（$-l$）$^{(count+1)}×$（$count+l$）$/2×dx$，其中 $count$ 为同一层节点的加入顺序。

在建格完成并确定了每个节点的 X，Y 坐标后，对所有节点进行排序，并根据概念格中记录的父子关系，分别在子节点与其父节点之间画线，即可得模糊概念格的 Hasse 图。算法如下：

算法 3-3：Hasse 图绘制。

BEGIN

读入保存的模糊概念格节点的坐标，模糊参数 E 和 δ；

    FOR 按顺序排列的每个节点 C **DO**

      FOR C 的父节点 M **DO**

        MoveTo（$C.x$，$C.y$）

        LineTo（$M.x$，$M.y$）

      ENDFOR

    ENDFOR

END

使用本研究中提出的模糊概念格渐进式构造算法对例 2 的形式背景进行处理，得到如图 3-3 所示的模糊概念格。从图中可以看出，虽然例 2 和例 1 的对象和属性个数相当，但是生成的概念格节点数量差别很大，因此基于索引树的模糊概念格生成算法是有效的。

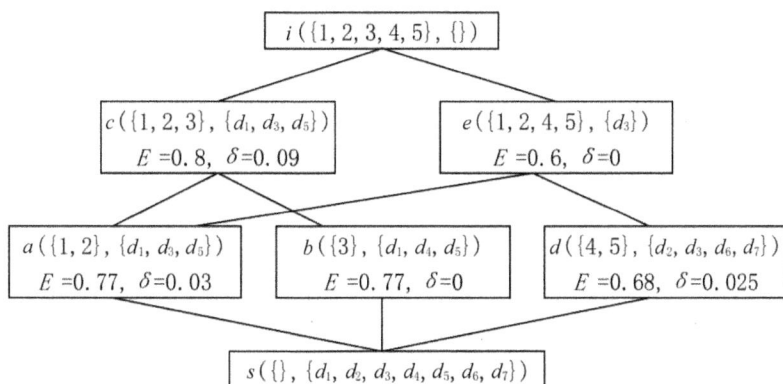

图 3-3　由例 2 的模糊概念格绘制的 Hasse 图

3.3.4　复杂空间系统的处理

模糊概念格比传统的空间关联规则算法具有更高的挖掘效率。可以利用模糊概念格的 Hasse 图的形式表达传统算法所产生的概念，其实质在概念格结构的基础上，找出所有项集的排列组合。因此传统算法生成了大量的节点，增加了格的复杂性。其实在上述的大量节点中，很多是冗余的，并不一定具有实际的意义，不满足每个节点所表示的对象是具有内涵几何中的共同属性的最多的对象集合。模糊概念格保证了概念节点的压缩存储，充分说明了它可以简洁明了地反映出数据之间的概念关系的特点，同时每个概念格节点都包含了该概念的内涵和外延所表达的最大的信息量。

但是土地利用系统中存在多种子系统和众多的对象，具有一定的层次结构，这些层次之间、对象之间存在着极为复杂的关联关系，因此从复杂巨系统理论的角度来看，土地利用系统可以认为是一个复杂巨系统。在应用概念格解决这一问题的过程中，首先需要解决的是格的构造问题，这已经在前面进行了研究，其次是为了提高挖掘效率和可视化的需要，有必要简化格的复杂性。由于概念格的完备性，即使对于适当大小的数据，也将会产生庞大的格结构，它的构造过程无疑是非常耗时的，因此研究复杂系统的处理方式也是本章研究的重点之一。

1. 复杂系统的建格处理

对于类似于土地利用系统这样复杂的、大型的应用，建立模糊概念格时可能会产生大量的数对，占用大量的计算机系统资源。秦昆（2004）认为空间数据在进行概念格构造的过程中，其复杂性可以达到 $O(2^n)$，因此在具体的建格过程中应设法减少复杂性，认为一般可以用三种方法实现概念格的简化：①概念的内涵缩减，将对象的属性集合 M 减少为 M'；②选择有代表性的样本来构建概念格；③寻找有效的编码技巧，减少空间复杂性。必须采取剪枝策略，减少格节点的数量。例如，只生成出现的频率大于某一支持度阈值的频繁概念格节点。在模糊背景中，通过阈值 $\phi_{d_j}(0 \leq \phi_{d_j} \leq 1)$（背景中同一列的隶属度均值）可以将偏小的隶属度值置0，从而简化格的构造。另外考虑在格节点级上定义两个模糊参数 E、δ，分别反映了模糊概念的外延中对象的平均隶属度和对象的隶属度值相对平均隶属度的偏离程度。通过 E、δ，可以在提取模糊关联规则时，忽略偏离程度大的概念，使之不参与规则生成，简化提取过程。

2. 复杂系统的 Hasse 图处理

提出使用渐进式算法来构造模糊概念格，在建格的过程中，记录了格节点的层号，根据这些层号可以计算出各节点的坐标，简化了 Hasse 图的绘制问题。但是如前所述，土地利用系统是一个复杂的巨系统，土地利用现状数据库中存在几万个相关的记录，这时如果直接绘制 Hasse 图可能使其变得非常复杂，这样虽然比较全面但是不利于分析、理解和决策。因此秦昆（2004）提出利用一个更宏观的概念节点来表示，具体思想是通过寻找一些相对关系密切的概念子格，将子格作为一个整体，通过嵌套的 Hasse 图来减少视觉上的复杂性。在复杂的空间数据库中，实现这一思想是相对较难的，如何来寻找这些关系密切的概念子格，选择哪些进行嵌套表示都是需要研究的问题，同时这样的嵌套在形式上已经决定了 Hasse 图的理解难度。因此在土地利用数据库中还可以采用另外一种策略，土地用途分区就是要找出土地用途区与其他地类之间的关系，这是可以进行分类的，如基本农田与其他地类的关联规则、一般农田与其他地类的关系等，这样就可以实施人机交互，通过选择用户感兴趣的数据集进行 Hasse 图的绘制。

3.4 土地利用空间关联规则提取

国内外关于概念格的规则提取取得了众多的研究成果。1994 年 R. Godin 等研究了从概念格中提取蕴涵规则的算法；1996 年 R. Wille 教授定义了并置、下置、融合和级连等操作，并研究了规则的提取算法；1999 年 N. Pasquier 等提出了 Dequenne-Gulgile 基、适当基和结构基进行了确定性关联规则的提取；同年王志海提出概念格上规则提取的渐进式算法；2000 年胡可云又对这一算法进行深入研究，提出了无冗余规则的提取算法；2000 年谢志鹏根据概念格的层次关系提取关联规则，取得了较好的效果；2000 年刘宗田等提出利用容差关系建立广义概念格提取近似规则；2001 年赵奕等研究了 Rough 概念格，并在此基础上提取蕴含规则；2002 年，合肥工业大学的胡学钢对一些非经典概念格进行高效的规则提取；2004 年、2009 年秦昆研究了基于概念格的图像关联规则挖掘。近年来，随着信息技术的发展和计算机软硬件水平的提高，关联规则研究主要集中在领域应用中，以解决领域中面临的海量数据问题，出现了一些关联规则挖掘的实验系统，如 OSHAM、RSImageMiner 和 INCOSHAM（秦昆，2004）。

在上述的研究中很少涉及空间关联规则挖掘，虽然可以在一定程度上借鉴已有的研究成果，但是针对空间数据问题仍需要进行扩展与改进。下面对基于模糊概念格的空间关联规则提取方法进行介绍。

3.4.1 相关概念

1. 冗余规则

使用传统的关联规则生成算法，在多数情况下将产生大量的规则，特别是当阈值设置不太合理时，所生成的规则可能会过多，当获取的规则太多就没有实际的意义了。大量的规则占用了系统的资源，也可能使系统无法对其进行处理。在这些生成的规则中有的是可以进行约简的，比如有些规则可以由其他规则推导得出，这种规则被称为冗余规则。例如，通过挖掘获取规则中如果有 $l_1 \Rightarrow l_2 l_3$、$l_1 \Rightarrow l_2$ 和 $l_1 \Rightarrow l_3$ 三条规则，后两条规则就是冗余规则，因为可以通过第一条规则推理出后两条规则。对冗余规则的约简是决定挖掘质量的重要指标。

2. 非冗余规则

与冗余规则相对，非冗余关联规则就是不能通过其他规则的推理获得，并且是有实际意义的规则。非冗余规则的重要特征就是通过尽可能少的条件推出尽可能多的结论，对空间数据能够提供最大的信息量。实质上它是隐含在数据中的最本质的规则。据此，非冗余规则的形式化定义为：对于某一规则 r：$l_1 \Rightarrow l_2$，如果 $\neg \exists r'$：$l_1' \Rightarrow l_2'$，support $(r) \leqslant$ support (r')，confidence $(r) \leqslant$ confidence (r')，并且 $l_1' \subseteq l_1$，$l_2 \subseteq l_2'$，则称规则 r 为非冗余规则（Mohammed J. Zaki，1999）。

3. 频繁封闭项集

在本书 2.4.2 中将模糊 Galois 联系表示为对象集合和属性集合之间的两个映射，因此可以定义封闭操作 $\gamma = \alpha \circ \beta = \beta(\alpha(l))$ 为映射的复合运算。它表示项集 l 的所有对象的集合所具有的最大的项集。

对于模糊概念格中的某一频繁项集 l，如果其存在 $\gamma(l) = l$，并同时满足 min_sup（最小支持度阈值），那么项集 l 被称为频繁封闭项集。

空间关联规则挖掘最核心的内容就是如何生成这些频繁封闭项集。Mohammed J. Zaki（1999）和秦昆（2004）分别对属性数据和空间数据的频繁封闭项集的获取算法进行了研究。其实，3.3 节所设计的模糊概念格的构建算法可以生成频繁封闭项集（每个频繁概念格节点的内涵）。因此空间关联规则可以直接利用频繁概念格节点自动生成，通过生成频繁封闭项目集可以大量减少冗余规则的生成。

4. 频繁封闭项集的产生子

用上述方法可以在一定程度上减少了冗余规则生成，但是不可避免的还会存在一定数量的冗余规则，可以用频繁封闭项集的产生子来解决。

产生子可以认为是决定该概念节点所对应的概念，谢志鹏博士称其为内涵缩减集。可以将产生子形式化定义为：在模糊概念格中如果项集 $g \subseteq I$，满足 $\gamma(g) = l$，并且 $\neg \exists g' \subseteq I$，满足 $\lambda(g') = l$，则称 g 为封闭项集 l 的产生子（Toshiyuki Suzuki，2002）。

通过引入产生子的概念，就不需要对每个频繁封闭项集都产生空间规则，因为通过这种方式产生的规则必然存在着冗余。可以利用产生子根据下面的计算步骤获得产生子，避免冗余规则的产生：第一步，计算每个频繁封闭节点内涵集的非空子集，如果该子集是其中某个父节点的蕴含，则删掉该子集；第二步，如果对于每个子集存在另一个子集是该子集的真子集，则删掉。

通过上面两个步骤的处理所剩下的就是频繁封闭节点的产生子，利用产生子进行规则的提取就可以避免生成冗余规则。

3.4.2　生成非冗余规则

置信度描述的是关联规则准确程度，因此它是衡量规则有用程度的重要指标。因此可以把非冗余关联规则分为置信度小于100%和等于100%的规则。

1. 置信度小于100%的规则

对于某一空间关联规则，如果存在前件出现频率大于前件和后件一起出现的频率则认为是置信度小于100%的规则。这种规则在土地利用领域较为常见。这种规则可以通过从上到下进行计算概念格节点之间的包含与被包含关系得到。对于两个相邻的具有父子关系的频繁封闭节点，其频繁封闭项集及其产生子为：f_1，G_{f_1}为父节点，f_2，G_{f_2}为子节点，则由此产生的置信度小于100%的规则为r：$g \Rightarrow (f_2 - g) \mid g \in G_{f_1}$。

根据该方法，对于例1中的形式背景所生成的概念格，如果支持度设为0.4，置信度设为0.8，则可以得到3条规则（表3-6）。

表3-6　　　　　　　　　　　　　**置信度小于100%的关联规则**

空间关联规则	支持度	置信度
$\{d\} \rightarrow \{a, b\}$	0.66	0.8
$\{a\} \rightarrow \{b, d\}$	0.73	0.8
$\{b\} \rightarrow \{a, d\}$	0.80	0.8

2. 置信度等于100%规则

如果有一空间关联规则，存在前件出现频率与前件和后件一起出现的频率相等则认为是置信度等于100%的规则。这种规则是强规则在土地利用领域较多，但是仍有部分规则属于这种类型，需要对其进行研究。根据本书3.4.1中产生子的定义，对于每个频繁概念格节点可直接生成置信度等于100%的空间关联规则，方法为：

f为频繁封闭项集，则有$\{r$：$g \rightarrow (f/g) \mid f \in FC \wedge g \in G_f \wedge g \neq f)\}$，$r$即为置信度等于100%的规则。其中$FC$为其中的一个频繁封闭项集，项集$f$去掉项集$g$所得到的项集为$f/g$。$G_f$是频繁封闭项集$f$的产生子。

根据产生子的概念，已知sup_count支持度，则$sup\_count(G_f) = sup\_count(f)$，那么$con(r$：$g \rightarrow (f/g)) = sup\_count(f)/sup\_count(G_f) = 100\%$。

根据置信度等于100%的规则的生成方法，如果设支持度的阈值为0.3，对形式背景例1产生的概念格，可以计算出如表3-7所示的空间关联规则。结合表3-6所得到的规则，用本节提出的方法共产生了11条规则，由此可见大量的冗余规则被自动删除。

表 3-7　　　　　　　　　　　**置信度等于 100% 的关联规则**

空间关联规则	支持度	空间关联规则	支持度
$\{a, b\} \rightarrow \{d\}$	0.67	$\{c\} \rightarrow \{a, d\}$	0.33
$\{f\} \rightarrow \{b\}$	0.33	$\{b, d\} \rightarrow \{a\}$	0.67
$\{a\} \rightarrow \{d\}$	0.83	$\{a, e\} \rightarrow \{d\}$	0.33
$\{d, e\} \rightarrow \{a\}$	0.33	$\{d\} \rightarrow \{a\}$	0.83

3.4.3　空间关联规则的直接提取法

通过设定 min_sup 和 min_con 参数，利用本书 3.3 节所研究的算法可以自动地生成模糊形式背景中所有满足条件的空间关联规则。但在具体的应用中，只对其中的某些规则感兴趣，并不需要生成所有的规则。一个较好的办法就是利用本书 2.4.2 中的方法，从模糊背景计算出的 E 和 δ 两个参数来提取感兴趣的规则，从而避免生成冗余规则。依据模糊概念格的 Hasse 图计算节点之间的空间关联规则的方法说明如下：

如果用 $C_1 = (m_1, n_1)$ 和 $C_2 = (m_2, n_2)$ 分别表示用户感兴趣的两个模糊概念格节点。两个节点对应的外延基数分别为 $|m_1|$ 和 $|m_2|$，则可以通过节点间的关系计算关联规则的置信度和支持度，从而获取应用中感兴趣的规则。

1. 计算支持度的方法

假设 $f(n)$ 为含有内涵 n 的对象在数据集 D 中出现频率的函数。

①对于两个节点如果在 Hasse 图上有线段相连，则可以认定两个节点之间有直接联系，可以用下式计算支持度：$s(n_1 R n_2) = f_r(n_1 \cup n_2)/f_r(\phi)$，其中 $f_r(n_1 \cup n_2)$ 为 n_1，n_2 在 D 中同时出现的频率，$f_r(\phi)$ 其实就等于 D 的基数，为"空集"内涵属性在 D 中出现的频率。

②否则就搜索两节点间共同的子节点 n_3，按下式计算：$s(n_1 R n_2) = f_r(n_3)/f_r(\phi)$。

2. 计算置信度的方法

①对于两个节点如果在 Hasse 图上有线段相连，则可以认定两个节点之间有直接联系，则 n_1，n_2 之间的置信度用下式进行计算：$C(n_1 R n_2) = f_r(n_1 \cup n_2)/f_r(n_1) = |m_2|/|m_1|$，其中 $f_r(n_1) \neq 0$，$f_r(n_1 \cup n_2)$ 为 n_1，n_2 在 D 中同时出现的频率，$f_r(n_1)$ 为 n_1 在 D 中出现的频率。如果 $n_2 \subseteq n_1$，则 $C(n_1 R n_2) = 1$。

② 否则就搜索两节点间共同子节点 n_3，按下式计算 $C(n_1 R n_2) = C(n_1 R n_3)/C(n_2 R n_3)$。

在应用中，首先通过分析设定 min_sup 和 min_con，按照空间关联规则的直接提取算法计算出各节点之间的置信度和支持度，如果均满足设定的阈值，则存在感兴趣的关联规则。

在例 2 所示的模糊形式背景中，确定每列的隶属度值的阈值（该值可以根据情况确定，研究中确定为 0.5），若大于等于此阈值的取原值，生成模糊概念格。对模糊概念格中的每个概念，计算模糊参数值 δ 值，使得从模糊概念格提取空间关联规则时，可以避免生成非健壮节点对。每个节点的 E、δ 值见图 3-3，设 δ 的阈值为 0.05，则健壮节点为 $a(\{1, 2\}, \{d_1, d_3, d_5\})$、$b(\{3\}, \{d_1, d_4, d_5\})$、$d(\{4, 5\}, \{d_2, d_3, d_6, d_7\})$、$e(\{1, 2, 4, 5\}, \{d_3\})$。设置支持度阈值为 0.2，置信度阈值为 0.025，则节点对 (e, a)、(e, d) 均为候选二元组，可提取模糊关联规则 $d_3 \Rightarrow d_1 d_5$、$d_3 \Rightarrow d_2 d_6$、$d_3 \Rightarrow d_2 d_7$。

3.5 基于本体的地理实体语义相似度模型

针对本体模型的结构特点，在分析现有的地理空间实体语义相似度计算模型的基础上，结合概念的属性、语义距离等影响相似度的因素，提出了一种基于本体结构的地理空间实体语义相似度测度模型，同时该模型在语义距离的计算中加入了类型、深度、密度等三种权重因子，通过计算土地利用分类中部分实体的语义相似度值，进行试验分析，验证该算法的合理性、有效性。

3.5.1 语义相似度与地理空间实体语义相似度

语义相似度在不同的领域中可能会有不同的含义（徐德智，2006）。例如，在信息检索中，语义相似度是概念之间词语的可替换度以及词义的符合程度，它更多地反映文本与用户查询在意义上的符合程度；而在信息整合领域中，语义相似度则是指文本与文本能够统一的程度。相似度越高，则文本与用户的请求越接近。需要说明的是，语义相似度的研究工作是在 GIS 专题数据综合领域背景下进行的。

地理空间实体语义相似度是指地理空间实体之间语义的邻近程度或接近程度。相似度是一个数值，其取值范围为 [0，1]。当被比较的两个实体的相似度值为 1 时，表明这两个实体的语义完全相同；当被比较的两个实体的相似度值为 0 时，表明两个实体的语义完全不同。在其他情况下，实体间的相似度值在 [0，1] 之间取值，且相似度值越接近 1，则表明两个实体越相似。

在本体论应用于计算机领域的过程中，研究者提出了多种语义相似度算法。总的来看，基于本体的概念间的语义相似度测度模型可以归为三大类：①基于语义距离的测度模型，即以概念之间路径的长短作为衡量语义距离的标准；②基于信息内容的测度模型，即利用两个概念共享的信息量多少来衡量它们之间的语义距离；③基于属性的测度模型，即通过比较两个概念对应的属性来衡量概念之间的语义相似度。

1. 基于语义距离的测度模型

基于语义距离的测度模型（distance-based calculation model）的基本思想是通过概念节点在本体层次结构中的语义距离来反映概念间的相似度（刘群等，2002），路径距离越短，它们之间就越相似。假设本体中各关系边的权重都为 1 时，则两个概念 S 和 F 的语义距离，就等同于在本体层次结构里构成 S、F 的节点之间最短路径所包含的关系边数量。其计算公式为：

$$\mathrm{Sim}^{\mathrm{Dist}}(S,\ F) = \frac{\delta}{\mathrm{Dist}(S,\ F) + \delta} \tag{3-1}$$

式中，δ 为可调节因子；$\mathrm{Dist}\ (S,\ F)$ 为两概念节点 S、F 的通路中的最短路径长度。当 $\mathrm{Dist}\ (S,\ F) = 0$ 时，语义相似度为 1，说明两概念为同一概念。

2. 基于信息内容的测度模型

基于信息内容的测度模型（information content based calculation model）的基本思想是以两个概念间的共享信息程度作为度量语义相似度的依据。如果两个概念共享的信息越多，则它们之间的语义相似度就越大；反之，如果两个概念共享的信息越少，则它们之间的语义相似度就越小。在本体结构中，每一个概念都可以认为是对它祖先节点的细化（刘紫玉等，2011），因此可以近似地理解为每一个子节点包含它所有祖先节点的信息内容。这样，两个概念的语义相似度就可以用其最近共同祖先节点的信息量来衡量。本体层次结构中，信息量的计算公式为：

$$\mathrm{IC}(S) = -\lg P(S),\ P(S) = N(S)/N \tag{3-2}$$

式中：$\mathrm{IC}(S)$ 表示概念 S 在领域本体中所蕴含的信息量；$N(S)$ 为概念 S 在训练样本中出现的次数；N 为训练样本总数。由式（3-2），可得到领域本体概念层次结构中，任意一对概念 S 与 F 的语义相似度计算公式为：

$$\mathrm{Sim}^{\mathrm{IC}}(S,\ F) = \frac{2\mathrm{IC}\big[\mathrm{Parent}(S,\ F)\big]}{\mathrm{IC}(S) + \mathrm{IC}(F)} \tag{3-3}$$

式中：$\mathrm{Parent}\ (S, F)$ 是概念 S 和 F 在领域本体层次结构中最近的共同祖先节点。

3. 基于属性的测度模型

基于属性的测度模型（attribute-based calculation model）的基本思想是通过比较两个概念对应属性来衡量概念之间的语义相似度。基于属性的语义相似度计算公式为：

$$\mathrm{Sim}^{\mathrm{Att}}(S,\ F) = \alpha\big[\mathrm{Attr}(S)\ \cap\ \mathrm{Attr}(F)\big]\ -\ \beta\big[\mathrm{Attr}(S)\ -\ \mathrm{Attr}(F)\big]\ -\ \gamma\big[\mathrm{Attr}(F)\ - \mathrm{Attr}(S)\big] \tag{3-4}$$

式中：$\mathrm{Attr}\ (S)\ \cap\ \mathrm{Attr}\ (F)$ 表示概念 S 属性集合与概念 F 属性集合的并集；$\mathrm{Attr}\ (S)\ -\mathrm{Attr}\ (F)$ 表示概念 S 具备但概念 F 不具备的属性集；$\mathrm{Attr}\ (F)\ -\mathrm{Attr}\ (S)$ 表示

概念 F 具备而概念 S 不具备的属性集。

4. GIS 领域的现有研究模型

近年来，尽管语义相似度在计算机领域和认知语义学领域进行了大量的研究，建立了多种评价模型，但这些模型的实质都是基于以上三种模型的。在 GIS 领域，语义相似度的研究也有部分学者涉及，如美国布法拉大学的 C. C. Feng、D. M. Flewelling 以及武汉大学的李红梅等，并且他们研究的评价模型大多基于本体的土地利用分类和覆盖方面，这就为专题数据库综合方面的研究奠定了一定的基础。

但是总的来看，这些研究的模型考虑的因素过于单一。例如，有些研究仅仅考虑了实体属性方面的因素，而忽略了语义距离等方面的影响因子，这样就可能使语义相似度的计算结果与人类的主观认知不太符合，从而达不到最终的研究目的。因此，在现有地理空间实体语义相似度模型研究的基础上，进一步讨论语义相似度的影响因子——概念的属性、语义距离（概念间的关系、深度、密度等），最后提出基于本体的地理空间实体语义相似度测度模型，从而更加全面地量化本体结构中实体之间的语义相似度。

3.5.2 改进的地理实体语义相似度测度模型

1. 影响实体语义相似度的因素

（1）概念的属性：在本体结构中，概念的属性对于概念的定义具有十分重要的作用，而概念对相似度的影响又起到决定作用。由此可知，概念的属性是决定语义相似度的重要因素。当两个概念拥有的相同属性越多，表明这两个概念间的语义相似度越大。用函数 att (S) 表示实体 S 属性的集合，函数 att (F) 表示实体 F 属性的集合，函数 Count $(\ )$ 表示统计出的属性个数，则概念属性的相似度计算公式为：

$$\text{Sim}^{\text{Att}}(S,\ F) = \frac{\text{Count}(\text{att}(S) \cap \text{att}(F))}{\text{Count}(\text{att}(S) \cup \text{att}(F))} \tag{3-5}$$

需要指出的是，当所计算的地理实体的某种相应的性质不存在时，那么谈 S、F 在该性质上的相似度就失去了意义，此时不用表示 S、F 在该性质上的相似度，也不用确定权重。

（2）语义距离

语义距离是指本体结构中任意两个概念节点之间的最短路径长度，可记为 Dist $(S,\ F)$。传统的语义距离的计算大多忽略有向边的权重或直接将有向边的权重设为 1，再利用最短路径算法（最常用的算法是 Dijkstra 算法）来计算语义距离，而没有考虑有向边权重的影响，从而使语义相似度的计算结果受到一定的影响。因此，为了使语义相似度的计算结果更加准确，通过以下三种权重因子把有向边的差异程度定量化地表现出来。

①概念之间的关系。每对概念之间都存在一定的关系，如果在计算语义距离时不考虑这个因素，就可能对语义距离计算中权重的计算产生影响。因此，在探究权重对语义距离的影响时，应充分考虑概念间的关系类型。同义、继承、整体与部分三种基本关系在基于土地利用类型的本体结构关系中出现的频率较高，并且由于这三种关系能很好地反映人类对本体结构的认知，因此被广泛地研究和应用。

当两个概念间具有同义关系时，它们具有相同的语义相似度，而同义关系对语义相似度的贡献明显强于继承关系及整体与部分关系（李兆龙等，2012）。因此，可以得到概念间的关系与有向边权重的如下关系：

$$\text{Weight}^{\text{Type}}(S,\ F) = \begin{cases} 1(同义) \\ 0.8(继承) \\ 0.5(部分与整体) \\ 0.1(其他) \end{cases} \qquad (3\text{-}6)$$

式中，WeightType $(S,\ F)$ 是概念的不同类型对应的语义距离的权重，即概念节点 S 与其父节点概念 F 之间关系类型对语义距离中权重的影响；同义关系、继承关系、整体与部分关系、其他关系依次为 1、0.8、0.5、0.1。式（3-6）中的关系所对应的权重一般由领域专家给出。

②概念的深度。在进行语义相似度计算时不仅要考虑两个概念的最近公共父节点的深度，而且还要考虑要比较的概念在本体结构中所处层次的深度。进行比较的两个概念节点以及它们的最近公共父节点在本体结构中与根节点距离越大，其概念所表达的意义就越具体，概念之间所具有的共同特征就越多，两概念的语义相似度就越大（张兰芳等，2012）。所以概念在本体结构中所处的深度是计算语义距离的权重要考虑的另一个因素。于是，这里给出概念的深度与有向边的权重之间的关系：

$$\text{Weight}^{\text{Depth}}(S,\ F) = \frac{\text{depth}(C) + \text{depth}(S) + \text{depth}(F)}{3\text{depth}(\text{tree})} \qquad (3\text{-}7)$$

式中：设根节点的深度为 0，则 WeightDepth $(S,\ F)$ 是概念节点 S、F 之间的语义距离权重，节点 C 为概念节点 S 与概念节点 F 之间的最近公共父节点，函数 depth（）为相应概念节点到根节点之间的距离，而 depth（tree）则表示整个本体结构中的最大深度。

③概念的密度。概念密度是指这个节点的直接子节点的个数与本体结构中有最多子节点的父节点的子节点个数的比值，这里用 Density（）函数表示。在本体结构中，不同的分支概念节点的子节点数是不同的，某一局部的节点分类越细，密度就越大，说明此处概念的分类越详细，对应的有向边的权重就越大，那么对应的语义相似度就越大（张艳霞等，2012）。以图 3-4 所示土地利用分类的本体结构图为例，由于"农用地"节点和"建筑用地"节点处在同一层次中，而"农用地"节点处的细化程度要大

于"建筑用地"细化程度，说明"农用地"节点密度大，因此它的直接子节点之间的语义相似度要大于"建筑用地"节点的直接子节点的语义相似度。因此，引入密度对语义距离的影响。概念 S、F 的密度对有向边权重的关系表示为：

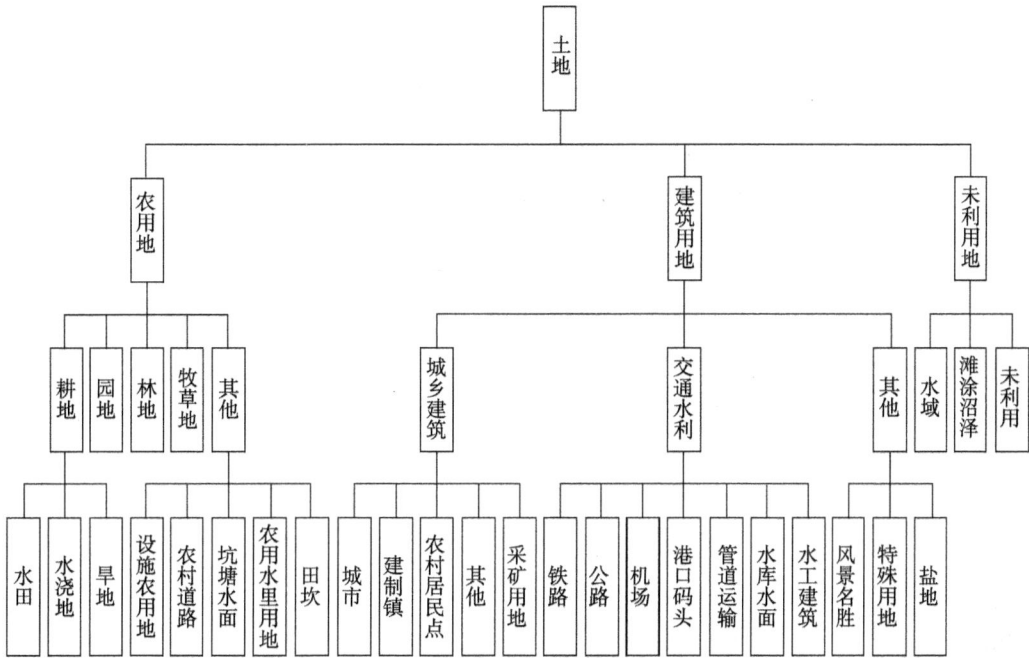

图 3-4　基于本体结构的部分土地利用分类图

$$\text{Weight}^{\text{Density}}(S,\ F) = \frac{\text{density}(S)\ +\ \text{density}(F)}{3\cdot \text{density}(\max)} \tag{3-8}$$

式中：WeightDensity（S，F）表示概念节点 S、F 之间有向边的权重关系，density（max）表示本体结构中各节点密度的最大值。

综合以上三个方面的权重因子，得到有向边权重的公式如下：

$$\text{Weight}(S,\ F) = \alpha\cdot \text{Weight}^{\text{Type}}(S,\ F) + \beta\cdot \text{Weight}^{\text{Depth}}(S,\ F) + \gamma\cdot \text{Weight}^{\text{Density}}(S,\ F) \tag{3-9}$$

其中，α、β、γ 是可调节因子，且 $\alpha+\beta+\gamma=1$。尤其在节点存在等价关系时，权值达到最大为 1，因此有必要对公式（3-9）进行改进，改进后公式如下：

$$\text{Weight}(S,\ F) = \begin{cases} 1,\ 等同 \\ \alpha\cdot \text{Weight}^{\text{Type}}(S,\ F) + \beta\cdot \text{Weigth}^{\text{Depth}}(S,\ F) \\ + \gamma\cdot \text{Weight}^{\text{Density}}(S,\ F),\ 其他 \end{cases} \tag{3-10}$$

由于有向边权重的大小与概念节点间的距离成反比，即有向边的权重越大，两概念节点间的距离越短，权重大小与有向边语义距离的关系如下：

$$\mathrm{Dist}(S,\ F) = \frac{1}{\mathrm{Weight}(S,\ F)} \tag{3-11}$$

综上所述，可得到改进的语义距离相似度计算方法：

$$\mathrm{Sim}^{\mathrm{Dist}}(S,\ F) = \frac{\mu}{\mathrm{Dist}(S,\ F) + \mu} \tag{3-12}$$

式中，μ 为可调节因子，且为大于 0 的实数。

2. 综合语义相似度计算

在对语义相似度的影响因素进行分析的基础上，改进的算法思想为：在本体结构中，将概念间的关系、深度及密度等影响有向边权重的因子考虑到语义距离的计算中，采用加权计算概念间的语义距离；同时将基于语义距离的方法与基于属性的方法相结合，从而更加全面地量化本体结构中实体之间的语义相似度。综合上述各方面因素，可以得到概念的语义相似度计算的公式为：

$$\mathrm{Sim}(S,\ F) = \omega_1 \cdot \mathrm{Sim}^{\mathrm{Att}}(S,\ F) + \omega_2 \cdot \mathrm{Sim}^{\mathrm{Dist}}(S,\ F) \tag{3-13}$$

式中：$\omega_1 + \omega_2 = 1$，且 ω_1、ω_2 大于 0 的实数。

3.6　本章小结

空间关联规则是空间数据挖掘的重要内容之一，目前大多数数据挖掘的理论和技术的研究主要是针对关联规则来进行的。作为数据挖掘领域的一个重要分支和研究热点，关联规则挖掘研究及应用方面已取得了很大的进展。概念格可以作为规则表达的自然基础，是利用形式化的数学方法来描述概念形成过程。本章将概念格引入空间关联规则挖掘中，针对土地利用中关联规则的挖掘问题进行扩展，提出模糊概念格，该模型是基于连续数值的模糊集合，具有更广泛的应用意义。在综述相关的数据挖掘算法的基础上，研究了集模糊概念格的渐进式构建算法，在面对土地利用空间关联规则挖掘这一复杂空间问题，提出了将辞典序索引树的方法用于高效构造模糊概念格，其基本思想是通过设计一个统一的数据结构将模糊概念格节点分层存放，这样可以方便地确定节点的坐标及节点间的父子关系，这一设计的另外一个优势就是可以快速地绘制 Hasse 图，据此提出了 Hasse 图的绘制算法；最后研究了空间关联规则提取的方法。地理本体的概念属性和语义距离可以用来测度地理实体的语义相似度。结合概念的属性、语义距离等影响语义相似度的因素，提出了一种基于本体结构的地理实体语义相似度测度模型，同时将基于语义距离的方法与基于属性的方法相结合，从而更加全面地量化本体结构中实体之间的语义相似度。

第4章 领域知识驱动的土地
用途分区挖掘模型

土地利用总体规划是为了解决各种土地利用矛盾的重要手段，也是保证国民经济顺利发展的重要措施。其核心任务是调整土地利用结构和确定土地利用布局，一般多采用土地利用分区和用地指标相结合的方式加以解决。因此，土地用途分区是土地利用规划中的关键问题。土地用途分区问题可以认为是一种多目标优化问题，而聚类分析是一种典型的解决组合优化问题的方法。本章针对传统聚类方法过分依赖数据集聚类原型的问题，提出了一种基于知识的混沌免疫克隆选择聚类模型，克隆算子能够将进化搜索与随机搜索、全局搜索和局部搜索相结合，因而通过对候选解进行混沌免疫克隆选择操作，能够快速得到全局最优解，而不受到样本集方差分布的影响。在对小图斑的模式进行划分的基础上，构建了顾及语义相似度的土地用途分区模型，并提出分区结果的面积平衡和最优化评价方法。

4.1 土地用途分区的聚类问题

面向综合应用的空间数据一般具有数据量大、关系复杂、数据类型多、层次多等特点，因此，在研究中需要针对不同应用的空间数据集研究不同的空间数据挖掘算法。土地用途分区是一个极为复杂的问题，因此在进行分区算法研究之前，有必要对基于多目标的土地用途分区聚类问题进行研究。

4.1.1 土地用途分区的问题

土地用途分区是综合考虑影响土地质量与土地利用方式的各类因素（包括自然、社会、经济方面的因素）的基础上，将研究区域划分为若干均质区片的方法，以建立微观土地利用单元与区域土地利用管制之间的桥梁，以实现用途管制和土地资源的可持续利用。实际工作中的土地用途分区不但要考虑数量上的问题，还需要参考专题规划中的基本农田保护区划分、土地开发整理分区以及土地质量评价（土地适宜性评价、土地生产潜力评价以及土地经济评价）中的等值区划分。具体应用中，往往需要考虑多种准则，例如在进行区域土地用途分区时一般要遵循土地利用现状与土地适宜用途一致性原则、土地利用主导用途原则、土地利用地域差异性和相似性原则等（刘洋，2008）。

1. 土地利用空间分区问题的描述

土地利用数据库是按照土地现状分类（过渡期）分类标准来表示的。表 4-1 土地利用现状分类表列出了各类的土地利用类型及代码。按照《中华人民共和国国土资源部县级土地利用总体规划规程》（TD/T 1024—2010）的有关规定，土地用途区一般有：基本农田保护区（JN①）、一般农地区（YN）、林业用地区（LD）、牧业用地区（MD）、城镇村建设用地区（CC）、独立建设用地区（DJ）、风景旅游用地区（FL）、自然人文景观保护区（ZJ）等。具体地，模型中土地用途分区的类型，需要根据规划区域的实际来确定。下面对土地利用空间分区问题进行描述。

表 4-1　　　　　　　　　　　　土地利用现状分类表

一级类		二级类		三级类	
编号	名称	编号	名称	编号	名称
1	农用地	11	耕地	111	水田
				112	水浇地
				113	旱地
		12	园地		
		13	林地		
		14	牧草地		
		15	其他农用地	151	设施农用地
				152	农村道路
				153	坑塘水面
				154	农田水利用地
				155	田坎
2	建设用地	21	城乡建设用地	211	城市
				212	建制镇
				213	农村居民点
				214	其他独立建设用地
				215	采矿用地

---

① 土地用途分区代码为本书约定，后同。

一级类		二级类		三级类	
2	建设用地	22	交通水利用地	221	铁路
				222	公路
				223	机场用地
				224	港口码头
				225	管道运输用地
				226	水库水面
				227	水工建筑用地
		23	其他建设用地	231	风景名胜设施用地
				232	特殊用地
				233	盐田
3	未利用地	31	水域		
		32	滩涂沼泽		
		33	未利用土地		

假设土地用途分区问题中包含一个基本空间单元的集合 X，这一集合是由各种用地类型组成的图斑，在土地利用现状数据库中这些基本空间单元是面状实体，而且每个空间单元 $x \in X$ 具有一个或多个量化的属性数据（也可以包括非量化的类属型数据），这些属性数据中有些是通过数据整合或者空间数据挖掘得到的结果，它们统一记为 $w_v \in IR_+$。一般而言，一个区域具有多个被定义的质点，其实质上是区域范围内的某个空间点，所有区域质点的集合记为 $X_{c_i} \subset X$。每个区域的几何中心质点是预先设定并固定不变的，其他质点是在分区过程中不断变化的。在进行分区前事先给定土地用途区的数目 p，在进行分区时要满足由多个准则和约束条件构成的知识体系，土地用途分区的知识体系已在本书 2.5.1 中进行详细研究，这里主要给出一个形式化的表达。

$$U = \{ U | u_i \in U \} \tag{4-1}$$

式中，U 是要表达的知识（通过经验或空间数据挖掘的方式得到）。

对于待分区域中的 p 种分区类型，用 $1 \sim p$ 分别表示。通过上面的设定，每个基本空间单元只能被划分到一个唯一的区域中。$B_p \subseteq V$ 表示第 p 个区域满足 $B_1 \cup B_2 \cup \cdots \cup B_p = V$ and $B_i \cup B_j = \varnothing$，$i \neq j$，则称为是对区域进行土地用途分区。

2. 土地用途分区的方法

在土地利用空间分区问题中，目前常用的方法有叠置分析法、主导因素法、综合分析法以及聚类法。综合分析法主要适用于土地利用方式区域差异显著，分区界限明显易定的情况，要求具体操作人员非常熟悉当地的实际情况；主导因素法是在基层乡镇土地利用方式化分的基础上，适当加以归并，逐步扩大土地利用类型区，再将地域相连的类型区合并成为土地利用区域，以主导土地用途作为用地区域名称；叠置法适用于规划图和区划图齐全的情况；聚类法是一种定量的分区方法，是根据"物以类聚"的道理，对土地利用指标进行分类的一种多元统计分析方法。这些方法在具体的土地利用空间分区问题中有着一定的科学性和可操作性，但同时它们的缺陷也十分明显，表现为：受人为主观因素的影响较大；智能化程度不高；只能考虑某些主导因素，而无法兼顾多种准则和约束条件；只能提供唯一的或较少的候选方案，用户选择的自由度不大。既然土地用途分区问题是基于多目标优化的空间聚类问题，那么本章将使用基于多目标优化的聚类算法来求解此类问题。

自从 20 世纪 60 年代起，很多学者对空间分区问题进行了研究，并提出了很多算法，例如线性数学规划法、集合划分方法、聚类算法以及多核增长法（F. Ricca，2007），这些方法大多是基于空间配置和优化组合两种思想。近年来，元启发式优化技术（进化计算方法、模拟退火算法、禁忌搜索算法等）对于多目标优化问题的解决得到日益广泛的关注（Bennett，2004；Armstrong，2003；Xiao，2006；B. Bozkaya，2005；Federica Ricca & Bruno Simeone，2007）。其中多目标遗传算法是当前解决多目标优化问题的流行算法（任周桥，2007），它在很多空间决策问题中得到了应用，例如土地利用和环境保护（Bennett，2004；Stewart，2004）、城市和区域规划（Balling，Taber，Brown & Day，1999；Feng & Lin，1999）、空间等值区划分（Armstrong，2003；Xiao & Armstrong，2006）以及土地利用空间优化布局（Bennett，2004；任周桥，2007）。元胞自动机（CA）在基本农田保护区划分（黎夏，1999）方面和神经网络在土地利用规划分区（黎夏，2005）方面也有着较成功的应用。但对于有空间硬约束条件，要求同区片或同类型基本单元必须连续分布的土地利用空间分区问题，则不宜采用多目标遗传算法，因为进化过程中的交叉、变异操作很难保证空间硬约束条件。为此，另外一种智能优化算法——人工免疫系统（AIS）可以被应用到此领域。目前人工免疫系统发展出很多种算法，其中最著名的克隆选择算法在混合属性（具有数值型和类属型的属性）处理方面具有较强的优势。在处理土地用途分区的问题时，采用混沌免疫克隆选择算法进行了研究，以期得到较好的分区方案。

4.1.2　土地用途分区聚类问题的描述

土地用途分区在本质上是一个组合优化问题，优化是指在可接纳的约束条件下发现最佳的可接受解的过程。最优化问题（optimization problem）一般是指按照给定的标准在某些约束条件下选取最优的解集，即在资源给定的情况下寻找最优的目标，或在目标确定下使用最少的资源。在土地用途区的划分过程中，基本的问题是将待分划的区域样本通过选定的样本特征来进行表达，样本是分布在特征空间上的离散的集合。

空间聚类是一个解决组合优化问题的典型方法。因此在土地用途分区中可使用多目标优化的聚类方法来解决。这需要给出或者界定不同地区的特征和模式，根据这些特征和模式对研究区内的所有图斑进行聚类。通常，这样聚类需要计算样本和模式之间的最佳匹配程度，找到最佳匹配，才能进行合理的分区和规划。从而，这一规划的分类问题可以通过引入优化理论和优化方法来解决。但是土地用途分区问题在优化问题领域有其独特的复杂性和难点，具体体现为以下几个方面：

① 其优化目标和约束条件中存在非线性项，具有高维和大量局部最优解；

② 由多维特征变量描述的目标函数；

③ 在约束条件和目标函数中参数不确定。

土地用途分区这个优化问题就包含了非线性、动态、组合、多目标和不确定性等多种特性，是一个具有高度复杂性的优化求解问题。在这种复杂性和不确定性下，传统的方法很难获得最优解，选择聚类的思路和方法来处理这一求解问题。基于这一观点，土地用途区划分问题可以表述为以下的多目标优化聚类问题。

1. 基于多目标优化聚类的土地用途分区问题的形式化描述

假设 $X = \{x_1, x_2, \cdots, x_n\}$ 表示一组具有 n 个样本的数据集，其中 $x_i = (x_{i1}, x_{i2}, \cdots, x_{im})^\mathrm{T}$ 表示第 i 个样本的 m 个特征值。那么对 X 进行聚类的目的就是要找到一个最优划分，将 X 中样本分为 k 类，其中 k 是一个正整数。土地用途分区的聚类问题形式化描述如下：

$$\mathrm{LUZ} = (X, S, C, T, A, R) \tag{4-2}$$

式中，$X = (n, m)$ 为图斑，n 是图斑个数，m 是维数，在土地用途分区中可以看作图斑的属性；S 是相似度量算法；C 是约束条件；T 是终止条件；A 是选择的智能算法；R 是土地用途分区的聚类结果。

对于按一定方式给定的 n 个样本，样本集可能的划分数目常常是无法估算的，通过逐个研究每一个划分来找到最好划分是不切实际的。因此，通常的解决办法是选择聚类准则来指导搜索划分，希望找到一组聚类中心，通过样本点和聚类中心的距离判别样本点的归属，并且达到类内差异最小，同时满足类间差异最大。可以采用定义一个目标函数作为聚类准则的方法来解决这一问题，该目标函数称为知识。因此基于多目标优化的土地用途分区模型可以表述为：在约束知识指导下的土地用途分区聚类问题。需要解决土地用途分区的多目标优化聚类问题。

2. 土地用途分区多目标优化聚类面临的问题

①土地用途分区常常要处理海量高维特征数据集，这些数据通常是由十几种甚至几十种特征（时间、比值、二值化、序数、名词等）来描述的。所以对土地用途分区中的对象——图斑进行聚类是一个具有挑战性的课题。

②地类图斑的属性往往既有数值型的也有类属型的，具有混合属性特征。这就要求数据挖掘算法能够处理这种同时具有各种不同属性特征类型的数据集。由于类属性是无序的，所以将类属型特征转化为数值特征的传统方法无法得到满意的结果。现有大多数聚类分析算法或者能处理这种混合特征型数据，但不适用于大规模数据集，或者能有效处理大规模数据集，却仅限于数值型特征，从而限制了其在数据挖掘中的应用。为此，希望能设计出一种既能处理混合特征型数据又能发展成为数据库中知识发现的有利工具。

③聚类分析的主要目的是将数据分成一系列相互区分的组，以利于从中发现数据集的整个空间分布规律和典型模式（王生生，2005）。然而对于土地用途分区问题，简单地按照地类图斑的空间距离进行相似测度是不现实的，这也是土地用途分区的难点之一。

传统的聚类算法没有充分考虑到空间数据海量和复杂性的特征，因此当面对土地用途分区这一新的挖掘任务时，就会导致原有算法效率低下甚至失效而不能应用。因此，一方面需要改进传统的聚类算法来处理复杂性问题和海量数据，另一方面则需要探索并结合其他领域的研究成果，并提出新的可适用于土地用途分区聚类的高效算法。

3. 空间聚类分析方法

在数据挖掘领域，聚类是一个用于发现隐藏在空间数据库中的知识的有效方式（Yang Jianfeng，2008）。空间聚类是在海量空间数据集中通过度量空间实体间的相似程度，来逐步合并类簇使类间差异最大而类内差异达到最小的过程（J. Han & M. Kamber，2000）。本质上，数据聚类是一种数据驱动的非监督学习方法。目前已有的空间聚类算法如图 4-1 表示，还有一些用数据场、粗集、模糊集和小波理论等理论的研究报道，这些算法都是在传统算法的基础上集成了多种聚类方法的思想，因此有时很难将某个指定算法具体划分到某种聚类方法中。这些方法都具有各自的特点：有些以方法简单、容易实现并且执行效率高为优点；有些对任意形状、大小的类识别能力强；有些能很好地过滤噪声数据。但这些方法都有各自的局限性，如密度类算法采用全局参数，对密度变化较大的类不能得到真正的自然聚类结果；网格类算法效率虽然很高，但是聚类的精确度又不能让用户满意。另外，很多聚类方法对输入参数十分敏感，而且参数很难确定，如划分方法中的 k。

近年来，国内外有关空间聚类算法的研究主要有以下几个方向：第一，对传统经典模型的扩展；第二，融合多种聚类方法的思想；第三，提出了新的空间聚类算法。为了解决海量、高维数据处理的问题（B. M. H. Romeny，1997），将其他学科的最新研究成果如图论、模糊数学（Eschrich S. et al.，2003）、人工智能（如遗传算法（U. Mali，2000））引入空间聚类研究中。关于空间聚类最新的研究成果是提出了许

```
                                    ┌─ K-means 算法
                                    ├─ K-中心点算法
                          划分方法 ──┼─ PAM 算法
                                    ├─ CLARA 算法
                                    └─ CLARANS 算法

                                    ┌─ CURE 算法
                                    ├─ CHAMELEON 算法
                          层次方法 ──┼─ BIRCH算法
                                    ├─ Chameleon 算法
                                    └─ AutoClust 算法

                      基于密度的聚类 ┬─ DBSCAN 算法
   空间                              └─ OPTICS 算法
   聚类
   算法 ──
   分类                              ┌─ BIRCH 算法
                                    ├─ BUBBLE-FM 算法
                    基于数据索引聚类 ─┼─ STING 算法
                                    ├─ DBCLASD 算法
                                    ├─ WaveCluster 算法
                                    └─ CLIQUE 算法

                                    ┌─ COBWEB 算法
                                    ├─ CLASSIT 算法
                        基于模型聚类 ─┼─ AutoClass 算法
                                    ├─ 神经网络算法
                                    └─ 遗传算法
```

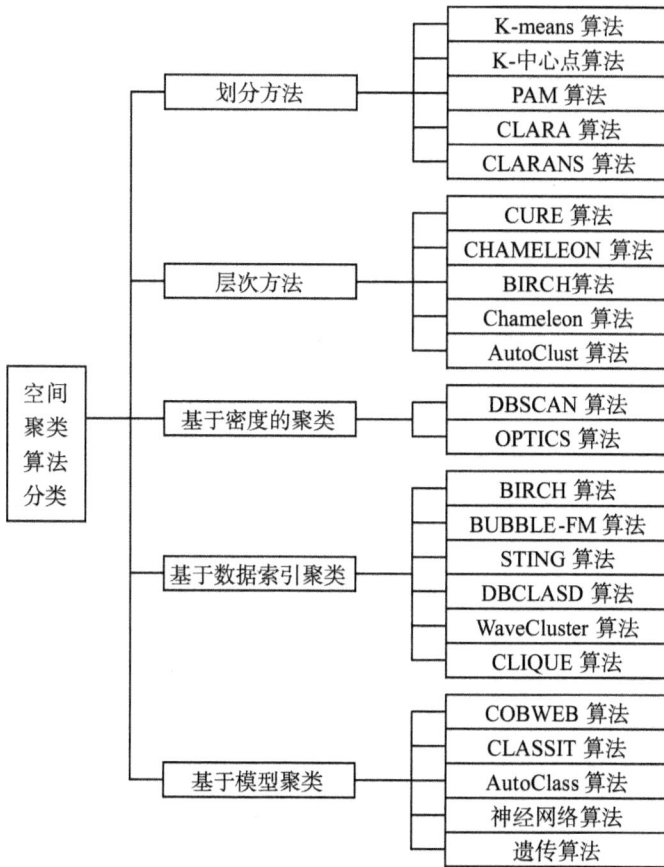

图 4-1　传统的空间聚类分析方法

多基于遗传算法的聚类算法，但收敛速度较慢、容易出现早熟一直是不能解决大规模应用的瓶颈问题。

　　基于以上研究中存在的问题，面对空间数据的海量、高维等复杂性特征，本书提出适合的、高效的聚类分析算法，将克隆选择算法引入空间数据聚类中，并根据土地用途分区的具体问题给予改进，提出新的空间聚类挖掘模型，用于解决土地用途分区问题。

4.2　混沌免疫克隆选择算法

　　在对克隆选择算法进行扩展，提出混沌免疫克隆选择算法前，有必要对克隆选择理论进行简要的介绍。

4.2.1　克隆选择理论

1. 克隆选择的生物学理论

为了解释抗体的形成机理，一些学者最早提出了模板学说，后来又提出了侧链理论，但它们都不能合理解释抗体形成机理。直到克隆选择理论的提出才使抗体形成机理得到满意的解释。1955 年 N. Jerne 受自然选择理论的启发，提出了抗体形成的"自然"选择理论，这是克隆选择理论的雏形。Burnet 等根据生物学和遗传学的进一步发展，特别是免疫学自身的发展，如对自身免疫、免疫耐受等现象的发现和启示下，于 1959 年提出了著名的克隆选择学说，并在随后数年间逐步被相关试验所证实，成为近 40 年来在免疫学中占主导地位的学说。

克隆选择与达尔文提出的自然选择类似，但克隆选择理论是应用于免疫系统的细胞群体进化的过程。在与病原体结合的过程中，亲和力较高的一些抗体表现出较好的适应能力，因此获得大量的复制。T 细胞和 B 细胞均有特异性抗原受体，都能够进行克隆选择。T 细胞需要双信号才能充分活化，在其生长因子的提供下才可以进行克隆增殖。B 细胞表达的 BCR 可直接识别并特异结合抗原分子而获得活化，在 B 细胞生长因子的作用下细胞进行增殖，即由表达一种 BCR 的一个 B 细胞分裂产生很多后代 B 细胞，他们具有相同的特征。此时 B 细胞经历自我复制并随机进行超变异的两个过程，免疫系统由此产生大量对病原体具有高亲和力的抗体指令并能够从肌体内清除感染的抗原，并为抵制未来类似但不同的抗原感染做好准备。图 4-2 为描述克隆选择理论的 Burnet 克隆选择学说的模式图。

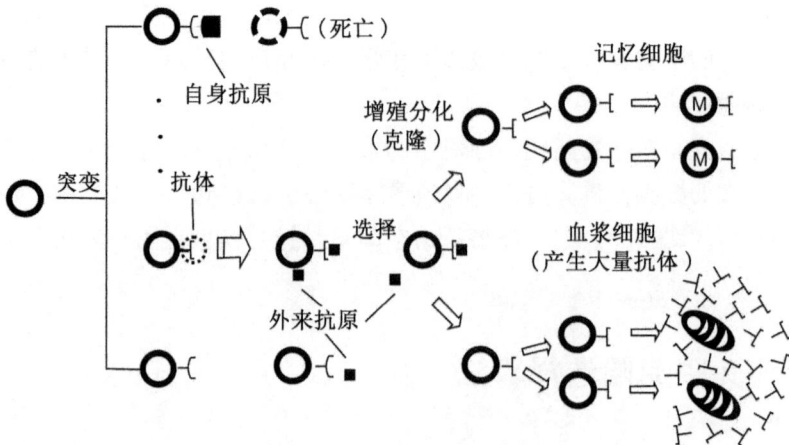

图 4-2　Burnet 克隆选择学说模式图

克隆选择可以增加免疫系统的多样性，并提高其识别能力。可以肯定地认为抗体的多样性是识别能力的关键，那么克隆选择则是形成这个能力的基础。在免疫系统中多样性的抗体并不是完全随机产生的，其结构是由精确的遗传机制决定的众多基因片段组合而成。研究表明，人类的淋巴细胞群体能表达 1017 个不同抗体，B 细胞和 T 细胞可以表达更多的抗体和受体（焦李成，2006）。所以当遇到一个外部细胞（免疫系统中称为抗原），某个抗体细胞被激活、增殖并成长为一个细胞克隆，分泌抗体对抗原应答。在免疫系统中，T 细胞较为复杂，可以分泌出多种因子。免疫系统在进行自适应成长克隆的过程中，呈现一种抗体特异编码基因的极高频率变异机制，该机制与为改进抗原结合而进行的选择机制结合，导致与抗原具有极高的匹配亲和力的抗体产生。

通过克隆选择不能较好地识别抗原的克隆细胞死亡，而能够较好地进行抗原识别的克隆细胞被保留下来，并进行扩增，经过多次迭代保留下来的抗体对抗原具有最优的识别能力和群体多样性。多样性是免疫系统的重要特征，因此必须在指令系统提供一定的偏差，为抗体对抗原环境的学习提供可能。当这个偏差在一个特殊个体的生命周期中发展，免疫学家称之为学习。如果特殊的偏差长时间保持，则称为记忆。

2. 克隆选择算子

De Castro 和 Von Zuben（1999，2000）依据克隆选择理论基本原理，提出了克隆选择算法（Clonal Selection Principle，CLONALG）。该算法主要从克隆选择理论的基本过程得到启发，即受微环境下的"自然选择"启发，设计了算法的基本流程。模型流程中主要体现了抗体在受到外界抗原刺激后，通过自身的记忆细胞把抗原的特征"记住"。再次遇到同样的抗原时，记忆细胞就进行克隆繁殖，达到足够多的数量，就可以杀死（或清除）入侵的抗原。细胞变异和新个体的替换，体现抗体记忆细胞的多样性。这个模型体现出克隆选择理论的主要特征。同时，经过实验分析，与基本遗传算法相比，在全局搜索能力上是优越的。

De Castro 和 Von Zuben（1999，2000）的克隆选择算法中，重点强调了免疫系统研究已经证实了的一个证据，即通过在生物体内累积变异和选择，可以实现个体发育的适应性变化。所以 CLONALG 模型没有采用交叉（重组）操作，而只用了变异、克隆和部分新个体的补充等操作。

克隆选择严格区分了抗体和 B 细胞，这一点与生物学中的定义是不同的。抗体种群 $A(k)$ 在克隆选择算子的作用下，其进化过程可以简单用下式表示：

$$A(k) \xrightarrow{T_c^C} Y(k) \xrightarrow{T_g^C} Z(k) \ \tilde{\cup} \ A(k) \xrightarrow{T_s^C} A(k+1) \tag{4-3}$$

对于 $X = (x_1, x_2, \cdots, x_n)$ 和 $Y = (y_1, y_2, \cdots, y_n)$，$\tilde{\cup}$ 操作定义为：

$$X \ \tilde{\cup} \ Y \equiv \bigcup_{i=1}^{n} \{x_i \cup y_i\} \tag{4-4}$$

克隆选择算法的主要操作过程如图 4-3 所示。

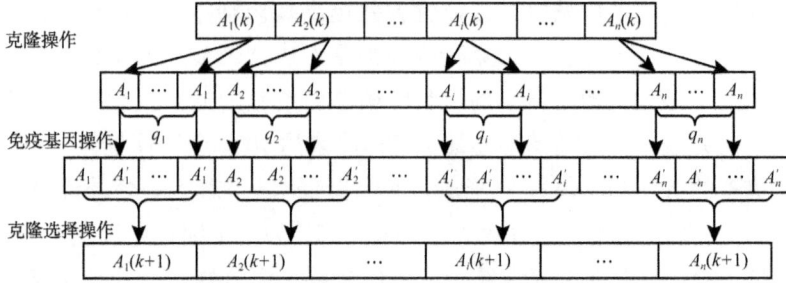

图 4-3　克隆选择算法的主要操作过程

（1）克隆操作 T_c^C。

定义

$$\boldsymbol{Y}(k) = (Y_1(k),\ Y_2(k),\ \cdots,\ Y_n(k)) = T_c^C(A(k))$$

$$= (T_c^C(A_1(k)),\ T_c^C(A_2(k)),\ \cdots,\ T_c^C(A_n(k)))^{\mathrm{T}} \tag{4-5}$$

其中，$\boldsymbol{Y}_i(k) = T_c^C(A_i(k)) = I_i \times A_i(k)$，$i = 1,\ 2,\ \cdots,\ n$，$\boldsymbol{I}_i$ 为元素为 1 的 q_i 维行向量，称抗体 A_i 的 q_i 克隆：

$$q_i(k) = g(n_c,\ f(\boldsymbol{A}_i(k)),\ \Theta_i) \tag{4-6}$$

可以对反应抗体 A_i 与其他抗体的亲和力的 Θ_i 进行定义：

$$\Theta_i = \min\{D_{ij}\} = \min\{\exp(\|A_i - A_j\|)\},\ i \neq j;\ i,\ j = 1,\ 2,\ \cdots,\ n \tag{4-7}$$

一般要对 $\|\cdot\|$ 进行归一化处理。当抗体间的亲和力为 0 时，$\Theta_i = 1$。记 $\boldsymbol{D} = (D_{ij})_{n \times n}$，$i,\ j = 1,\ 2,\ \cdots,\ n$ 为抗体间的亲和力矩阵。$\boldsymbol{D}$ 是一对称矩阵，反映了种群的多样性。

$$q_i(k) = \mathrm{Int}\left\{ n_c \cdot \frac{f(A_i(k))}{\sum\limits_{j=1}^n f(A_j(k))} \cdot \Theta_i \right\},\ i = 1,\ 2,\ \cdots,\ n \tag{4-8}$$

$\mathrm{Int}(x)$ 表示大于 x 的最小整数；在实际的应用中可以根据克隆规模设定 $n_i > n$。由此可见，对抗体群落中的某一抗体而言，其克隆规模是依据抗体-抗原亲和度、抗体-抗体亲和力进行自适应的调整的。而且当抗原刺激较大、抗体间抑制较小时，克隆增殖的规模也较大，反之就相对较小。通过克隆增殖过后，抗体种群增殖为：

$$\boldsymbol{Y}(k) = \left[\boldsymbol{Y}_1(k),\ \boldsymbol{Y}_2(k),\ \cdots,\ \boldsymbol{Y}_n(k) \right] \tag{4-9}$$

式中，

$$\boldsymbol{Y}_i(k) = \left[Y_{i1}(k),\ Y_{i2}(k),\ \cdots,\ Y_{iq_i}(k) \right] \tag{4-10}$$

$$Y_{ij}(k) = A_{ij}(k) = (\boldsymbol{A}_i(k))_j,\ j = 1,\ 2,\ \cdots,\ q_i \tag{4-11}$$

（2）免疫基因操作 T_g^C

免疫基因操作主要包括交叉和变异两种，交叉和变异都采用的多克隆选择算子（polycolonal clonal selection operator）。与一般遗传算法的特征不同，免疫学认为抗体多样性的产生和亲和度的成熟主要依靠的并非交叉重组，而是抗体的高频变异。因此克隆选择算法中更加强调抗体受到抗原刺激而产生的变异作用。参考生物学单、多克隆抗体对信息交换多样性这一特点，经典的克隆选择算子仅采用变异的克隆选择算子为单克隆选择算子（monocolonal clonal selection operator）。与多克隆算子相比，单克隆算子更多地保留了父代的特征，但是通过基因的高频变异所产生的抗体也不是单一的一种抗体。

对克隆后的群体进行变异操作遵循概率 p_m^i，可以表示为：

$$\mathbf{Z}(k) = T_g^C(\mathbf{Y}(k)) \tag{4-12}$$

$$p_g(Y_{ij}(k) \rightarrow Z_{ij}(k)) = (p_m^i)^{d(Z_{ij}(k), Y_{ij}(k))}(1 - p_m^i)^{l-d(Z_{ij}(k), Y_{ij}(k))} \tag{4-13}$$

式中，$d(*)$ 为海明距离。

（3）克隆选择操作 T_s^C

$\forall i = 1, 2, \cdots, n$，记

$$\mathbf{B}_i(k) = \max\{\mathbf{Z}_i(k)\} = \{z_{ij}(k) \mid \max f(z_{ij}), j = 1, 2, \cdots, q_i\} \tag{4-14}$$

则对 $p_s^k(Z_i(k) \cup A_i(k) \rightarrow A_i(k+1))$，有

$$p_s^k(A_i(k+1) = B_i(k)) = \begin{cases} 1, & f(A_i(k)) < f(B_i(k)) \\ \exp\left(-\dfrac{f(A_i(k))f(B_i(k))}{a}\right), & \begin{array}{l} f(A_i(k)) \geqslant f(B_i(k)) \text{ 且 } A_i(k) \\ \text{不是目前种群的最优抗体} \end{array} \\ 0, & \begin{array}{l} f(A_i(k)) \geqslant f(B_i(k)) \text{ 且 } A_i(k) \\ \text{是目前种群的最优抗体} \end{array} \end{cases}$$

$$\tag{4-15}$$

$$p_s^k(A_i(k+1) = A_i(k)) = \begin{cases} 0, & f(A_i(k)) < f(B_i(k)) \\ 1 - \exp\left(-\dfrac{f(A_i(k)) - f(B_i(k))}{a}\right), & \begin{array}{l} f(A_i(k)) \geqslant f(B_i(k)) \text{ 且 } A_i(k) \\ \text{不是目前种群的最优抗体} \end{array} \\ 1, & \begin{array}{l} f(A_i(k)) \geqslant f(B_i(k)) \text{ 且 } A_i(k) \\ \text{是目前种群的最优抗体} \end{array} \end{cases}$$

$$\tag{4-16}$$

a 始终为大于 0 的值，它是与抗体种群多样性有关的值，一般多样性越好，a 取值越大，反之越小。

抗体群 $\mathbf{A}(k+1) = [A_1(k+1), A_2(k+1), \cdots, A_n(k+1)]$ 为通过克隆算子作用后所获得的新群落，等价于生物克隆选择后的血浆细胞和记忆细胞，与此不同的是传统的克隆算子中没有对此做特别区分。

3. 经典克隆选择算法

De Castro 最早提到了用于优化和学习的克隆选择算法，主要研究受免疫系统克隆选择机理启发构造的克隆选择算子。根据抗体克隆选择的相关理论，采用经典的克隆

选择算子的算法统称为克隆选择计算，按照应用的不同可以将其分为免疫克隆选择规划、免疫克隆选择算法和免疫克隆选择策略。这里的克隆选择算子称为"免疫"是因为抗体编码采用二进制进行编码。经典的克隆选择算法的如图 4-4 所示：

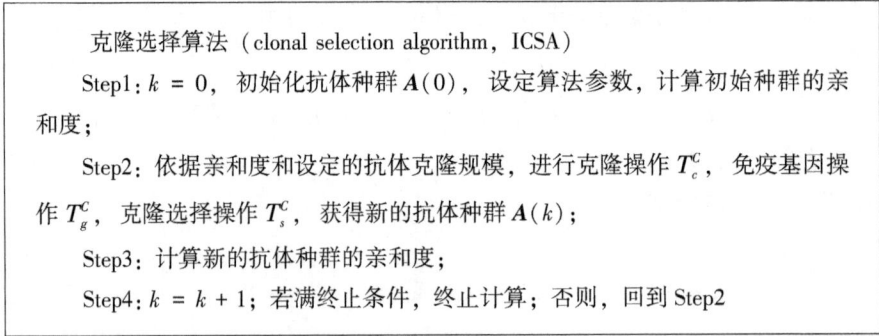

克隆选择算法（clonal selection algorithm，ICSA）

Step1：$k = 0$，初始化抗体种群 $A(0)$，设定算法参数，计算初始种群的亲和度；

Step2：依据亲和度和设定的抗体克隆规模，进行克隆操作 T_c^c，免疫基因操作 T_g^c，克隆选择操作 T_s^c，获得新的抗体种群 $A(k)$；

Step3：计算新的抗体种群的亲和度；

Step4：$k = k + 1$；若满终止条件，终止计算；否则，回到 Step2

图 4-4　克隆选择算法

4.2.2　混沌免疫克隆选择算法

美国著名气象学家洛伦兹最早创立了混沌理论，他认为混沌是随机发生的而实际上其行为却是由精确的法则决定的一种过程。混沌广泛存在且敏感地依赖于初始条件的内在变化，是相对于一些"不动点"、"周期点"的特定形式的一种未定形的交融于特定形式间的无序状态。混沌有着精致的内在结构，是一种"奇异吸引子"，在特定的范围内能把系统的运动吸引并束缚（黄润生，2005）。混沌的发现，对科学的发展具有空前深远的影响，并在许多领域得到了应用。混沌具有其独特的性质：①初值敏感性，即初始条件的微小差别最终将导致根本不同的现象；②遍历性，即在一定范围内混沌能够不重复地经历所有状态；③规律性，即混沌是由确定性的迭代式产生的。

针对混沌具有遍历性这一特点，可将其作为搜索过程中避免陷入局部极小的一种优化机制，如果利用混沌变量进行优化搜索，无疑会比随机搜索更具优越性。因此，混沌已受到广泛重视和大量研究，并成为一种新颖的优化算法。其思想是利用混沌运动所具有的特点使混沌搜索在一定范围内能按照其自身的规律不重复地遍历每一个状态（黄润生，2005）。混沌优化算法分两个阶段进行：①在变量的变化范围内依次遍历所经过的各点，并以较好点作为当前最优点；②以当前最优点为中心，施加混沌扰动，进行细致搜索寻找最优点。混沌优化方法思路直观，编程实现简单方便，已有的研究成果表明是一种良好的优化方法（K. Aihara，1990）。混沌优化方法虽然具有对初值敏感、易跳出局部极小、搜索速度快和全局渐进收敛等优点，但在搜索空间较大时其效果并不显著。目前已经产生了很多与其他智能算法相结合的算法：如混沌神经网络（K. Aihara，1990）、混沌遗传算法（郭子龙，2005）、混沌免疫遗传模糊算法

（G. C. Liao, 2004）等。

经典的克隆选择算法搜索解空间的主要方法是通过克隆变异算子完成对最优解解临近空间的搜索，本质上这种搜索是通过空间的扩张与压缩，将局部搜索和全局搜索结合起来实现问题的求解，有效地利用了待求问题中的一些有用信息，克服了进化算法中早熟收敛，从而可以达到抑制优化过程中产生的退化的目的，跳出局部极小值的约束。研究表明，克隆变异后个体的质量直接决定了克隆算子的空间搜索能力。显然，如果可以保证其变异后个体的多样性和遍历性，就意味着通过变异搜索空间的算法拥有更强的搜索能力，在实际的工程应用中很难保证这一点。而利用混沌运动的这些性质可以进行具有遍历性的优化搜索。因此可以考虑将混沌搜索的特点引入克隆选择算法中，以提升其性能。

考虑到克隆选择算法和混沌优化算法各自的空间搜索优势，而且混沌序列可以用于模拟免疫细胞的增殖方式，在结合混沌优化算法和克隆选择算法各自特点的基础上，提出三种混沌免疫克隆选择算法（chaos immune clonal selection algorithm, CICSA）。

1. 混沌映射和混沌扰动方式的确定

与其他产生混沌变量的混沌迭代方程比较，Logistic 方程使用方便、计算量小。因此采用式（4-17）来产生混沌序列：

$$z_{k+1} = \eta z_k(1 - z_k) \tag{4-17}$$

式中，z 为混沌变量，$0 < z_k < 1$；k 为混沌迭代数，$k = 1, 2, \cdots$；η 为控制参数，当 $\eta = 4$ 时系统完全处于混沌状态，其混沌空间为（0, 1）。

对于随机扰动的确定，令

$$\boldsymbol{\beta}_k^* = (1 - \alpha)\boldsymbol{\beta}^* + \alpha\boldsymbol{\beta}_k \tag{4-18}$$

式中，$\boldsymbol{\beta}^*$ 为最优混沌向量，是当前最优值（$x_1^*, x_2^*, \cdots, x_m^*$）映射到 [0, 1] 区间后形成的向量；$\boldsymbol{\beta}_k$ 为迭代 k 次后的混沌向量；$\boldsymbol{\beta}_k^*$ 为引入了随机扰动后的混沌向量；另外 $0 < \alpha < 1$，α 可以自适应变化。在搜索开始时希望变量变化较大，α 值较大，随着搜索的进行当变量接近最优值时，α 也应逐渐减小。算法按照下式确定：

$$\alpha = 1 - \left|\frac{k - 1}{k}\right|^p \tag{4-19}$$

式中，p 为整数，可以根据目标函数而定；k 为算法迭代次数。

因此在原有算法中引入自适应混沌变异，利用个体质量、迭代次数和抗体的分布情况自适应控制变异尺度，能够充分利用先验知识指导变异，避免搜索的盲目性，比非均匀变异具有较高的精度和效率。

2. 混沌搜索算法和克隆选择算法的结合

克隆选择算法与混沌搜索算法有三种结合方式：可以将混沌优化作用于总抗体

群中用于克隆变异操作的那部分，也可作用于记忆抗体中的部分抗体，更可以用于总抗体中部分抗体。这三种方式可见如图 4-5 所示的混沌搜索算法和克隆选择算法的结合。

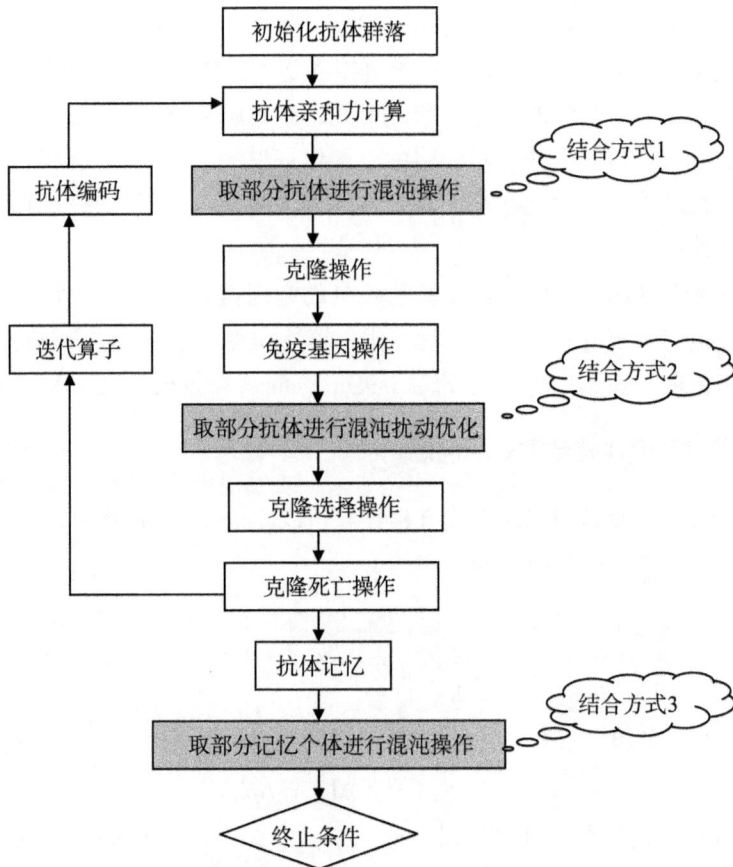

图 4-5　混沌搜索算法和克隆选择算法的结合

4.3　混沌免疫克隆选择空间聚类

混沌克隆算法具有许多优点，在聚类过程中通过混沌克隆算子指导算法寻找最优聚类方案，能克服传统聚类算法的缺点。从数据模型的角度看，混沌免疫克隆选择算法是基于编码串的，而土地用途分区的对象——图斑作为空间数据呈面状分布，因此需要对土地利用数据进行处理以符合算法对种群的要求。对于矢量格式的数据来说，通常在 GIS 规范下的土地利用数据每个利用单元均具有唯一的内部编码，自然可以把这些内部编码按一定顺序排列，通过编码构建起抗原群落，然后根据初始种群生成方法产生一定规模的抗体初始种群，在此基础上按混沌免疫克隆选择算子和 4.2 节提出的迭代算子不断迭代，直到满足迭代终止条件。在这过程中，GIS 以其强大的空间数据处理能力为初始抗原种群的生成提供数据，同时也用来对不断克隆记忆生成的记忆群体进行可视化表达，以方便模型的校验和科学合理的方案生成。

基于混沌免疫原理的多目标聚类算法就是将聚类问题转换为一个在满足一系列约束条件下，使目标函数（抗体-抗原亲和度函数）取得最小的优化问题。在基于混沌免疫克隆选择算法的聚类分析中，把要分类的数据对象视为抗原，把聚类中心看作免疫系统中的抗体，数据对象的聚类过程就是免疫系统不断产生抗体、识别抗原，最后产生出可以捕获抗原的最佳抗体过程。GIS 不仅可以做数据的编辑、处理和分析，还可以在数据挖掘方面强化人工智能的执行质量（Feng-Tyan Lin，2000）。通过免疫克隆选择聚类算法与 GIS 的耦合集成，形成一个空间数据智能挖掘系统，用来对复杂空间问题进行建模分析。二者耦合集成的框架大致概括如图 4-6 所示。

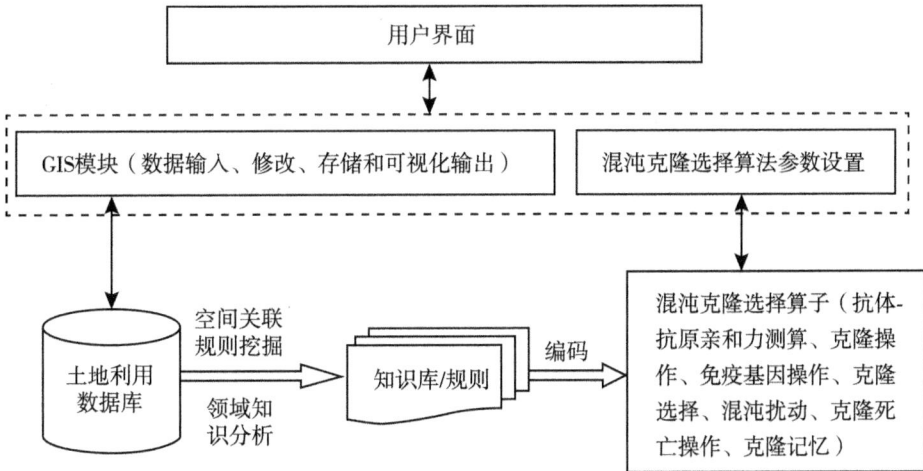

图 4-6 混沌免疫克隆选择聚类算法与 GIS 的耦合集成框架

为了利用混沌免疫克隆选择算法解决数据集聚类问题——土地用途分区，把这一问题看作以图斑 $X = \{x_1, x_2, \cdots, x_n\}$ 为变量的聚类优化问题：$\max\{f(e^{-1}(A)) : A \in I\}$，其中具有有限长度的字符串 $A = a_1 a_2 \cdots a_l$ 是变量 X 的抗体编码，记为 $X = e^{-1}(A)$；集合 I 称为抗体空间；f 为 I 上的正实数函数，称为抗体-抗原亲和度函数。因此，在进行利用免疫克隆选择算法进行分区前首先要解决以下四个问题：①土地用途分区聚类问题编码；②构造用来度量每个抗体对聚类问题的响应程度的抗体-抗原亲和度函数；③混沌免疫克隆选择操作的参数选择与确定，以确保高效收敛到最优解；④混沌扰动如何增加。

4.3.1　编码方案

在生物学中，遗传基因是抗体 A 中的 a_i，其可能取值与采用的编码方式有关，也称为等位基因。一般将抗体位串分为 m 段，每段长度为 l_i，$l = \sum_{i=1}^{m} l_i$，每段分别表示变量 $x_i \in [d_i, u_i]$，$i = 1, 2, \cdots, m$。

抗体的编码方式有多种，主要包括：二进制编码、符号编码、浮点数编码、特征序列编码等。一般说来浮点数编码适用于处理变量是连续的问题；符号编码不存在基因操作后产生无效码，但是在具体使用时，要认真设计基因操作；采用二进制编码时，需要反复地进行解码，并且码串太长，但它有一个重要优点是简便且易于操作。在土地用途分区中土地利用的图斑是聚类的对象，虽然要处理一些变量是连续的问题，但是还存在大量类属型数据，在设计基因操作的过程中有一定的困难，因此可以借助二进制编码的简便易操作的优点来处理复杂数据的问题。

基于多目标优化的土地用途分区可以转换为聚类目标函数。在基于 CICSA 的模糊聚类算法中，可以定义聚类的目标就是要获得关于区域内土地利用图斑 X 的一个模糊划分矩阵（分区）W 和聚类的原型 $\boldsymbol{p}$。已知 W 和 $\boldsymbol{p}$ 是相关的，即可以通过二者中的其一求得另一个值的解。因此可令一组聚类原型 $\boldsymbol{p}$ 就是一个抗体，把原型中的 k 组特征（属性）连接起来，根据各自的取值范围，就可以将其量化值（用二进制串表示，也可以使用其他的编码方式）编码成一个抗体，并将其用于空间聚类：

$$A_i(0) = \{ \underbrace{\zeta_1, \zeta_2, \cdots, \zeta_m}_{\text{Encode}(\boldsymbol{p}_1)}, \cdots, \zeta_j, \cdots, \underbrace{\zeta_{(k-1)m+1}, \zeta_{(k-1)m+2}, \zeta_{km}}_{\text{Encode}(\boldsymbol{p}_k)} \}, \quad i = 1, 2, \cdots, N$$

$$(4\text{-}20)$$

其中，参数集依据每个原型 $\boldsymbol{p}_i (1 \leqslant i \leqslant k)$ 取值。由于土地用途分区中处理的是混合特征数据，所以在抗体中，对数值型特征（包括可以离散化的连续型数值数据和有序的类属型数据）可以采用一定的方式进行编码。对无序的类属特征数据，它们可以直接编码到抗体中，而不需要量化，比如可以用一比特位的字符变量表示一个类属特征，但在进行亲和度的测度的时候需要定义类属型数据之间的亲疏关系。

假设每个聚类的原型具有 t 个参数，其中数值型和类属型的参数分别为 m 和 $t - m$ 个，如果采用 256 级对每一个数值型参数进行编码，则每个抗体由长度由 $8 \times m \times k + (t - m)$ 个比特位的串组成。使用这种方式进行编码，当量化级越多其精度越高，但是计算量也就越大。这种编码方案的最重要的优点在于原型参数的数目只与 t 以及类数 k 有关，而与待聚类的图斑数量无关，因而搜索空间往往较小（李洁，2006）。在实际的应用中可以使用不同的编码方法对原型的 $m \times k$ 个数值型参数进行编码。本模型采用简单并易于操作的二进制编码，这种方式虽然要反复解码，但是由于土地用途分区中的聚类原型较少，因此在处理大量的图斑数据的时候还是相对比较有效的。

（1）数值型属性编码

设某数值型参数 V 的编码范围为 $[V_{\min}, V_{\max}]$，采用 Gary 码对区间 $[V_{\min}, V_{\max}]$ 编码，即由 $[0, 255]$ 表示 $[V_{\min}, V_{\max}]$。当某一 8 比特 Gray 码得到其对应数值 i 时，则它对应的数值型参数 V 取值为：

$$V = V_{\min} + \frac{i}{255}(V_{\max} - V_{\min}) \qquad (4\text{-}21)$$

（2）类属型属性编码

根据土地利用现状分类（过渡期）（表 2-1）可以将类属型属性进行编码。结合土地利用现状数据库的建库标准，本模型不是对所有的地类进行编码，而是根据本书 2.5.2 中表 2-4 的土地利用演化规则进行整理后直接用二进制编码，这样可以简化数据聚类，提高算法的执行效率。特别地，对于二进制代码采用如下译码方式：

$$x_i = d_i + \frac{u_i - d_i}{2^{l_i} - 1}\left(\sum_{j=1}^{l_i} a_j 2^{j-1}\right) \qquad (4\text{-}22)$$

通过编码抗体种群空间为：

$$I^n = \{A: A = [A_1, A_2, \cdots, A_n], A_k \in I, 1 \leqslant k \leqslant n\} \qquad (4\text{-}23)$$

式中，正整数 n 称为抗体的种群规模，抗体群 $A = [A_1, A_2, \cdots, A_n]$ 为抗体 A 的 n 元组，是抗体群空间 I^n 的一个点。定义问题（P）的全局最优解集为：

$$B^* \equiv \{A \in I: f(A) = f^* \equiv \max(f(A'): A' \in I)\} \qquad (4\text{-}24)$$

对于抗体种群 A，$\vartheta(A) \equiv |A \cap B^*|$ 表示抗体种群 A 中包含的最优解个数。

4.3.2 抗体-抗原亲和度函数改进

如何基于空间关系与属性指标一体化的空间对象模型建立新的空间-属性混合距离测度，并纳入空间聚类计算模型，真正反映出类内"属性相似，空间相近"，类间"属性相异，空间相离"的空间分类规则（王艳等，2009），还需开展深入研究。基于空间-属性一体化的思想，用混沌免疫克隆选择算法进行空间聚类计算，充分挖掘空间坐标和空间关系数据中隐含的空间聚集信息。

土地用途分区就是将待聚类的图斑在约束条件下，在相关知识的指导下，对数据集进行的划分，划分的好坏需要进行衡量，在传统的聚类算法中使用相似性进行度量。相似性度量是指选定能够衡量模式间亲疏关系的指标体系的过程。一般用模式对间的距离函数来定义其相似关系，但也有其他方式。例如，在基于模型的聚类方法中，构成某个类别的相似性标准就可能使模式符合特定的统计模型。即使采用距离函数，针对不同问题、不同的数据类型、不同的聚类方法采用的距离评价标准往往也各不相同。在混沌免疫克隆选择算法中可以使用抗体-抗原亲和度进行衡量，这可以通过构造空间聚类的目标函数来实现。

1. 空间聚类的目标函数

作为数据挖掘的一种有效工具，聚类分析在土地用途分区领域常常需要处理大量高维数据集，作为分区的对象——图斑的属性不但包含了数值型数据，还包括了大量的类属型数据。解决这一问题的方法可以使用传统的将类属值转化为数值的方法，但是事实证明这不是一个有效的办法，主要原因是类属域是无序的。只有很少几种算法能较好地处理混合属性数据聚类问题，例如 k -原型算法等，但这些方法同样要求聚类类别数 c 和聚类原型的先验知识。

（1）数值型数据聚类的目标函数

高新波（1999）使用的聚类目标函数如下：

$$C(\boldsymbol{W}, \boldsymbol{P}) = \sum_{i=1}^{k} \sum_{j=1}^{n} w_{ij} \left(d(\boldsymbol{x}_j, \boldsymbol{p}_i)\right)^2, \quad w_{ij} \in \{0, 1\} \tag{4-25}$$

式中，$\boldsymbol{p}_i = [p_{i1}, p_{i2}, \cdots, p_{im}]^{\mathrm{T}}$ 表示第 i 类的原型，w_{ij} 是目标 $\boldsymbol{x}_j$ 属于第 i 类的隶属度。$\boldsymbol{W}$ 是 $k \times n$ 阶的划分矩阵，且满足概率约束 $\sum_{i=1}^{k} w_{ij} = 1$；$\forall j$，$d(\cdot)$ 是定义为距离的相异性测度。像土地利用图斑这样具有实特征的数据集，即 $X \subset R^m$，则有：

$$d^2(\boldsymbol{x}_j, \boldsymbol{p}_i) = (x_j - \boldsymbol{p}_i)^{\mathrm{T}}(x_j - \boldsymbol{p}_i) \tag{4-26}$$

因为 w_{ij} 是样本 $\boldsymbol{x}_j$ 属于第 i 类的隶属度，当 $w_{ij} \in \{0, 1\}$ 时，称 $\boldsymbol{W}$ 是硬 k -划分。在硬划分中，$w_{ij} = 1$ 表示样本 $\boldsymbol{x}_j$ 属于第 i 类。

高新波提出的目标函数是针对数值型数据进行聚类分析用的，在土地用途分区中，有数值型的，也有很多是类属型的，比如地类代码、用途等属性是属于类属型数据，这一目标函数就很难对其进行描述，因此应该研究能够同时处理类属型和数值型数据的混合数据聚类的目标函数。

（2）混合数据聚类中的目标函数

土地利用图斑的属性包含了几十甚至上百个属性项，具有混合特征，也就是说这些属性项既有数值型的也有类属型的，如果某一样本用 $x_i = [x_{i1}^r, \cdots, x_{it}^r, x_{i, t+1}^c, \cdots, x_{im}^c]^{\mathrm{T}}$ 表示，则混合类型数据 $\boldsymbol{x}_i$ 和 $\boldsymbol{x}_j$ 之间的相异性测度可以用下式计算：

$$d^2(\boldsymbol{x}_i, \boldsymbol{x}_j) = \sum_{l=1}^{t} |x_{il}^r - x_{jl}^r|^2 + \lambda \cdot \sum_{l=t+1}^{m} \delta(x_{il}^c - x_{jl}^c) \tag{4-27}$$

式中等号后边的两项分别代表数值特征上的距离测度和类属特征上的测度。δ 定义为：

$$\delta(a, b) = \begin{cases} 0, & a = b \\ 1, & a \neq b \end{cases} \tag{4-28}$$

为避免偏向任何一种特征，使用权值 λ 用来调节两种特征在目标函数中所占的比例。当 $\lambda = 0$ 时，聚类仅仅取决于数值特征；当 $\lambda > 0$ 时，可以看到不完全取决于数值特征，随着 λ 的增大，聚类的结果更多地取决于类属型特征，因此这也是要得到的结果。彩图 4-7 是土地现状图的部分，可以表示这一原理。对该区域进行分区，如果仅使用距离目标函数来进行聚类（当 $\lambda = 0$ 时），那么两个用途区的分界线就应该是中间的平直界线（用虚线表示）；但是把图斑的属性信息也考虑进来的时候（$\lambda > 0$），聚类的结果就不完全取决于空间距离了，这时图斑 1 将会被分到左边的林地中，图斑 2 将会被分到右边的基本农田中；当 λ 越大，4、5 号图斑也有可能被分到林业用地区中，3、6、7 号图斑可能被分到基本农田保护区中。这在简单地以空间距离为目标函数的聚类中是很难理解的，但是土地用途分区是可能存在的，因为土地用途分区不能保证每个区都只有一个，而可能是由多个互不相连的区组成的。

为了研究具有混合属性特征数据的聚类问题，首先定义一种新的距离测度函数，将不同属性特征相结合，从而达到具有混合属性特征的数据进行聚类分析的目的。对于混合类型的目标，为得到新的目标函数，可以对式（4-25）中的相异性测度进行修正，从而得到新的目标函数。高新波提出的模糊聚类问题，进一步可以修正目标函数为：

$$C(\boldsymbol{W}, \boldsymbol{P}) = \sum_{i=1}^{k} \left(\sum_{j=1}^{n} w_{ij}^2 \sum_{l=1}^{t} |x_{jl}^r - x_{il}^r|^2 + \lambda \sum_{j=1}^{n} w_{ij}^2 \sum_{l=t+1}^{m} (x_{jl}^c - x_{il}^c), \right.$$
$$\left. w_{ij} \in [0, 1] \right) \tag{4-29}$$

令 $C_i^r = \sum_{j=1}^{n} w_{ij}^2 \sum_{l=1}^{t} |x_{jl}^r - x_{il}^r|^2$，$C_i^c = \lambda \sum_{j=1}^{n} w_{ij}^2 \sum_{l=t+1}^{m} (x_{jl}^c - x_{il}^c)$，可将公式（4-29）改写为：

$$C(\boldsymbol{W}, \boldsymbol{P}) = \sum_{i=1}^{k} (C_i^r + C_i^c) \tag{4-30}$$

对具有数值和类属混合特征的数据集进行模糊聚类分析时，式（4-30）就是其目标函数。为了保证聚类的效果，目标函数 $C(\boldsymbol{W}, \boldsymbol{P})$ 需要达到极小化，可以通过分别极小化 C_i^r 和 C_i^c 来达到目的，因为二者均是非负值。

2. 抗体-抗原亲和度的构建

由目标函数的定义可知，目标函数的大小决定着聚类的效果。因此目标函数越小，抗体-抗原亲和度应该越大，聚类效果也越好。因此，如式（4-31）所示，可以借助目标函数来构造抗体-抗原亲和度。

$$f(A) = \frac{1}{1 + C(\boldsymbol{W}, \boldsymbol{P})} = \frac{1}{1 + \sum_{i=1}^{k} \sum_{l=1}^{m} w_{il}^2 (d(\boldsymbol{x}_l, \boldsymbol{p}_i))^2} \tag{4-31}$$

3. 抗体-抗原亲和力

针对约束优化问题，按如下方式定义抗体-抗原亲和力：引入一个概率 P_f，其值可以是通过随机产生，也可以是通过自适应的方式产生，如果以概率 1 在待求解的可行解空间内将问题的目标函数值作为抗体-抗原亲和力；在待求解的非可行解空间内以

概率 P_f、$1 - P_f$ 将目标函数和惩罚函数做归一化处理，并将产生的值作为抗体-抗原的亲和力使用这种概率型的亲和力计算方式，可以达到平衡目标函数和惩罚函数的目的。这样，两个抗体中某个抗体具有较高亲和力（胜出）的概率为：

$$P_w = P_{fw}P_f + P_{\phi w}(1 - P_f) \qquad (4\text{-}32)$$

式中，可以定义 $P_{\phi w}$ 是当前抗体因惩罚函数值而胜出的概率；P_w 是当前抗体因目标函数值而胜出的概率。仅当两个抗体都同时为可行解时，某个抗体胜出的概率 $P_w = P_{fw}$。

4.3.3　混沌免疫克隆选择聚类算子

1. 基于人工免疫响应的混沌免疫克隆算子构建模式

免疫响应是指免疫细胞对抗原分子的识别、活化、分化和产生免疫效应的全过程。免疫响应一般是由抗原引发，多种免疫细胞参加的一系列反应（M. G. Gong，2005）。针对解决约束优化问题，提出了人工免疫响应的解决思想。

人工免疫响应可以被描述为一个四元组 $\boldsymbol{Q} = (Ag, I, K, C)$，其中 G 为引发免疫响应的外界刺激，即抗原。抗原是目标函数 $f(x)$ 的函数，记为 $Ag(x) = g(f(x))$。与免疫学中抗原的作用类似，它是人工免疫系统算法的始动因子。抗体空间 $I = \{A_1, A_2, A_3, \cdots, A_n\}$（$n$ 为整数）是所有可能出现的抗体集合。抗体是人工免疫响应的基础，针对不同的抗原 Ag，抗体 A_i 的表现形式不同。例如，在土地用途分区中因为需要处理大量的数据集，采用较为简单的二进制码串。K 为抗体间相互作用的知识集合，在土地用途分区中主要是可以用于指导空间聚类的知识；C 为支配抗体反应、指导抗体进化的算法，不但包括为模拟抗体进化过程以及支配抗体相互作用的算法，而且还包括终止条件的判断等方法。算法 C 可以是任何迭代算法，但一般需要根据具体的问题进行设计，使用混沌免疫克隆选择算法。

2. 免疫克隆算子构建

抗体间相互作用的知识集合 $K = \{k_1, k_2, k_3, \cdots, k_n\}$ 描述了抗体空间 I 中所有抗体之间可能存在的作用形式。知识 $k_i \in K$ 是土地利用的领域知识或知识群，用于指导土地用途分区。对抗体群 $A = \{A_1, A_2, A_3, \cdots, A_n\}$，一个知识 $k_i \in K$ 可以简略地表示为：

$$(A_1, A_2, A_3, \cdots, A_n) \xrightarrow{k_i} (A_1', A_2', A_3', \cdots, A_m') \qquad (4\text{-}33)$$

式中，正整数 m、n 为操作前后的抗体数量，m 的大小由知识 k_i 决定。土地用途分区中要设计足够多的知识集以实现对免疫响应过程的模拟，知识集 K 主要包含克隆死亡操作 k_1、克隆增殖操作 k_2、基因变异操作 k_3、混沌扰动优化操作 k_4 和克隆选择操

作 k_5 等。

（1）克隆死亡操作 k_1

对抗体种群 $A = \{A_1, A_2, A_3, \cdots; A_n\}$ 的克隆死亡操作 k_1 是对免疫学中免疫耐受现象的简单模拟，可以定义为：

$$(A_1, A_2, A_3, \cdots, A_n) \xrightarrow{k_1} (a_1 A_1, a_2 A_2, a_3 A_3, \cdots, a_n A_n) \qquad (4\text{-}34)$$

式中，$a_i A_i$ 表示抗体 A_i 经过克隆死亡操作后在抗体群中存在 a_i 个 A_i，系数 a_i 满足 $a_1 + a_2 + a_3 + \cdots + a_n = n$，是大于或者等于零的整数；当 $a_i = 0$ 时，表示抗体 A_i 具有较低的抗体-抗原亲和力或者是与其他抗体具有相同的基因表现型，因此呈现免疫耐受，即克隆死亡。当 $a_i > 1$ 时，表示伴随免疫耐受现象所呈现的靶细胞正反馈免疫调节作用，促使亲和力高的抗体（靶细胞）进行局部增殖，即少数抗体因多样性下降或抗体-抗原亲和力较低而被删除的同时，一些较优抗体占据了被删除抗体在抗体种群中的位置，从而表现为少数较优抗体复制代替较差抗体的现象。因而在克隆死亡过程中，复制增殖的抗体只是整个抗体群中的少数。

（2）克隆增殖操作 k_2

在人工免疫系统中，对抗体种群 $A = \{A_1, A_2, A_3, \cdots, A_n\}$ 的克隆扩增操作 k_2 定义为：

$$(A_1, A_2, \cdots, A_n) \xrightarrow{k_2} (\{A_1^1, A_1^2, \cdots, A_1^{q_1}\},$$
$$\{A_2^1, A_2^2, \cdots, A_2^{q_2}\}, \cdots, \{A_n^1, A_n^2, \cdots, A_n^{q_n}\}) \qquad (4\text{-}35)$$

式中，$A_i^j = A_i$；$i = 1, 2, \cdots, n$；$j = 1, 2, \cdots, q_i$；$q_i \in [1, n_c]$，为自适应参数，在实际的应用中有的时候也可以用一常数代替；n_c 为设定的克隆增殖的上限；当 $q_i = 1$ 时，表示对抗体没有进行克隆增殖操作。

上述克隆扩增过程是简单的无性繁殖过程与免疫学中的克隆增殖类似。克隆死亡操作中也有可能出现局部增殖的现象，但是克隆增殖操作是不考虑抗体-抗原的亲和度而对所有抗体按一定的比例进行复制，操作完成后，抗体规模也成比例的增加。同一个抗体 A_i 经过克隆增殖后形成的亚群体 $A_i = \{A_i^1, A_i^2, \cdots, A_i^{q_i}\}$ 中的所有抗体与增殖前的抗体 A_i 具有完全相同的属性。

（3）基因变异操作 k_3

基因变异操作 k_3 是对免疫系统外部模式知识的学习和识别，同时也是对抗体基因变异和编辑过程的模拟过程。与生物进化不同，基因变异操作的变异是根据一定的概率进行变异，而不是采用交叉的方式进行变异，这在土地用途分区中起到重要的作用。对抗体种群 $A = \{A_1, A_2, A_3, \cdots, A_n\}$ 的基因变异操作 k_3 定义为：

$$(A_1, A_2, A_3, \cdots, A_n) \xrightarrow{k_3} (A_1', A_2', A_3', \cdots, A_n') \qquad (4\text{-}36)$$

基因变异操作中通常采用高斯变异，即抗体 A_i 包含两个参数 $(\boldsymbol{x}, \boldsymbol{\sigma})$ 用来刻画变异的程度。其中向量 $\boldsymbol{x}$ 表示搜索空间中的一个点，而向量 $\boldsymbol{\sigma}$ 表示标准差。对应的后代

A'_i 也包含两个元素 (x', σ')，x' 和 σ' 由下式产生：

$$\sigma' = \sigma e^{N(0, \Delta\sigma)} \tag{4-37}$$

$$x' = x + N(0, \Delta\sigma') \tag{4-38}$$

式中，$N(0, \Delta\sigma)$ 是均值为 0，标准差为 σ 的独立高斯随机数向量。

（4）混沌扰动操作 k_4

混沌扰动优化操作 k_4 是对基因变异操作后的抗体种群进行的优化。对抗体种群 $A = \{A_1, A_2, A_3, \cdots, A_n\}$ 的混沌扰动操作 k_4 定义为：

$$(A_1, A_2, A_3, \cdots, A_n) \xrightarrow{k_4} (A''_1, A''_2, A''_3, \cdots, A''_n) \tag{4-39}$$

采用 Logistic 方程进行混沌扰动优化，避免了搜索的盲目性。

（5）克隆选择操作 k_5

克隆选择操作 k_5 是一个无性选择过程，是从抗体各自克隆增殖后的后代中进行优选后形成新的种群，这与进化算法中的选择操作不同。

对 $A\{A^1_1, A^2_1, \cdots, A^{q_1}_1, A^1_2, A^2_2, \cdots, A^{q_2}_2, A^1_n, A^2_n, \cdots, A^{q_n}_n\}$ 的克隆选择操作 k_5 可以定义如下：

$$(\{A^1_1, A^2_1, \cdots, A^{q_1}_1\}, \{A^1_2, A^2_2, \cdots, A^{q_2}_2\}, \cdots,$$
$$\{A^1_n, A^2_n, \cdots, A^{q_n}_n\}) \xrightarrow{k_5} (A'_1, A'_2, \cdots, A'_n) \tag{4-40}$$

抗体 A_i 经过克隆增殖后形成亚群体，再经过高斯变异后通过克隆选择操作。因此克隆选择操作是克隆增殖操作的逆操作，实现局部的亲和力升高。具体地，$\forall i = 1, 2, \cdots, n$，$\exists j \in \{1, 2, \cdots, q_i\}$，使抗体 A^j_i 为亚群体 $A_i\{A^1_i, A^2_i, \cdots, A^{q_i}_i\}$ 中亲和力最高的抗体，则在亚群体 $A_i\{A^1_i, A^2_i, \cdots, A^{q_i}_i\}$ 中 A^j_i 的选择压力最大，即 $A'_i = A^j_i$ 的概率最大，设 $p(A'_i = A^j_i) = 1$。

与生物进化系统不同的是这是一个无性系统，通过混沌免疫克隆选择操作的描述可以看出，知识集 $K = \{k_1, k_2, k_3, k_4, k_5\}$ 中的五个知识（群）充分体现了人工免疫响应的无性操作过程，这也是混沌免疫克隆选择算法的优势所在。

3. 迭代算子

如图 4-5 提出的混沌免疫克隆选择算法所示，在空间聚类过程中除了使用包括克隆操作、免疫基因操作、混沌扰动、克隆选择和克隆死亡等算子以外，在该聚类算法中还提出了新的迭代算子。迭代算子包含以下两个步骤，用式（4-40）和式（4-41）描述：

$$w_{ij} = \sum_{l=1}^{k} (d(x_j, p_l))^2 / (d(x_j, p_i))^2 \quad (\forall i, j) \tag{4-41}$$

$$p_{il} = \begin{cases} p^r_{il} = \sum_{j=1}^{n} w^2_{ij} x^r_{jl} / \sum_{j=1}^{n} w^2_{ij}, & l = 1, 2, \cdots, l \\ p^c_{il} = c^{max}_l, & l = t+1, \cdots, m \end{cases} \quad (\forall i) \tag{4-42}$$

式中，$c_l^{\max}$ 表示属于第 i 类的样本中在第 l 维特征上占优势的类属特征值。克隆获得了新的聚类原型后，再将其编码到抗体中，并重新进行上述克隆算子的操作，直到聚类原型收敛到最优解。

4.3.4 终止条件

目前关于混沌免疫克隆选择算法的迭代停止条件，实际应用中有三种方案：一是采用限定迭代次数；二是在连续几次（如 t 次）迭代中，记忆单元的最好解都无法改善时停止迭代；三是前两者的混合形式作为终止条件。

许多智能实验系统是通过限制迭代次数来实现的，这个在一定范围内可以和其他算法进行比较，但是在实际的应用中，用这种方法明显有不足，一是如果迭代次数设计太少，未必能达到最佳的聚类效果；二是如果迭代次数设计太多，就可能出现后来的迭代浪费了大量的时间和资源。相对较好的方式是当目标函数的最小值已知或者准最优解适应度的下限可以确定时，以发现满足最大值或准最优解作为混沌免疫克隆选择算法迭代停止的条件。停止准则定义为：

$$|f^* - f^{\text{best}}| < \varepsilon \qquad (4\text{-}43)$$

式中，f^* 是目标函数值 f 的最优值，f^{best} 是当前进化迭代的最好目标函数值。当 $|f^*| < 1$ 时，取为 $|f^* - f^{\text{best}}| < \varepsilon |f^*|$。

但是如前所述，聚类问题是一个典型的组合优化问题，目标函数的最小值并不清楚，其本身就是搜索的对象目标函数的下限很难确定。所以，对于使用混沌免疫克隆选择算法的土地用途分区这一复杂问题，采用混合形式作为终止条件：设定迭代的最大次数，若在迭代的过程中发现前后两代抗体中的个体基本无变化时，则认为迭代已趋于稳定状态，终止算法迭代，若一直没有达到稳定，则迭代到最大次数。在聚类完成后，还可以通过分析评价生成方案，如不符合要求，可以进一步修改参数甚至重新生成知识来进一步进行实验，直至达到满意结果。

4.3.5 混沌免疫克隆选择算法描述

在 De Castro 和 Von Zuben（1999，2000）提出的克隆选择算法的基础上，根据土地用途分区的具体问题，提出了基于混沌免疫克隆选择算法的聚类模型（CICSA），采用第二种结合方式，根据本书 4.3 节中解决的关键技术，其基本算法描述如下：

①读入待聚类区域的地类图斑，生成抗原。将待聚类区域的图斑作为抗原导入，采用二进制编码，抗原群体则可以表示为：$Ag = \{Ag_1, Ag_2, \cdots, Ag_l\}$，抗原序号 $l = 1, 2, \cdots, Ag\_size$，抗原数量 Ag_size 为待聚类样本的个数。抗原表示为 $Ag_i = \{ag_1, ag_2, \cdots, ag_n\}$，抗原长度 $n = Ag\_code1$，抗原基因取值范围 $ag_i = \{0, 1\}$，抗原序号 $i = 1, 2, \cdots, Ag\_size$。

②初始化抗体群落。采用二进制编码，随机生成解群落。设定抗体长度与抗原长

度相等，$Ag\_codel = A\_codel$。抗体群落表示为 $A = \{A_1, A_2, \cdots, A_l\}$，抗体序号 $l = 1, 2, \cdots, A\_size$，抗体数量为 A_size。抗体表示为 $A_i = \{a_1, a_2, \cdots, a_n\}$，抗体长度 $n = A\_codel$，抗体基因取值按二进制编码，抗体序号 $i = 1, 2, \cdots, A\_size$。

③抗体亲和力计算。在抗原群体中选择任意一个抗原，按本书 4.3.2 中的方法计算该抗原下任意一个抗体的亲和力。

④抗体选择。依据③中的亲和力计算，选择 N 个亲和力大的抗体。

⑤克隆操作。将 A 中的 N 个亲和力大的抗体进行克隆操作，抗体 A_i 克隆的数量：

$$A\_clone\_num_i = \text{Int}\left(Sum\_A\_clone \times \frac{A\_aff_i}{\sum\limits_{j=l}^{A\_size} A\_aff_i}\right) \tag{4-44}$$

式中，Sum_A_clone 为每次克隆时，群落内抗体预设克隆规模；$\text{Int}(\cdot)$ 为对 $(\cdot)$ 内的数向下取整。

⑥免疫基因操作。将克隆后的抗体以变异率 p_m 进行均匀变异。

⑦选择部分抗体进行混沌扰动优化。

⑧克隆选择。计算免疫基因操作后产生抗体与抗原间的亲和力，进行克隆选择用新解群体 A' 替换 A 中较差抗体。

⑨抗体记忆。将解群体 A' 中抗体作为记忆细胞，形成记忆群体 $\text{Pop}_{\{m\}} = \{A_{m1}, A_{m2}, \cdots, A_{ml}\}$，$l = 1, 2, \cdots, Ag\_size$。记忆细胞表示为 $Ab_{mi} = \{ab_{m1}, ab_{m2}, \cdots, ab_{mn}\}$ $i = 1, 2, \cdots, A\_size$，记忆细胞长度 $n = A\_codel$。

$$A_m\_dis_{ij} = |A_{mi} - A_{mj}| = \sqrt{\sum_{i,j=1}^{A\_codel} |A_{mi} - A_{mj}|^2} \tag{4-45}$$

如果 $A_m\_dis_{ij} \in (0, \omega)$，$\omega$ 为记忆细胞抑制域值，则保留该记忆细胞作为最终记忆细胞，否则从 $\text{Pop}_{\{m\}}$ 中删除该记忆细胞，更新记忆群体 $\text{Pop}_{\{m\}}$。$\text{Pop}_{\{m\}}$ 中记忆细胞的数量表示为 $\text{Size}(\text{Pop}_{\{m\}})$。

⑩判断是否满足子循环次数。针对抗原群体中每一个抗原，初始抗体经过克隆选择，最终都会形成一个相应的记忆群体 $\text{Pop}_{\{m\}}$。这一过程即为一个子循环。由于抗原群体中抗原的数量为 Ag_size，则经过 Ag_size 次子循环，初始抗体最终会形成 Ag_size 个记忆群体 $\text{Pop}_{\{m\}}$。当满足子循环的次数时，算法转步骤⑪；否则计算迭代算子，然后进行编码，转步骤③。

⑪压缩记忆群体数量。记忆群体间距离为：

$$\text{Pop}_{\{m\}}\_dis_{ij} = \sqrt{\sum_{i=1}^{\text{Size}(\text{Pop}_{\{m\}i})} \sum_{j=1}^{\text{Size}(\text{Pop}_{\{m\}j})} |A_{mi} - A_{mj}|^2} \tag{4-46}$$

计算任意两个以及群落间的距离 $\text{Pop}_{\{m\}}\_dis_{ij}$，如果 $\text{Pop}_{\{m\}}\_dis_{ij} \in (0, \theta)$，合并相关记忆群体作为一个新的记忆群体 $\text{Pop}_{\{m\}}^*$，否则重新计算新记忆群体与其他群体间的距离，新生成的记忆群体 $\text{Pop}_{\{m\}}^*$ 再与其他未合并的群体进行上述过程。

上述过程是对记忆群体数量进行压缩的一个过程，其目的是通过记忆群落间距离测度，让具有类似记忆细胞的群落聚集为一个新的记忆群体 $\text{Pop}^*_{\{m\}}$。由于操作上的随机性，算法总能将类似的记忆群体进行合并，从而使记忆群落的数量得到压缩。

⑫判断是否满足迭代次数。根据本书 4.3.4 中设定的终止条件，如不满足，转步骤②。压缩后的记忆群落可以看作一个新的抗原，与新一轮初始化生成的抗体进行再次免疫应答，并参与下一代进化。

⑬聚类：生成记忆细胞群即为抗体聚类的结果，在 GIS 中显示聚类结果。

4.4 顾及语义相似度的土地用途分区挖掘模型

4.4.1 小图斑模式的划分

土地利用方式多样，造成土地利用空间布局的零散，因此按照统一的土地用途管制规则划定土地用途区，是土地利用调控和管理的现实要求。在县、乡级规划编制中，依据规划目标和土地用途分区要求，在与土地利用结构和布局调整方案相衔接的基础上，拟定土地用途分区方案，其主要的手段就是对邻近图斑的合并，具体的就是将小图斑合并到邻近的大图斑中，以形成利于管理的土地用途区。图斑的合并主要考虑到相邻图斑的邻近关系。在邻近关系判断时，仅仅通过拓扑关系判断邻近是不完备的，应综合考虑图斑的拓扑关系、几何关系和语义关系图斑的邻近性（刘耀林等，2010）。设原始图斑群集合为 $T=\{T_i,\ i=1,\ 2,\ \cdots,\ N\}$，$N$ 为图斑群内图斑的个数；第 k 类土地利用类型图斑的最小上图面积记为 ε_k（$k=1,\ 2,\ \cdots,\ M$），M 为 T 中土地利用类型的个数。以 ε_k 为条件，在 T 中检索面积小于 ε_k 所有图斑（在土地用途分区中称为小图斑），组成小图斑集合 $R=\{R_j,\ j=1,\ 2,\ \cdots,\ L\}$。通过分析，小图斑在土地规划图中存在孤立、线状邻接和聚集三种状态；在与大图斑的拓扑关系中又分别有位于大图斑的内部和边界两种形式，因此土地用途分区中的小图斑存在如图 4-8 所示的六种模式。图中，①~⑥表示不同类型的图斑，灰色的图斑是面积小于 ε_k 的小图斑。

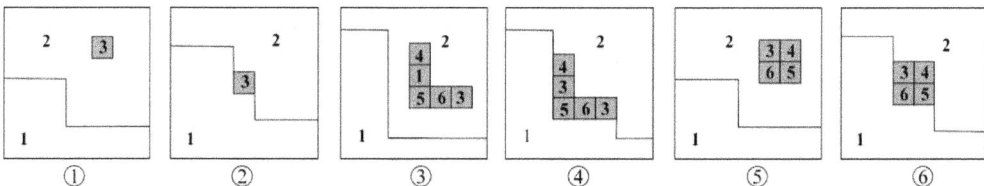

图 4-8　土地用途分区中小图斑存在的模式

4.4.2　土地用途分区策略

土地用途分区有"自上而下"和"自下而上"两种类型合并方法，本实验提出的土地用途分区模型采用"自下而上"的分区方法。并在土地分区过程中，结合土地利用结构和布局调整方案进行分区。分区前应根据《中华人民共和国土地利用现状分类》（GBT21010—2007）中的要求，针对不同研究尺度定义了不同用地类型的小图斑。具体的方法是：首先将土地利用现状类型的转换为土地规划用途分类中的类型，然后根据表4-2的策略进行分区，其中专项规划是划定土地用途分区的基础，如某大图斑的线状类型可能是水田、旱地或其他的利用类型，但是该图斑如果在专项规划中划定为基本农田，则将其划分到基本农田保护区。根据这一方法，对区域内的每个大图斑都给出了土地用途分区的类型。再后对小图斑进行分析，根据土地利用现状类型的语义相似度和空间关系，将小图斑合并进大图斑，以大图斑的土地用途分区类型确定合并后图斑的类型。

表 4-2　　　　　　　　　　　　**土地用途分区的划定方法**

土地利用类型	专项规划用地类型	土地用途分区类型
耕地、园地	基本农田保护区	基本农田保护区
耕地、园地、其他农用地	土地开发整理规划	一般农地区
林地	林业规划	林业用地区
草地	草场规划	牧业用地区
城市、建制镇	城市、城镇规划	城镇建设用地区
村庄	村镇规划	村镇建设用地区
采矿用地、机场用地、港口码头用地	产业发展规划、工业园区规划	独立工矿区
风景名胜设施用地	旅游规划	风景旅游用地区
耕地、园地、其他农用地、林地、草地	地质灾害防治规划、生态环境规划	生态环境安全控制区
耕地、园地、其他农用地、林地、草地	自然保护区规划	自然和文化遗产保护区

对不同模式的小图斑，采用不同的方法进行合并。对于第①类的模式，可以直接将小图斑合并到邻接的大图斑中。对于第②类的模式需要利用小图斑与相邻的大图斑的语义邻近分析，将其合并到语义邻近的大图斑中。

根据《中华人民共和国国土资源部乡（镇）土地利用总体规划编制规程》（TD/T

1205—2010)，对于第③、④类模式要禁止小图斑合并成为新的土地用途区。其中，第③类的模式根据小图斑与大图斑语义相似度的高低依次进行合并，第④类的模式根据小图斑与两个大图斑语义相似度的高低依次进行合并。

对于第⑤类的模式，首先要对图斑群进行分析，分析2~6图斑之间的语义相似度，通过分析存在三种情况：第一，小图斑之间语义相似度较高，与大图斑之间的语义相似度也较高，可以将小图斑与大图斑进行合并；第二，小图斑之间的语义相似度较高、与大图斑之间的语义相似度较低，可以将小图斑合并，并判断是否大于 ε_k，否则转化为第①类的问题求解；第三，一部分小图斑的语义相似度较高，其他小图斑与大图斑的语义相似度较高，先将语义相似度较高的大图斑和小图斑合并，然后将其他的小图斑进行合并并判断是否大于 ε_k，问题转化为第①类的问题求解。对于第⑥类的模式，首先要对图斑群进行分析，分析相互邻近图斑之间的语义相似度，存在两种情况：第一，小图斑之间的语义相似度较高，与大图斑之间的语义相似度较低，可以将小图斑合并，合并后的图斑如果大于 ε_k 则形成一个独立的分区，否则转化为第②类的问题求解；第二，部分小图斑与邻近的大图斑语义相似度较高，与其他小图斑语义相似度较低，先将语义相似度较高的大图斑和小图斑合并，其他小图斑合并，然后判断是否大于 ε_k，否则根据其所属模式转化为第①、②、④类的问题求解。

4.4.3　土地用途分区算法

在描述顾及语义相似度的土地用途分区算法前做两个约定：①江、河、湖泊、水库、居民点以外的铁路、公路、管道运输用地，水利设施中的沟渠和水工建筑物用地不参与分区；②空间邻接：为了避免分区方案提供的分区形状不符合《中华人民共和国国土资源部乡（镇）土地利用总体规划编制规程》（TD/T 1205—2010）的要求，采用空间邻近度的计算方法（艾廷华等，2010）。考察相邻的两个图斑中，面积较小的那个的共享边长与其周长的比值，如果该值小于 0.2，则认为两个图斑不邻接。

在土地用途分区过程中，很多是将其转化为最优化问题求解，为了简化问题的求解方法，提高土地利用图斑合并的效率，具体算法如下：

步骤一，在当前图斑群 T 中提取面积小于 ε_k 小图斑集合 R，对 R 中的小图斑按照面积从小到大排序。

步骤二，以面积最小的 R_j 为当前图斑，对其邻域进行搜索。如果当前图斑的邻域内不存在面积小于 ε_k 的图斑，则判断图斑的模式：

a. 如果属于模式①，则将小图斑直接合并到大图斑，合并后的分区类型为大图斑的类型，转到步骤一。

b. 如果属于模式②，则将小图斑与其相邻接图斑计算语义相似度，将小图斑合并到语义相似度较高的大图斑中，合并后的分区类型为大图斑的类型，转到步骤一。

如果当前图斑的邻域存在面积小于 ε_k 的图斑则继续进行搜索邻域内的小图斑，并

将当前小图斑 R_j 与其邻域的小图斑形成新的小图斑集合 R'，并判断图斑的模式：

c. 如果属于模式③，则分别计算小图斑与大图斑的语义邻近度，并按其大小将小图斑依次合并到大图斑，合并后的分区类型为大图斑的类型，转到步骤一。

d. 如果属于模式④，则将对每个小图斑与其邻接的大图斑计算语义相似度，并按其大小将小图斑合并到语义相似度较高的大图斑中，合并后的分区类型为大图斑的类型，转到步骤一。

e. 如果属于模式⑤⑥，则对两两相邻的图斑计算其语义相似度，并对其从高到低进行排序，取语义相似度最高的两个图斑进行合并，合并后的分区类型取面积大的为新图斑的类型，判断新图斑面积是否大于 ε_k；生成新的小图斑集合 R''，判断 R'' 的模式，如果属于模式⑤、⑥，则继续采用该方法进行合并，否则根据其模式分别转到 a、b、c 或 d。

步骤三，判断小图斑集合 R 是否还有小图斑，若有则返回步骤一，否则转到下一步。

步骤四，调整合并后的土地用途区，使合并后的变化值达到最小。

4.4.4　土地用途分区结果的评价

土地用途分区的过程可以认为是在一定约束条件下的最优解的获取过程。土地用途区面积约束是最基础的，理想情况下，图斑的转换可以相互抵消。但实际情况下，区域内的主导用途区合并的小图斑较多，致使面积增加较多，在前文中已经给出解决办法，通过调整参数或对合并的小图斑进行调整，使各土地用途区符合约束条件。

郭庆胜等（2012）给出了制图综合中图斑合并的约束条件，通过简化约束条件，提出土地用途分区的约束条件，用语义相似度给出最优化的处理方法：

设土地利用图斑合并的过程中共合并了 z 个小图斑，记每个图斑的原始土地利用类型为 S_{pk}，$p=1,2,\cdots,z$，$k=1,2,\cdots,M$，M 为土地利用的类型数，每个图斑的面积为 A_p，$p=1,2,\cdots,z$，这 z 个小图斑被合并后所有图斑总的土地利用类型集合为 SS，则评价合并后的图斑所采用最优化控制目标为：

$$\min \sum_{p=1}^{z} |S_{pk} - SS_{pm}| \cdot \frac{A_p}{\displaystyle\sum_{p=1}^{z} A_p} \tag{4-47}$$

式中，S_{pm} 表示第 p 个小图斑合并后所属土地利用类型，SS_{pm} 表示 z 个小图斑合并后的所属土地利用类型构成的集合，$|S_{pk}-S_{pm}|$ 表示第 p 个小图斑所属原始土地利用类型与合并后所属土地利用类型之间的语义相似度的差值；约束条件是 $SS_{pk} \in SS$，$SS_{pm} \in SS$，$SS_{pk} \neq SS_{pm}$，$1 \leqslant p \leqslant z$，$1 \leqslant m \leqslant M$，其中，$SS_{pk}$ 是 z 个小图斑原始土地利用类型构成的集合。理论上，第 p 个图斑的原始类型 S_{pk} 可以转换为集合 SS 中的任何一类。土地用途分区过程中，已记录了该图斑可转换的图斑类型集合，因此根据公式（4-46）可

以评价出计算的结果是否为最优解，如果不是，则采用调整图斑的最小上图面积指标的方法重新进行分区。

4.5 本章小结

土地用途分区是土地利用规划中的关键问题，属于典型的组合优化问题，因此可以使用聚类方法来解决。本章首先分析了土地用途分区的聚类挖掘体系和模型，然后分析了应用传统聚类算法解决土地用途分区存在的不足。人工免疫系统是高级生物系统中存在的四种信息处理系统中的一种，在许多方面都优于研究较为完善的神经系统和遗传系统。克隆选择算法自提出便受到广泛的关注，该算法在数据挖掘方面表现出优势。土地用途分区是一个复杂的聚类问题，不但具有数值型属性，还包含大量的无序的类属型信息。本章基于混沌理论提出了改进的免疫克隆选择聚类模型——混沌免疫克隆选择聚类算法，用来解决这样具有混合属性特征数据的空间聚类问题，主要有抗原的编码方案、抗体-抗原亲和度函数构造、混沌免疫克隆选择聚类算子的选择、迭代终止的条件等关键问题，提出了混沌免疫克隆选择聚类算法。针对土地用途分区中的问题，分析了小图斑的模式，从语义相似度的视角，提出了渐进式土地用途分区算法和结果评价方法。

第5章 土地用途分区案例研究

土地用途分区是一项复杂的系统工程，不仅涉及大量的空间信息处理、分析，还需要一系列相关专业模型的应用分析，如何使 GIS 强大的空间数据处理、分析功能与土地资源现状分析、评价和决策等专业模型紧密集成，在一个统一的环境下，协同解决土地用途问题，是当前土地利用规划修编的迫切需求。面向土地用途分区的空间数据挖掘系统（spatial data mining system for land use zoning, LUZSDM）是把各种土地资源及社会经济数据、信息和知识同计算机技术有机结合起来，自动实现数据采集、储存与分析，空间关联规则挖掘和空间聚类分析，从而实现对土地利用进行科学决策和管理的计算机应用系统。本章主要研究面向土地用途分区的空间数据挖掘原型系统的设计与实现，并以湖北省宜城市、海南省昌江县乌烈镇和海尾镇的土地用途分区为例，重点探讨提出的模型与方法在土地用途分区中的应用过程。

5.1 面向土地用途分区的空间数据挖掘原型系统设计

为了将空间数据挖掘技术应用到土地用途分区工作中，从而为土地利用总体规划提供土地用途分区的备选方案，本研究设计并开发了面向土地用途分区的空间数据挖掘原型系统。它是基于土地利用领域知识和人工免疫系统模型建立起来的交互式计算机系统，能够提供空间数据的输入、处理、分析、管理、表达和输出功能，也能为土地利用总体规划解决土地用途分区的问题提供高效智能的方法。本节将从以下几个方面介绍原型系统的设计与实现，包括结构设计、功能设计、数据库设计、知识库实现、模型库实现、方法库实现和功能实现。

面向土地用途分区的空间数据挖掘系统由于提供的是对空间数据的挖掘操作，因此在空间数据的导入、显示、运算、输出时，要求系统具备 GIS 功能，执行范围广泛的空间或属性查询及浏览功能。为实现系统中的 GIS 功能，在保证开发效率的前提下，系统采用的方式是基于 ArcEngine 的 GIS 二次开发。通过引入 ArcGIS Engine Runtime 中所包括的 Arcobjects 的核心组件，订制 GIS 功能。在面向土地用途分区的空间数据挖掘系统的开发过程中，选择了目前技术较为先进的 .NET 框架作为开发平台，以此来缩短开发周期和提高开发效率。.NET 开发平台包括 .NET 框架和 .NET 开发工具等组成部分，其框架（framework）是整个开发平台的基础，包括公共语言运行库（common language run，CLR）和框架类库，与其相关的开发工具包括 Visual Studio.NET 集成开发环境和 .NET 编程语言。相对于其他软件开发平台，在 .NET 平台上编写的编码，不管使用的语言是哪一种，都会被编译成中间代码而不是直接的机器码，这些代码会在 CLR 上被运行，这样的特性使得 .NET 平台具有跨语言和跨平台的特性。基于这一特性进行开发，软件将具有较高的系统适应能力。

5.1.1 系统结构设计

根据面向土地用途分区的空间数据挖掘系统的要求，从系统的流程和相关支持技术来分析，可以用图 5-1 来表示系统结构。左边是分析的流程框架，右边是相关技术。针对土地用途分区问题，决策者首先进行问题的定义，然后根据问题，制定分区的目标体系以及约束体系和问题分析的相关准则等，并确定开展优化结果外部影响评价的方法和前提，在此基础上借助相关支持技术（空间数据挖掘）开展土地用途分区"计算"，生成一定规模的决策结果，并由 GIS 进行可视化表达。根据系统开发的基本模式，基于数据库、模型库、知识库和方法库这一系统设计核心内容，本研究提出的面向土地用途分区的空间数据挖掘的总体结构设计，相关内容已经在本书 2.3.1 中进行了介绍，此处不再详细论述。

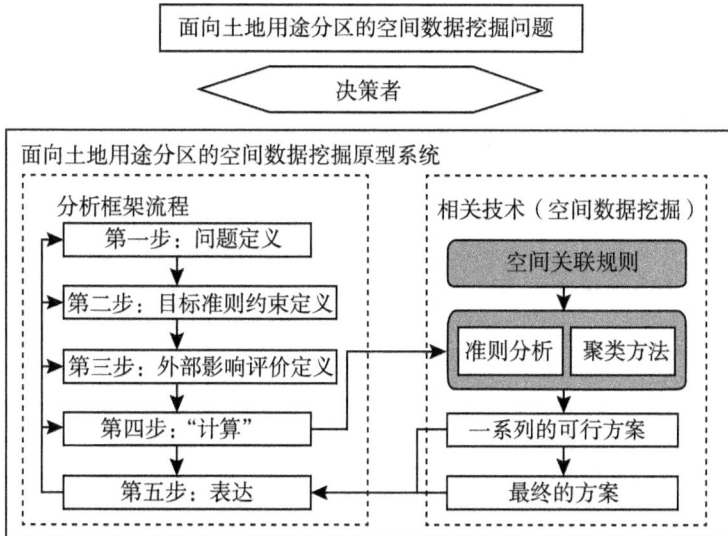

图 5-1 面向土地用途分区的空间数据挖掘系统结构

5.1.2　系统功能设计

基于面向土地用途分区的空间数据挖掘的需求分析，结合系统总体设计要求，本系统设计的主要功能模块包括：土地利用数据整合模块、土地利用知识挖掘模块、土地用途分区挖掘模块、系统库管理模块和可视化表达模块，如图 5-2 所示。

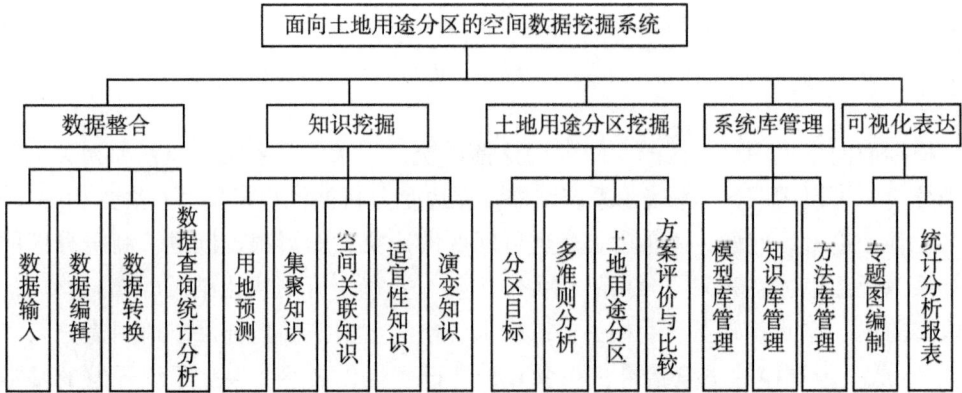

图 5-2　面向土地用途分区的空间数据挖掘系统功能设计

数据整合是系统的入口，主要导入土地用途分区过程中必要的数据，包括土地利用现状库和其他的一些相关图件，还提供数据整合功能，即数据编辑、数据转换和数据的查询和统计分析等。知识挖掘模块是为土地用途分区提供知识准备的模块，可以为其提供效益知识、聚集知识、适应性知识、演变知识和空间关联知识，前 4 个知识主要是通过数据的整合和空间分析得到，空间关联知识主要通过基于模糊概念格的理论获得。土地用途分区挖掘模块主要是为用户提供接口实现自由地选择、添加和删除目标或约束条件，根据初始条件的设置进行土地利用分区，并能对分区方案进行评价和比较。系统库管理主要是对系统的模型、方法和初始知识和挖掘的知识进行管理，为土地用途分区提供必要的支持。可视化表达模块，主要包括专题图编制模块和统计分析报表功能。

5.1.3　系统数据库设计

系统采用空间数据引擎来实现利用关系数据库对空间数据的管理，实现空间信息和属性信息的一体化存储。这一技术充分利用了 RDBMS 数据管理的功能，能有效利用 SQL 语言对空间与非空间数据进行操作，同时利用关系数据库的海量数据管理、事务处理（transaction）、记录锁定、并发控制、数据仓库等功能，实现信息的分布与共享。同时，由于系统采用基于 shapefile 格式的空间数据导入、存储方式，在保证系统空间数据正常显示的同时，大大增强了空间数据和属性数据之间的关联，促进了空间信息与属性信息的一体化操作。土地利用数据既与空间位置密切相关，又有大量的文本属性信息，具体表现为各种比例尺的土地利用现状图件、土地利用规划图件、土壤图等图形信息，以及以地块、行政区域为基本依据单元的大量详细数据资料，如地块面积、用地类型、统计数据等，另外还有影像数据。土地利用优化配置必须基于这些详尽的数据开展研究，为了使决策系统能够有效执行，必须对数据进行分类，并建立一个结构合理、能够适应多种需求的综合数据库。

1. 数据的分类组织

根据数据在土地利用优化配置决策中的用途，主要可分为基础地理数据、土地利用现状数据、土地利用适宜性评价数据、重大建设专项规划数据以及土地供需平衡数据。

①基础地理数据：主要指研究区的行政区划、DEM数据、交通网、水系分布以及影像资料等，虽然它们不直接作用于分区聚类模型，但是这些数据是进行空间知识获取的重要基础，同时这些要素有利于更完整地反映区域土地利用特点，是系统数据库不可缺少的组成部分。

②土地利用现状数据库：任何规划的制订和实施都不能脱离实际，土地用途分区必须基于当前的土地利用现状。在回顾我国上一轮规划时普遍认为，规划基础数据不实、不准，信息不全、有误是导致规划与实际偏差很大，直接影响规划科学性的重要原因。因此，建立及时的、准确的土地利用现状数据库是基础，土地利用程度、利用效益评价以及土地利用的景观格局分析等基于此开展。此外，尽可能地收集土地利用历史数据，构建不同时期的土地利用数据库，为土地利用的历史演变和趋势分析提供基础，通过比较分析，弄清土地利用可能存在的问题。

③重大建设专项规划数据：主要指城市规划、中心村规划以及铁路、机场、港口码头、水利设施等重点建设项目的用地规划，通常县乡级的土地用途分区必须平衡这些用地规划要求。充分地利用重大建设专项规划用地规划数据，是土地利用规划与相关规划相互协调、统一的保证。

④区域专项规划数据：主要指基本农田保护规划、土地开发整理复垦规划等土地利用与相关行业的国土利用与开发专项规划。

⑤土地利用适宜性评价数据：主要指土地利用适宜性评价单元图、评价影响因子图等。如评价土地是否适宜耕作，需要考虑地形条件、耕层厚度、土壤质地、土壤养分、排灌条件等因素，这些众多的因素组成评价影响因子体系，建立影响因子空间数据库是土地利用适宜性评价的前提。

⑥土地供需平衡数据：土地供需平衡分析是在土地供给量和土地需求量预测和估算的基础上加以比较、评价供需状况，是编制各类用地规划指标的前提。土地需求量与人口规模、消费水平、经济发展水平、城市化水平和作物产量等项因素有着密切的

联系。在具体进行土地需求量预测之前，一般应对上述相关因素进行预测。

2. 综合数据库的建立

数据库是空间数据挖掘的基础，为土地用途分区提供必需的信息和数据。上述数据中，除了土地供需平衡数据属于一般数据外，其余均属于空间数据。本系统对空间数据采用 Shapefile 矢量格式存储，具体的数据获取方式已有较成熟的体系，本节不再介绍。由于数据获取的来源不同，数据结构及规范不同，因此必须建立和确定空间数据的统一数据格式、地图参数、空间特征属性、图层分类、命名和编码的原则等。由于空间数据库的建立有一定的规范标准，本节对此不作具体说明。而土地供需平衡分析数据作为非空间数据，通过传统关系型数据库管理系统（如 Oracle、Access）存储，这些数据可以通过一个共同的关联项如行政单元代码、地理实体的内部标识等来与空间目标实体相连接。

5.1.4　系统模型库实现

土地用途分区需要将处理空间地理现象的 GIS 技术和其他空间数据挖掘模型集成起来，以实现空间数据与属性数据的联合管理、空间分析模型与专业模型的有效链接。但由于专业模型通常都是独立于 GIS 在各个领域发展起来的，空间数据的复杂性也进一步增加了 GIS 与专业模型集成的难度。采用无缝型的集成方法将 GIS 功能与模型功能相互紧密结合，共同构成一个完整的嵌入式软件系统。即将装有各种分析模型的部件和 GIS 软件包集成为一个统一的支持环境，采用具有二次开发功能的 GIS 软件如 ArcGIS、MapGIS、SuperMap 等提供的函数库、类库和 OCX 控件，利用软件开发工具如 Visual C++重新设计一个统一的人机界面和调用决策分析模块的系统功能菜单，并将一些简单的决策分析模型镶嵌到 GIS 中去，而对复杂模型单独设计成相应的模块、函数或动态链接库（DLL），最后将 GIS 和复杂的应用模型链接在一起。

根据本书 2.3.1 和 5.1.1 提出的面向土地用途分区的空间数据挖掘体系结构，其中包括了大量的基础及在其上组合形成的模型，具有非常明确的层次性。为了便于模型的开发和管理，本系统采用面向对象的程序开发方法，通过 VC++编写这些模型类，并进行封装。考虑到可重用性，根据其层次关系首先定义模型基类，在模型基类中提供一些关于模型定义与说明的虚方法，包括：模型的名称、模型的描述、模型的构造函数、析构函数、模型的相互调用接口和模型执行函数等，其基本结构如下：

```
class CBaseModel：public CObject
{
public：
CString m_ModelName；        // 模型名称
CString m_ModelDescript；    // 模型描述
```

public：

  CBaseModel（）；   // 构造函数

  virtual ~CBaseModel（）；   // 析构函数

  virtual Interfaxe（）；   // 模型接口函数

virtual BOOL InputFunc（）； // 模型数据输入函数

virtual BOOL OutputFunc（）；// 模型结果输出函数

virtual Run（）；   // 模型执行函数

  ……

 }

  具体模型算法则在此基础上，通过继承该类的结构进行具体实现，如作为土地用途分区的基础模型，层次分析模型的程序实现可用如下具体模型类实现（仅给出实现的基本类框架）：

class CAHPModel：*public CBaseModel*

 {

public：

  int m_LayerNo；   // 层次数目

  FactorWeightArray m_FacWtArray； // 准则名称及其权重数组

  PrjValueArray   m_PrjValueArray； // 方案及优先度比重值数组

  double val［*n*］［*n*］；   // 准则的比例存储矩阵

  double SumRow［*n*］；   // 准则的权重存储数组

  public：

   Interfaxe（）；   // 模型接口函数

   BOOL InputFunc（）；   // 模型数据输入函数

   BOOL OutputFunc（）；   // 模型结果输出函数

   Run（）；   // 模型执行函数

  public：

   BOOL _CoherenceCheck（）； // 一致性检验函数

   BOOL _CalWeight（）；   // 权重计算函数

  ……

 }

  每一个具体模型都分别按照面向对象的思想设计成不同的模型类，并分类封装成动态链接库，以文件的形式存储。这样整个模型库可分为两个部分：基于文件形式存放的模型动态链接库文件和为方便库文件管理、查询检索服务的模型字典。其中，模型字典用来说明模型名称、模型动态库文件存放的路径、所属的模型群组、基本功能描述、输入参数和输出等基本信息，并基于关系数据库进行组织存储，其中所属模型群组可以设计为数据字典的索引字段。

5.1.5　系统知识库实现

面向土地用途分区的空间数据挖掘原型系统是基于知识对土地用途进行分区的，因此知识库同数据库、模型库是系统的核心。目前，知识库的构建方法有两种途径：①在关系数据库的基础上建立知识库。②直接从知识表示方式建立统一的知识库模型，选择相应的推理机制，实现知识库系统。本书 2.5.1 中对土地用途分区的知识体系进行了详细的分析，本节主要对知识库的设计和知识的存储方式进行设计。

1. 土地用途分区知识库设计

土地用途分区知识库中，一般将所涉及的一般性知识、领域知识和特定问题知识分为三个类别进行管理：一类是包括事实、状态、环境和条件等的叙述性知识；二类包括有关规则、操作、方法和行动等的过程性知识；三类是包括对前两类知识的管理和知识推理控制策略等方面的控制性知识。图 5-3 表示知识库的设计流程。

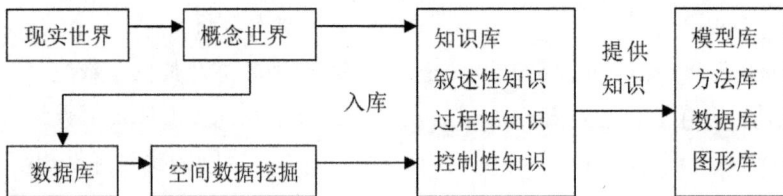

图 5-3　知识库设计流程

2. 空间关联知识的表达和存储

利用空间数据挖掘的理论与方法可以从土地利用数据库及其他相关资料中分析、挖掘出大量的涉及不同来源和用途的知识，这就需要对这些知识进行管理和应用。利用知识库管理积累的知识，最重要的任务就是为多种智能化处理任务服务，如基于知识的土地用途分区、基于知识的分区检索、基于知识的目标查询等。大量知识的存储与管理可以利用知识库技术来实现。

由于数据挖掘本身就是对数据库中的数据进行相关的处理，因此采取在关系数据库的基础上建立知识库的方式更加方便有效。对于所挖掘出的知识的主要表达方式就是基于规则的知识表达方法，因此，可以充分利用关系数据库技术实现空间知识的存储和管理。此外，基于规则的知识表达方法具有简单、方便和直观的特点，因此本章利用了以下两种方法进行存储与管理。

（1）关系数据库的方式

关系数据库的方式就是利用数据表格进行知识的表达和存储。本章所研究的空间数据挖掘算法所得到的知识都是以规则的形式进行存储的。一个元组表示一个规则，其中规则的前件和后件分别由若干可分离的分量构成，规则同时包括置信度值 $[c\%]$ 和支持度 $[s\%]$。将规则前件和后件所对应的每一分量以及支持度和置信度分别作为关系数据库表的一个数据属性项，将其具体取值作为数据项的属性值，如表 5-1 所示。

表 5-1　　　　　　　　　　　空间关联规则知识的存储表 1

No	Pre-Item1	…	Pre-Item$m$	Post-Item1	…	Post-Item$n$	Con	Sup
序号	前件 1	…	前件 m	后件 1	…	后件 n	置信度	支持度

另外一种较为简单的存储方式将规则作为一个字符型数据存储在一个字段中。例如，对于表 5-1 的规则可以存储为如表 5-2 所示的形式。

表 5-2　　　　　　　　　　　空间关联规则知识的存储表 2

No	Rules	Con	Sup	Int
序号	规则	置信度	支持度	兴趣度

利用关系数据库表格的形式进行知识表达和存储的方式，可以充分利用关系数据库本身所提供的查询、排序和检索等功能，较为方便地进行空间数据挖掘知识的存储、检索和查询。第一种方式虽然操作起来较为方便，但如果规则的前件和后件的内容很多，则可能出现存储空间浪费的现象和难以表达的情况。第二种方法还需要对规则进行解释，并根据需要从"Rules"字段中抽取出相应的规则。

（2）文本文件方式

关系数据库形式的知识的表达方式不利于人们的理解和查看，如果需要查看知识，还要打开数据库表格，需要一定的处理时间，给阅读者带来诸多不便。因此可以将这些规则用文本的方式进行存储。本章针对土地利用空间关联规则挖掘的知识还设计了文本存储方式，具体有以下两种：一是直接以文本文件的形式存储在磁盘上，这种存储方式的特点是简单易行，但不便于更新、利用和管理；二是以二进制对象的方式将整个文本文件整体存储在数据库中，这种处理方式便于管理、易于提取，但是需要进行相应的处理。

3. 其他知识的组织存储

规则和知识的存储组织方式决定了知识库的使用效率，土地用途分区知识库的存储采用与模型库相同的存储策略，已经对空间数据挖掘的空间关联规则的数据存储方式进行了研究，本节主要是对其他相关知识的表示进行探讨。

规则基于关系模式加以表达，并与在关系数据库中基于关系表进行表达。一般规则都可表示为规则前件（if 条件部分）和规则后件（then 结果部分），如在进行土地利用类型转换规则分析时，有：

if 耕地坡度>25°then 耕地转换为林地的可能性接近 1；

if 农村居民点与水源保护地单元相邻 then 居民点转换为林地或草地的可能性接近 1；

if 现状为建设用地 then 转换为耕地的可能性为 0；

……

有时这些规则往往是联合用来确定该单元土地利用类型转换的可能性，即转换系数，也就是要实现多个规则的关联，因此在设计存储结构时需考虑规则便于连接操作的实现问题。相应地，在数据库中通过分别设置规则前件表、规则后件表和规则连接表来实现，其表结构如表 5-3、表 5-4、表 5-5 所示。

表 5-3　　　　　　基于关系数据库的知识存储结构之规则前件表

Pre-ID	Para-Table	Para-ID	Condition
前件 ID 号	参数存储表	前件参数 ID	激活规则

表 5-4　　　　　　基于关系数据库的知识存储结构之规则后件表

Post-ID	Para-Table	Para-ID	Conclusion
后件 ID 号	参数存储表	后件参数 ID	规则结果

表 5-5　　　　　　基于关系数据库的知识存储结构之规则连接表

Rule-ID	Rule-Name	Pre-ID	Post-ID	×××
规则号	规则名	规则前件	规则后件	可信度

5.2　土地用途分区数据整合

5.2.1　分区单元处理

在宜城市土地用途分区工作中，可以获取的主要图件数据有 2005 年土地利用数据库、宜城市行政区划图、城市总体规划图、小城镇规划图、功能分区图和基本农田保护区图等专题图件。但仅仅有这些数据还远远不够，为了实现土用途分区的高效、科学的划分以及处理各种约束条件，还需要对数据进行预处理以生成基本单元图，并获取相关字段的信息。

将土地用途分区问题视为基本单元在满足各目标和约束条件下的优化组合聚类问题，因此基本单元的划分是一切工作的先导。第 2 章已经明确，聚类对象是基于矢量数据结构的图斑，原因有以下几个：一是目前的土地利用总体规划的基础图和输出的专题图都是矢量数据的，这样可以较好地和应用进行结合；二是已有的研究有的采用的是栅格数据结构，在数据转换的时候对属性的定义存在一定的困难，并且有可能使空间关系的信息丢失；三是在使用栅格数据的过程中在一定程度上会破坏一个图斑的整体性，无形中增加了图斑的数量，给操作带来很大的困难。因此本书研究的模型是基于矢量数据结构的。

在进行数据挖掘前还需要对数据进行一定的分解，因为在土地利用规划中的一些数据的界线和地类界限不同，比如本系统中使用的土地适宜性评价数据和土地利用规划中的专项规划数据。这些数据源来自多个部门的不同途径，使得海量的土地利用空间数据彼此之间存在差异和不一致性，不能直接用于土地利用的空间数据挖掘，需要进行处理后整合成符合挖掘的数据库。主要采用空间叠置的方法进行处理（图 5-4）。在土地用途分区中图斑的拆分是一个重要而复杂的问题，马金锋（2004）采用交互方式（实质上对图斑的人工分割）对图斑在不同用途区的情况下进行分隔，采用叠置法获取的图斑解决了在土地用途分区的图斑拆分的问题，并且考虑到土地适宜性评价、城市规划等专题图件的图斑较大，分割后图斑的总量不会大量增加，在试验区的分析中发现，图斑增加的总量不大于 10%。

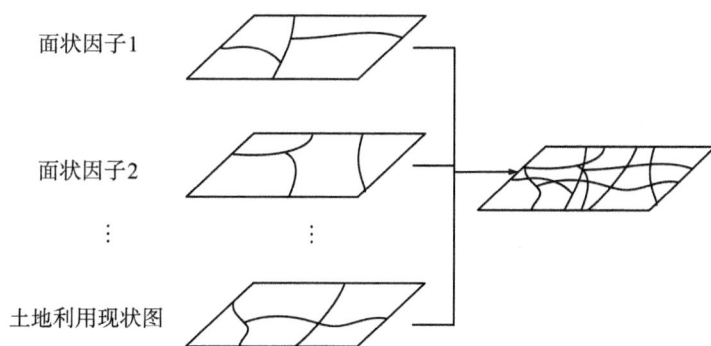

面状因子1

面状因子2

土地利用现状图

图 5-4　分区单元的叠加原则

5.2.2　数据预处理

空间数据挖掘的数据预处理又可以称为数据清理（data cleaning）、数据清洗

（data cleaning）、数据净化（data scrubbing），是解决原始数据中存在的空缺值、孤立点、噪声数据等数据质量问题的一项技术。数据质量问题是数据源中普遍存在的问题，如果不能有效地解决数据中存在的这些数据质量问题，就无法高效、准确地从事数据挖掘工作，甚至产生错误的结果。因此，为了获取更好的土地用途分区的结果，减少数据挖掘内核的工作量，提高数据挖掘的精度，必须进行土地用途分区数据清理。王树良（2006）、樊敏（2009）已经对既有的空间数据挖掘的数据预处理进行了比较系统的总结和研究，结合研究的问题，主要针对土地用途分区中的空间数据和属性数据的预处理进行研究。

1. 空间数据

由于 1∶1 万土地数据库中的图斑数目庞大而且十分破碎，若以现状图斑为基本单元则计算效率将十分低下。在土地现状库建库的时候，图斑不是以地类为外围边界的。在同一个连续的大片地类中，由于权属、田坎、小渠道和其他一些自然界线的存在，在野外调绘的时候把它们分为几个图斑来看待，如彩图 5-5 所示，虽然在区域内仅有 4 个地类（林地、基本农田、园地和居民点），但是从图上可以看出中间的大片林地是由很多图斑组成的，其实这些图斑之间都是属于林地，只是属于不同的地块或权属，在进行野外调绘的时候被分隔为很多小的图斑。对于这些图斑，在进行分区前必须要进行一定程度的合并，考虑到本实验的情况，通过空间距离和图斑的拓扑关系对具有相同属性图斑进行合并，具体通过拓扑关系判断：

规则 5.1：if $LandUT1 = LandUT2$ and $S_1 > 20$ and $S_2 > 20$ then $LandUZP = LandUT1$

该规则可以理解为如果两个图斑的现状地类是相等的，且面积均大于 20 公顷，那么两个图斑进行合并。

2. 属性数据

不同部门不同来源的数据由于各部门需求不同，可能存在重复采样的情况，经过数据集成后的集成数据库容易出现数据冗余的现象，冗余的数据不仅不能保证一定能比精简的数据获得更好的结果，反而会加重计算过程中不必要的开销，引起资源浪费。模糊概念格只能处理离散型数值，必须将连续型的数据离散化并转换为可以用模糊概念格表示的多值背景。主要采用冗余属性剔除和连续属性离散化两种数据归约技术。

（1）冗余属性剔除

进行数据集成后，如果直接用模糊概念格进行关联规则挖掘，可能会带来大量的问题，考虑到属性间可能彼此之间存在某种关联，某一个属性可能蕴含了其他的属性，各数据源之间属性命名不一致也可能导致集成数据集中的冗余。由于空间叠置分析产生碎多边形等问题也会导致数值之间的冗余，于是剔除相关冗余信息是对土地利用数据集成后遇到的首要问题。

相关分析是通过相关系数，又称皮尔逊积矩系数（pearson product coefficient）来度量两个数值指标之间的相关关系，因此，在冗余属性剔除工作中，可以使用相关分析来检测冗余程度，通过相关分析来度量两个属性之间的蕴含情况，相关系数计算公式为（Jiawei Han et al.，2001，2007）：

$$r_{A,B} = \frac{\sum_{i=1}^{N} (a_i - \overline{A})(b_i - \overline{B})}{N\sigma_A\sigma_B} = \frac{\sum_{i=1}^{N} (a_ib_i) - N\overline{AB}}{N\sigma_A\sigma_B} \tag{5-1}$$

$$\sigma_A = \sqrt{\frac{\sum_{i=1}^{N} (a_i - \overline{A})^2}{N}} \tag{5-2}$$

式中，N 为记录个数；a_i 和 b_i 分别代表第 i 个记录的 A 与 B 的值；$\overline{A}$、$\overline{B}$ 分别代表 A 与 B 的均值；σ_A、σ_B 分别代表 A 与 B 的标准差。

式中 $r_{A,B}$ 的值域为 [-1, 1]，如果 $r_{A,B}$ 为正数，则意味着 A 与 B 正相关，A 的值随着 B 增加而增加，该值越大，则代表属性之间的蕴含关系越强；如果 $r_{A,B}$ 等于 0，则表明因子 A 与 B 相互独立，不存在相关关系；如果 $r_{A,B}$ 小于 0，则代表 A 与 B 负相关，一个值随另一个的减少而增加，也就意味着每个因子都阻止另一个的出现。由此可知，在计算相关系数后，可以将相关系数较高的两个因子之中的一个作为冗余因子来剔除。

（2）属性离散化

现实生活中的许多数据均是连续值，而许多成功应用于数学挖掘领域的算法均只能处理离散数据，在进行挖掘之前，必须对数据进行离散化。因此，在进行挖掘任务之前，也面临着连续属性离散化的问题。离散化就是选取断点来对条件属性的取值空间进行划分，使得条件属性的取值变成有限的子区域的过程。离散化也是一个可以有效提高算法效率的数据预处理方法，而且使用离散的数据，可以帮助人们对分类规则的理解。

离散化是指将数值属性的值域划分为若干子区间，每个区间对应于一个离散值，最后将原始数据更新为离散的区间。根据离散化是否使用分类属性信息可将连续属性离散化方法分为无监督离散化和有监督离散化两种。其中无监督离散化方法不使用分类属性信息，只考虑自身属性取值的特点，这种方法相对较为简单，等宽度间隔、等频率或等深间隔均属于无监督离散化方法；而有监督离散化的方法是结合自身属性取值情况与分类属性取值情况，采用一定的衡量标准来划分属性取值子空间的一种方法。

目前连续属性离散化的方法有许多，并各具特色。应用最为广泛的离散化方法是基于信息熵（D. K. Y. Chiu et al.，1990；J. Catlett，1991；Usama M. Fayyad et al.，1993；鄂旭等，2005；谢宏等，2005）、基于统计学的方法（Kerber，1992；Huan Liu

127

et al.，1997) 和 Rough 集理论 (H. S. Nguyen et al.，1995；H. S. Nguyen，1998；苗夺谦，2001；赵军等，2002；周艳聪，2004) 的离散化方法。各种离散化方法各有优缺点，在实际应用时，需要根据具体的问题选择有效、合理的离散化方法。

由于研究中对连续属性离散化的目的是为了进一步分类挖掘，因此选用有监督的离散化方法比无监督离散化方法更为合适，选择离散化算法也必须充分考虑离散化后的结果能够最大程度的保持数据的原有信息，对数据子区间进行合并的依据必须合理，ChiMerge 算法是一种经典的有监督的、自底向上的自动化离散化方法，它使用 χ^2 统计来衡量要离散的属性两个相邻区间基于分类属性信息数据分布的相似程度，以对多个区间的质量进行分析。因此，选用 ChiMerge 算法对土地利用数据库中的连续属性进行离散化，对某个属性的多个区间的质量进行分析，如果 χ^2 的检验结果表明分类属性的信息独立于属性的区间，那么区间就应该合并，否则就表示区间之间的统计差别很大，不能进行合并 (Mehmed Kantardzic，2003)。

根据相关文献 (Kerber，1992；Mehmed Kantardzic，2003)，结合土地利用空间关联规则挖掘的特点，可描述基于 ChiMerge 的土地利用连续属性离散化具体算法步骤为：

第一步：对已知属性的数据进行升序排列，并获取属性取值的值域；

第二步：根据属性取值的值域定义初始区间，使得该属性每个属性取值均独立成为一个区间；

第三步：计算任意相邻区间的 χ^2 值；设土地利用类别为 p 类，该连续属性任意两个相邻区间的 χ^2 检验由下式确定：

$$\chi^2 = \sum_{i=1}^{2} \sum_{j=1}^{p} (R_{ij} - E_{ij})^2 / E_{ij} \tag{5-3}$$

$$E_{ij} = \begin{cases} \dfrac{R_i \times C_j}{N}, & R_i \times C_j \neq 0 \\ b, & R_i \times C_j = 0 \end{cases} \tag{5-4}$$

$$R_i = \sum_{j=1}^{p} R_{ij}, \quad C_j = \sum_{i=1}^{2} R_{ij} \tag{5-5}$$

式中，p 为分类个数；$R_{i,j}$ 为第 i 个区间第 j 类实例的个数；$E_{i,j}$ 为 $R_{i,j}$ 的期望频数；b 为一常数，可取 0.1，这样做的目的是为了避免检验数的分母太小；R_i 为第 i 个区间实例的个数；C_j 为第 j 类实例的个数；N 为两区间总实例个数。

第四步：获取所有 χ^2 中的最小值，假设为 min，并判断该最小值 min 是否小于给定阈值，若小于，则将这两个相邻区间合并；否则，重复第二、第三步，直至任何两个相邻区间的 χ^2 都大于给定的阈值。

第五步：判断离散化后的区间数是否小于自定义的最大值，如小于，则输出合并结果，否则合并不可行，增大阈值，返回第二步，直至满足最终结果。

在土地利用数据中，不会仅仅只有一个属性为连续属性，往往需要对一个以上的属性进行离散化，这时应该分开定义每个属性的最大区间数的阈值和 χ^2 检验的置信区间。当属性的取值范围较多时，其阈值应该取较大值以免离散区间数太多。

5.3 湖北省宜城市土地用途分区

5.3.1 研究区概况

1. 地理位置与自然条件

宜城市地处湖北省中北部，汉水中游。东界随州、枣阳，南接钟祥、荆门，西邻南漳，北抵襄阳；地跨东经 $111°57' \sim 112°57'$，北纬 $31°26' \sim 31°54'$；土地总面积 $2107.86 km^2$，占襄阳市总面积的 10.69%；辖 8 镇、2 个街道办事处；总人口 57.26 万人，城镇人口 24.38 万人。宜城市交通方便，素有"五邑要道，八省通衢"之称，焦（作）柳（州）铁路、207 国道、汉江水道纵贯南北，随南公路横跨东西，襄荆高速穿境而过，襄阳机场距宜城 40 余 km，已形成水陆空立体交通网络，具有比较明显的区位优势（彩图 5-6）。

2. 自然条件

宜城市东部及西南部低山丘陵面积占 20.4%，中部及西北部岗地占 76.8%，汉水两岸冲积平原占 2.8%。宜城属亚热带季风性湿润气候，四季分明。春秋季短，冬夏季长。冬半年盛行偏北风，夏半年盛行偏南风，冬冷夏热，属典型的大陆气候特征。境内各地年降水量为 800~1000mm。降水分布趋势是东西山区多于中部丘陵平原区，北部少，南部多。年平均气温 15~16℃，气温一般 1 月为最冷，平均 2.6℃，7 月最热，平均 28℃

宜城版图呈"蝴蝶状"。整个地形变化有规律，汉水将全境自然分割为东西两大部分，以汉水为界，分别往东西两侧呈平原、丘陵、山地变势，阶梯式延伸。东西两面环山高起，中部河谷平原，北高南低，向南敞开。东部属大洪山余脉，北端山脉呈东西走向。南端多南北走向，微向西南倾斜，与襄阳、枣阳、随州交界处到汉江冲积平原为低山丘陵区。西部属荆山余脉，多呈南北走向，为丘陵区。海拔在 150m 以上的山地面积为 $431.1 km^2$，占总面积的 20.4%，海拔在 $50 \sim 150m$ 的丘陵面积为 $1622.9 km^2$，占总面积的 76.8%；海拔在 50m 以下的平原面积为 $59 km^2$，占总面积的 2.8%。

市域内江河纵横、湖泊遍布，淡水资源极为丰富。境内河流以汉水为主干，构成"扇形状"，流域面积在 $5 km^2$ 以上的河流共 103 条，全长 1096.3km。汉江又称汉水，是长江最大支流。宜城境段，俗称大河，境内河段长 59km，汇纳蛮河、莺河等大小支流十余条，流域面积 2113km²。

宜城地处北亚热带季风气候，有利于生物生长繁殖，生物种类较多，资源丰富。农、林、牧、副、鱼等生物资源种类共有 1190 种。区域林业资源丰富，宜城借助退耕还林工程、长江防护林工程和绿色通道工程等重点工程建设，林地面积由 1999 年二类调查时的 88.77 万亩新增至 117 万亩，占版图面积 317 万亩的 36.9%，有林地面积 91万亩，森林覆盖率 28.7%，活立木蓄积 210 万立方米。全市的野生动植物资源较为丰富，各种野生动植物物种各达 150 余种。

境内已发现的矿产资源有铅矿、铝土矿、磷矿、矿泉水、耐火黏土、高岭土、铁矾土、膨润土、砖瓦黏土、石灰石、白云石、硅石、方解石、大理石、云母、氧化铁红、煤、镓、铁、石英砂等 20 余种，已被开发利用的有 12 种。主要分布在"两山一线"，即东南两山、随南线，已探明的矿石储藏量达 14 亿吨。

5.3.2　社会经济条件

宜城市总人口 56.45 万人，其中城镇人口 22.86 万人，乡村人口 33.59 万人，城镇化水平达 43.19%。2008 年国内生产总值达 64.43 亿元，年增长 16.5%，其中：第一产业增加值 19.83 亿元，增长 3.2%；第二产业增加值 25.54 亿元，增长 24.8%；第三产业增加值 19.06 亿元，增长 19.1 %，按常住人口计算，当年人均生产总值 12535元，比上年增加 2594 元，经济结构继续改善。在全市生产总值中，三次产业结构由上年的 32.40：37.69：29.91 改变为 30.78：39.65：29.57，其中第二产业增加值占生产总值的比重比上年提高 1.96 个百分点。全区财政收入增长较快，财政总收入为 3.06亿元。农业经济方面，以市场需求为导向，全区上下加大了农业结构的调整步伐，农业产品的品种、品质和布局得到了进一步的优化，农业生产得到了健康、稳定的发展，实现农业总产值 39.34 亿元，年增长 3.3%。粮食种植面积 66278 公顷，增加 3510 公顷；棉花种植面积 7864 公顷，增加 451 公顷；油料种植面积 22187 公顷。工业经济方面，已形成纺织、化工、建材、粮油加工、食品饮料和机械电子六大支柱产业，拥有三资企业 80 家，出口企业 22 家，工业经济效益大幅度提高。

全市城镇体系日趋完善，基础设施初具规模，能满足居民生产生活的需要。在交通、通信等基础设施方面，全区公路里程 2668.6km，电信设施齐备，移动通信网络覆盖全区，实现了传输数字化、交换程控化。

社会经济的持续发展对建设用地、农用地需求的总量水平和结构水平产生重要影响。在国家的相关政策及宜城经济建设发展需求下，宜城市近几年基础设施项目较多，建设用地规模增长速度很快。然而为了保证人口和经济的可持续发展，解决存在的"人地矛盾"等问题，建设用地的发展不能无限地扩张下去，而必须得到严格控制。将发展经济摆在核心位置的同时要强调耕地的保护，必须提高土地资源的集约利用与用地效益水平。

5.3.3 土地利用现状与空间格局分析

基于本研究的面向土地用途分区的空间数据挖掘模型，通过对土地利用现状结构与空间格局进行分析，为区域土地用途分析提供依据。

根据 2005 年土地利用变更调查数据现状库的统计分析显示，2005 年末宜城全市土地总面积 210785.87 公顷，其中，农用地面积 148548.28 公顷，占土地总面积的 70.48%；建设用地面积 17636.70 公顷，占土地总面积的 8.36%；其他土地面积为 44600.89 公顷，占土地总面积的 21.16%（表 5-6）。从宜城市土地利用现状图（彩图 5-7）上可以看出，宜城市土地利用的地域分异较为明显，图斑面积相对较大，比较利于土地用途分区。

表 5-6 宜城市土地利用现状结构表

	图斑数	最大面积（公顷）	最小面积（公顷）	面积（公顷）	比例（%）
土地总面积	45311	1846.93	0.01	210785.87	100.00
一、农用地	36865	1846.93	0.06	148548.28	70.48
耕地	16320	568.01	0.09	72647.55	34.47
园地	663	153.24	0.08	4232.01	2.01
林地	4454	1846.93	0.15	54083.07	25.66
其他农用地	15428	66.85	0.06	17585.65	8.34
二、建设用地	6792	1048.49	0.01	17636.70	8.36
城乡建设用地	6210	1048.49	0.01	11829.62	5.61
城镇工矿用地	268	1048.49	0.04	1625.59	0.77
农村居民点用地	5942	120.92	0.01	10204.03	4.84
交通水利及其他	582	703.86	0.04	5807.08	2.75
三、其他土地	1654	674.72	0.15	44600.89	21.16

土地景观空间格局指数包括了景观生态单元特征指数和景观异质性指数两个部分（吴次芳，2003）。景观单元特征指数主要用于描述斑块面积、周长和斑块数等特征；景观异质性指数包括多样性指数、优势度指数、镶嵌度指数、距离指数及景观破碎化指数等。关于这些指数的计算方法可以参见相关参考文献。仅使用吴次芳提出的部分指标进行计算和分析，对研究区分别计算 Shannon 多样性指数和优势度指数，求出宜城市的多样性指数为 1.36，优势度指数为 0.91，说明宜城市的土地利用类型相对比较集中。下面对各地类的图斑的距离指数、景观分离度和图斑形状指

数进行分析。

1. 距离指数、景观分离度

距离指数是指通过同类斑块间的距离构造的指数，也是研究同一类景观斑块的分离程度即景观分离度的基础。表 5-7 为计算所得的宜城市各类土地利用类型的距离指数和景观分离度。

表 5-7　　　　　　　　宜城市土地利用景观格局分析（2005 年）

	距离指数	景观分离度	形状指数
耕地	0.53	0.84	0.02
园地	0.25	3.21	0.26
林地	0.32	0.81	0.29
其他农用地	0.08	150.43	0.23
城镇	0.09	6.93	0.03
居民点	0.04	189.63	0.35
独立工矿	0.96	2.56	0.16
其他建设用地	0.09	2.32	0.25
未利用地	0.76	10.69	0.12

2. 图斑形状指数

形状指数是通过计算某一图斑形状与相同面积的圆或正方形之间的偏离程度来测量其形状的复杂程度。计算得出宜城市各乡镇的土地利用类型的斑块平均形状系数如表 5-7 所示。

通过对土地利用的现状分析和空间格局分析，宜城市土地利用中存在以下几个问题：

①保护耕地与保障发展的矛盾日益突出。中心城区、雷河镇、孔湾镇，地形平坦、土壤肥沃、光热充足、水源丰富，然而该地区交通便利、产业基础雄厚，是宜城城镇化、工业化的重点发展区域，面临着保护耕地和保障发展两难的局面。

②建设用地布局分散，用地较粗放。长期以来，建设用地处于自发状态，且受地形限制，形成了松散式的分布格局。建设用地纯粹是外延发展，不注重挖潜，集聚效益发挥不佳。

③保护环境与发展经济的矛盾比较突出。宜城市王集、板桥店、流水、刘猴等镇的部分地区，生态环境优越，是全市乃至全省的天然保护生态屏障，区域内村子存在

不合理的开发现象。还有汉江等河流作为区域的主要生态廊道，同时也是重要水源地，却在其两岸大量布局非生态用地，导致区域生态格局破坏。

宜城市土地利用中存在的这些问题在一定程度上是没有对土地利用进行合理的引导，无序进行开发造成的，全国第二轮土地利用总体规划要求要进行土地用途分区，对土地利用进行引导，并根据主导用途来进行管制，因此为了解决以上三个问题，有必要进行科学合理的土地用途分区，以下几节将重点研究这一问题。

5.3.4 土地用途分区知识获取

土地用途分区是土地利用规划中的关键问题，是一个复杂的过程，因此仅通过距离聚类是不恰当的，应该是在一定知识指导下的自动分区。本书 2.5.1 中已经对土地用途分区的知识体系进行了研究。总体上可以认为是两个方面：约束知识和土地利用演化过程中的空间知识。这些知识有的可以通过自动获取的方式得到，如空间关联规则知识；有的是需要通过对领域问题进行分析和在处理问题过程中总结经验得到。本节主要对前者进行研究，后者已在本书 2.5.1 中进行阐述。

1. 模糊概念格的构造与 Hasse 图绘制

利用空间关联规则挖掘模块可以对土地用途的规则进行挖掘，具体包括数据的初始化，参数设置和生成 Hasse 图等步骤。

（1）数据初始化

属性数据很多是连续的，因此需要使用 5.2.2 中提出的方法对数据进行预处理，以提高挖掘的工作效率，并能以较少的规则表示更多的知识。在面向土地用途分区的空间数据挖掘原型系统中，使用空间关联知识挖掘模块进行知识挖掘。虽然数据库中已经对数据进行了预处理，但是还提供了用户可以选择的属性选择功能，图 5-8 显示了原型系统的数据初始化界面，用户可以通过选择不同的属性对图斑的空间关联规则进行挖掘。

（2）参数设置

属性准备以后可以对挖掘的参数进行设置，并对生成的规则保存到相应的文件夹下，因为规则是通过知识库来进行管理，因此生成的文件将自动保存到知识库中。具体的参数设置见图 5-9。由于土地利用的海量数据，本节实现的是自动对数据库文件中的所有记录进行处理。

（3）生成 Hasse 图

本实验系统还提供了 Hasse 图的绘制功能，实现了空间关联知识挖掘的可视化。根据基于模糊概念格的数据挖掘的算法，在挖掘的过程中，生成反映数据之间的概念层次关系的 Hasse 图，通过上面的实验，得到如图 5-10 所示的 Hasse 图。

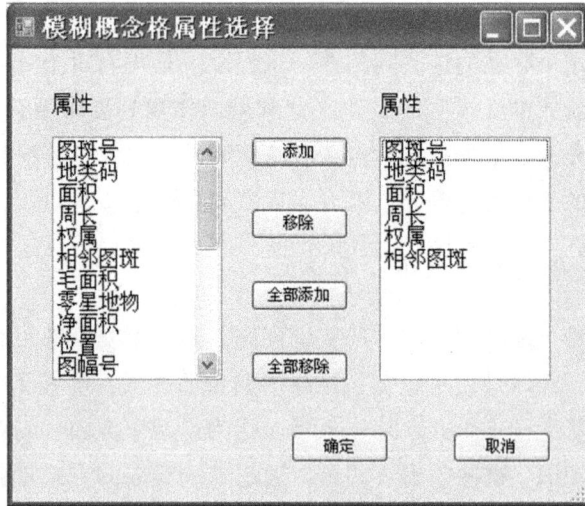

图 5-8　模糊概念格的数据初始化

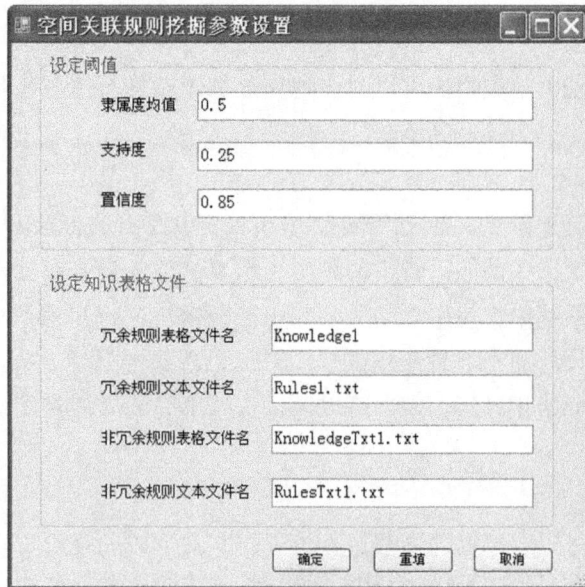

图 5-9　模糊概念的参数设置

2. 规则挖掘

由于土地利用系统的复杂性，很难通过一次获取所有的规则，因此可以通过多次的实验和选择合适的挖掘对象来进行分析，以利于挖掘出更为有用的规则，并用

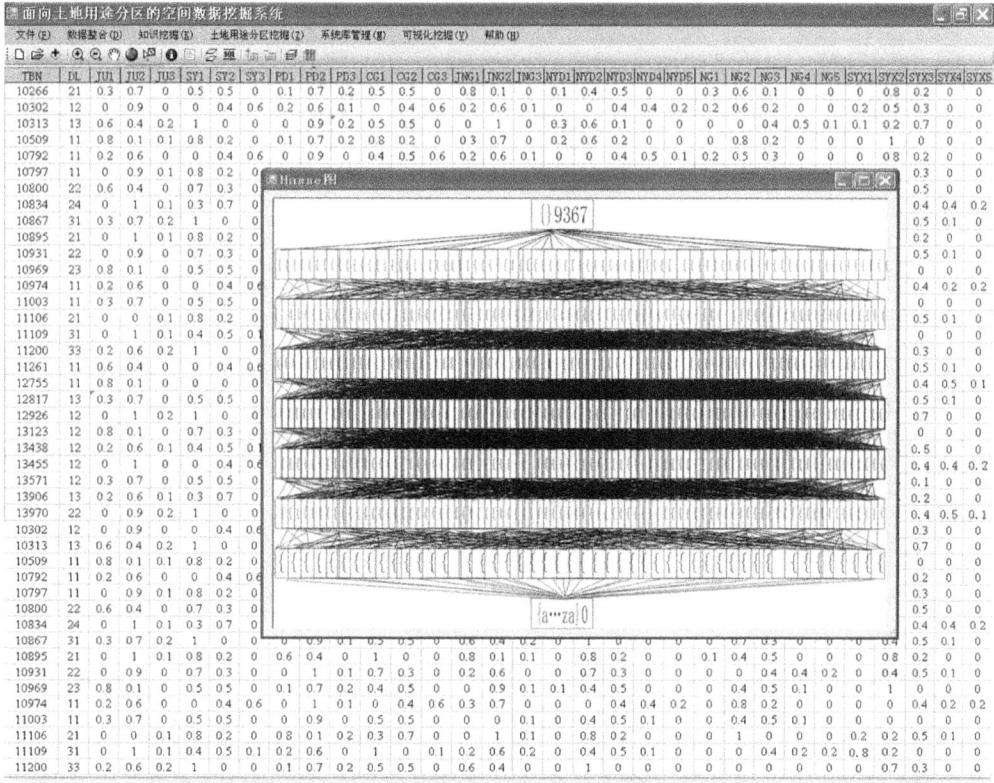

图 5-10　空间关联规则挖掘生成的 Hasse 图

来解决实际问题。基于前文中得到的 Hasse 图，根据第 3 章研究的关联规则算法进行规则挖掘，通过计算获得初步获得 83 条空间关联规则。5.1.5 中已经研究过，规则通过关系数据库的形式保存进入知识库，但是这些是人们很难理解的，并且每次需要打开知识库是非常烦琐的事情，因此本研究通过机器解码保存为易于理解和阅读的文本形式，解码后得到的部分初始关联规则见表 5-8（仅列出农用地的空间关联规则）。

表 5-8　　　　　　　　　　空间关联规则表（部分）

序号	空间关联规则
1	if 距离水源＝1 级，坡度＝1 级，距离城镇＝2 级，农用地等级＝1，适宜性＝非常适宜，道路通达度＝0.6，面积指数＝3 级，临近图斑＝耕地，形状指数＝2 级，then 地类＝基本农田
2	if 距离水源＝1 级，坡度＝1 级，距离城镇＝1 级，农用地等级＝1，适宜性＝非常适宜，道路通达度＝1 级，面积指数＝1 级，临近图斑＝城镇，形状指数＝1 级，then 地类＝基本农田

续表

序号	空间关联规则
3	if 距离水源=3 级, 坡度=1 级, 农用地等级=1, 面积=1, 临近图斑=耕地, 形状指数=1 级, then 地类=基本农田
4	if 距离水源=1 级, 坡度=3 级, 农用地等级=1, 适宜性=非常适宜, 道路通达度=3 级, 面积指数=2 级, 临近图斑=农村居民点, 形状指数=2 级, then 地类=基本农田
5	if {距离水源={2 级, 3 级}, 坡度=1 级, 距离城镇=3 级, 农用地等级=1, 适宜性=非常适宜, 道路通达度=1 级, 面积指数=1 级, 临近图斑=耕地, 形状指数=0.4, then 地类=基本农田
6	if 距离水源=1 级, 坡度 3 级, 距离城镇=3 级, 农用地等级=2, 适宜性=比较适宜, 道路通达度=0.6, 面积指数=1 级, 临近图斑=林地, 形状指数=1 级, then 地类=一般耕地
7	if 距离水源=4 级, 坡度=1 级, 农用地等级=1, 适宜性=较适宜, 面积=1, 临近图斑=耕地, 形状指数=1 级, then 地类=一般耕地
8	if 距离水源={1 级, 2 级}, 坡度=1 级, 距离城镇=4 级, 农用地等级=1, 面积指数={2, 3, 4}, 临近图斑=耕地, 形状指数=1 级, then 地类=一般耕地
9	if 距离水源=1 级, 坡度={2 级, 3 级}, 距离城镇=1 级, 农用地等级=3, 适宜性=非常适宜, 道路通达度=3 级, 面积指数=4, 临近图斑=城镇, 形状指数={3 级, 4 级}, then 地类=一般耕地
10	if 坡度={1, 2, 3} 级, 距离农村居民点=1 级, 适宜性=比较适宜, 道路通达度=2 级, 面积指数=4 级, 临近图斑=农村居民点, 形状指数=4 级, then 地类=园地
11	if 坡度=3 级, 距离城镇=4 级, 适宜性=不适宜, 道路通达度=4 级, 面积指数=4 级, 临近图斑=耕地, then 地类=园地
12	if 坡度=4 级, 距离城镇=4 级, 适宜性={比较适宜, 不适宜}, 道路通达度=4 级, 面积指数=4 级, 临近图斑=未利用土地, 形状指数=3 级}, then 地类=园地
13	if 坡度=4 级, 适宜性=不适宜, 临近图斑=城镇, 形状指数=3 级}, then 地类=林地
14	if 坡度=4 级, 适宜性=比较适宜, 道路通达度=4 级, 面积指数=1 级, 临近图斑=林地, 形状指数=2 级, 距离城镇=4 级}, then 地类=林地
15	if 坡度={2, 3, 4}, 距离城镇={3, 4}, 适宜性=不适宜, 道路通达度={4}, 面积指数=1 级, 临近图斑=林地, 形状指数=1 级}, then 地类=林地
16	if 坡度={2}, 距离城镇={2}, 适宜性=不适宜, 道路通达度={4}, 面积指数=4 级, 形状指数=3 级}, then 地类=林地

5.3.5 非分区图斑的提取

顾名思义，非分区图斑指的是在土地用途分区过程中保持不变、不参与分区的特殊图斑。这些图斑在土地利用的过程中可以认为是土地状态不能改变的地类，或者说是明确不能发生转换的地类，比如河流、水库水面、大面积的未利用土地等。它们在分区的过程中遵循这样的原则：不论面积大小，既不能合并其他地类，也不能被其他地类所合并。如果不对这些单元作特殊处理，由于免疫克隆选择算法在迭代的过程中，很难控制分区的类别。从另外一个角度说这样减小了问题的规模，也加快了算法的演化。因此，在应用提出的土地用途分区模型前需要对非分区图斑进行提取，使这些图斑不参与分区。

本实验对一些用途明确不能变更的用地单元预先处理，主要考虑从土地利用现状图上提取大型水体（彩图 5-11 中用蓝色表示），如水库、汉江水面及滩涂以及其他未利用土地（彩图 5-11 中用灰色表示）。这些单元对象在克隆选择算法中将被特殊处理，即在个体初始生成时明确确定这些抗原的编码，并通过一个数组来记录这些单元，从而避免了该类抗原在进行混沌免疫克隆选择聚类过程中合并到其他区域内或合并了其他图斑。彩图 5-11 为提取的非分区图斑的分布图。

5.3.6 目标函数的确定

1. 分区转换目标函数

分区转换目标是指调整用地类型达到最佳想要用途的困难程度，也可以认为是由此而需付出的代价（任周桥（2007））。用本书 2.5.2 提出的土地利用分区转换系数 P_{cf}（$P_{cf} \in [0, 1]$）来量化当前用地类型 c 转换到分区类型 f 的可能性，该值越大，表示用地单元越趋向于该类转换的发生，以分区转换系数累计值的倒数作为规划目标函数。

一般地，对于每个图斑 P_{cf} 值各不相同，要获取单元 P_{cf}，实际操作起来存在困难。本实验在研究区利用统一的分区转换系数乘上一个鼓励因子 γ 来测算图斑的 P_{cf} 取值。首先根据经验和专家咨询的方法，确定分区转换系数如表 5-9 所示。

表 5-9　　　　　　　　　　　　　土地用途分区转换系数

当前用地类型 c	土地用途区 k								
	JN	YN	LD	MD	CC	DJ	FL	ZJ	QT
耕地	1	1	0.9	0.9	0.2	0.2	0.3	0.3	0
园地	0.6	1	0.9	0.5	0.6	0.6	0.7	0.5	0
林地	0.2	0.4	1	0.6	0.3	0.3	1	1	0

续表

当前用地类型 c	土地用途区 k								
	JN	YN	LD	MD	CC	DJ	FL	ZJ	QT
牧草地	0.3	0.8	0.7	1	0.8	0.8	0.7	0.8	0
其他农用地	0.2	1	0.9	0.9	0.8	0.8	0.3	0.3	0
城市	0	0	0	0	1	0	0	0	0
建制镇	0	0	0	0	1	0	0	0	0
农村居民点	0	0.4	0.5	0.3	1	0.4	0	0	0
独立建设用地	0	0.2	0.2	0.2	1	1	0	0	0
交通水利用地	0	0.2	0.2	0.2	1	0.3	0	0	0
其他建设用地	0	0	0	0	0	0.4	0.3	0	0
未利用地	0.4	0.6	0.9	0.6	0.9	0.9	1	0.6	1

鼓励因子 γ 为一个土地利用适宜性相关系数。理想状态下，为了发挥土地的利益效益，土地利用会朝着最佳适宜用途方式来进行土地用途分区，鼓励改变当前不适宜的利用方式，而向最适宜的用途转换。基于此，定义一个鼓励因子 γ，计算公式如下：

$$\gamma = C \cdot F \tag{5-6}$$

式中，C 的取值根据当前利用类型的适宜性评价等级确定。在实验中，对应于适宜性评价等级非常适宜、较适宜、不适宜分别取 0.1、0.4、0.9；F 的取值根据土地用途分区类型的适宜度等级确定，对应于适宜性评价等级分别取 0.9、0.4、0.1。γ 值越大表示倾向于该类转换的发生，γ 值越小表示转换被限制的程度越高。这样，适宜的用地就倾向于保持现状，而不适宜的用地则倾向于转换其用途。

因此，本实验中分区的目标函数可定义为：

$$D(u) = \frac{1}{\sum_{i=1}^{N}\sum_{j=1}^{M} c_{ijcf} \cdot p_{cf}} \tag{5-7}$$

式中，c 为当前利用类型，f 为用途分区的类型。公式（5-7）表明：如果用途分区中，土地的利用方式都向着各自最优的方向转变，那么总的转换系数值就越大，目标值就越小，相应的方案就容易被接收；反之，规划成本越高，相应的规划方案就会被拒绝。

2. 空间聚类目标函数

土地用途分区不但要考虑到分区的适宜性，还要考虑到空间的聚集程度，在本书

4.3.2 提出了空间聚类的目标函数，不但考虑了分区距离上的聚集程度，也考虑了属性上的聚集程度，因此将这一目标函数作为本实验的目标函数，用来保证在分区结果的紧凑程度。

5.3.7 分区知识

1. 效益知识

对用途不发生变更的单元预先提取，作为刚性约束特殊处理外。本实验关于效益知识的设置主要从各类用地的数量约束方面进行分析。

关于数量约束，根据前文提出的土地用途分区的知识体系要求，为了确保模型运行的有效性和节省运算时间，在知识体系中通常需要给出各种用地的上、下限，即确定土地利用数量约束范围。对此主要参照已有工作成果，根据课题组在开展宜城市土地利用规划研究时，所进行的土地利用数量结构的优化方案（表 5-10）。然后根据"严格保护耕地，特别是基本农田"、"保障经济发展"的原则确立宜城市土地用途分区的目标区间（表 5-11）。

表 5-10 　　　　　　　　　宜城市土地利用结构优化表

	2005 年面积（公顷）	2005 年比例	2020 年面积（公顷）	2020 年比例
耕地	72647.55	34.47%	75158.53	35.66%
园地	4232.01	2.01%	4397.09	2.09%
林地	54083.07	25.66%	55565.94	26.36%
其他农用地	17585.65	8.34%	17774.87	8.43%
城镇工矿用地	1625.59	0.77%	2418.59	1.15%
农村居民点用地	10204.03	4.84%	9825.03	4.66%
交通水利及其他	5807.08	2.75%	6542.08	3.1%
其他土地	44600.89	21.16%	39103.74	18.55%

表 5-11 　　　　　　　　　宜城市土地用途分区目标区间

序号	土地用途区	下限值（公顷）	上限值（公顷）
1	基本农田保护区	62462	68000
2	一般农地区	38000	44000
3	林业用地区	49000	58000

序号	土地用途区	下限值（公顷）	上限值（公顷）
4	牧业用地区	—	—
5	城镇村建设用地区	16000	22000
6	独立建设用地区	800	1200
7	风景旅游用地区	1500	2300
8	自然和人文景观保护区	1000	3000
9	不参与分区图斑	28801.82	28801.82
10	合计	197563.82	227301.82

2. 空间关联知识

土地利用的空间关联知识在土地用途分区的过程中具有重要的作用，是克隆选择算法的主要知识，这些知识的获取是一个系统而复杂的获取过程，5.4 节中实现自动地获得宜城市土地用途分区的空间关联知识。

3. 适宜性评价知识

土地利用规划的目标就是要在严格保护耕地的基础上保障社会经济的协调发展，因此耕地保护是土地利用总体规划的重要内容。对宜城市土地适宜性进行评价，主要是针对农业用地，从评价结果彩图 5-12 上可以看到，现有的城镇和大的农村居民点因很难转换为耕地而未列入评价区域，在地势低平的汉江沿岸土地的适宜性最高，在东部和西南部的低山和丘陵地区不适宜发展农业，在城镇周边的岗地比较适宜农业发展。

5.3.8　实验结果

1. 土地利用分区结果

在本书 5.3.6 节中论述的目标函数中，反映分区在规划过程中在达到效益较优的基础上实现分区转换的目标函数较小，它与体现土地利用空间聚集性的目标函数相辅相成，且在约束条件中，效益上的约束与空间上的约束共同作用，达到数量结构与空间布局同步优化设计的目的。根据第 4 章中关于土地用途分区挖掘模型，定义初始抗体种群规模为 200，最大迭代数为 200。对湖北省宜城市土地用途分区进行实验研究，结果见彩图 5-13。可以统计出各个用途区的面积，见表 5-12。

表 5-12 宜城市土地用途分区面积表

		包含分区前图斑数（个）	面积（公顷）	比例（%）
1	基本农田保护区	14088	65018.20	35.59
2	一般农地区	18663	39479.74	15.88
3	林业用地区	4276	54050.34	23.74
4	牧业用地区	—	—	—
5	城镇村建设用地区	4710	19008.72	9.02
6	独立建设用地区	582	998.46	0.47
7	风景旅游用地区	458	1912.70	0.91
8	自然和人文景观保护区	267	1515.89	0.72
9	不参与分区图斑	2267	28801.82	13.66
10	合计	45311	210785.87	100

2. 目标函数分析

分区后的宜城市各个目标函数适应值变化曲线如图 5-14、图 5-15 所示，从图中可以看出：当迭代次数达到 189 代时，各个目标函数的适应度值趋于稳定，空间聚类目标函数在迭代到 165 代时适应度值趋于最优，此时的空间聚类目标函数值为 43558；分区转换目标函数在迭代到 161 代时即趋于最优，此时的最小函数值为 5.47×10^{-6}。通过实验表明：混沌免疫克隆选择算法在知识的指导下，在高维的多目标多地类土地用途分区过程中具有强大的搜索能力，能快速寻找到全局最优值，收敛性较好。

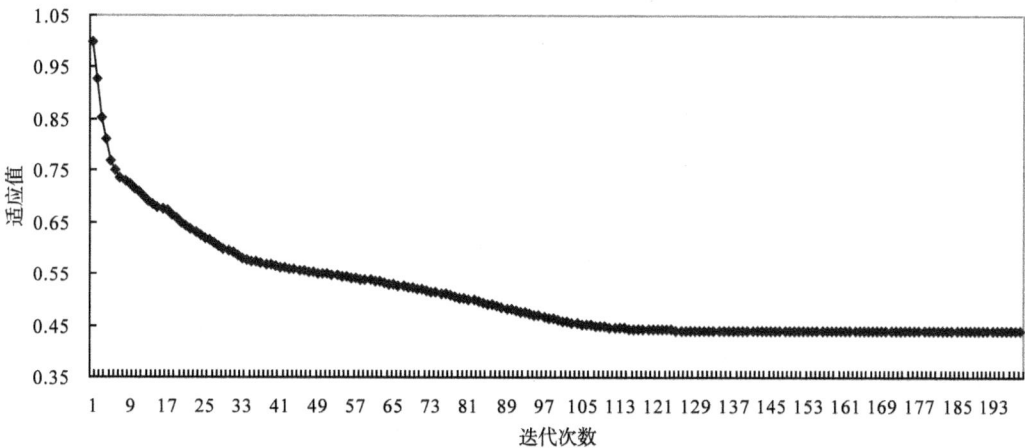

图 5-14 空间聚类目标函数优化曲线

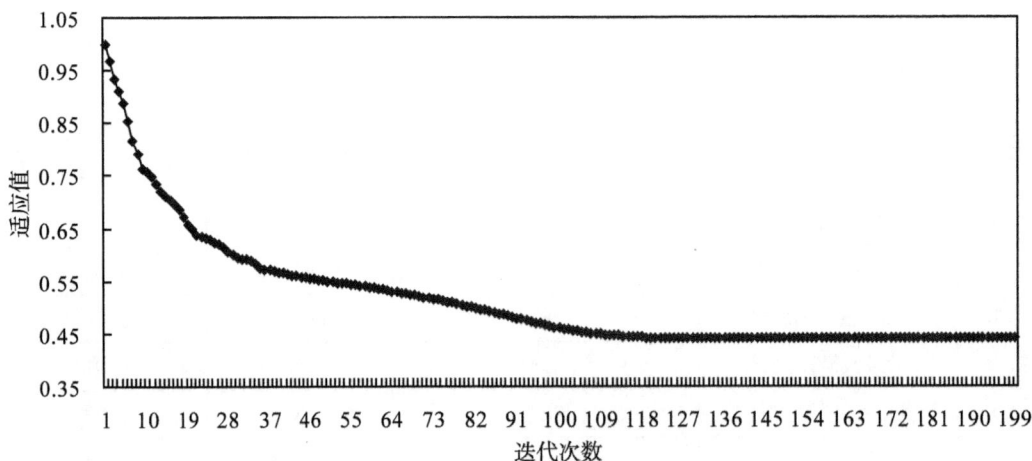

图 5-15　分区转换目标函数优化曲线

可见，经过基于空间聚类的基本农田划定决策模型处理后，基本农田呈明显的聚集分布，区内的方差明显减小，有效地去除了孤立的地块碎片，显著地提高了空间聚集度，便于基本农田的保护与管理，有利于基本农田的动态监测，为基本农田科学经营和规模化经营创造了条件。

5.3.9　土地用途分区方案评价

1. 土地用途分区的空间布局分析

从宜城市土地用途分区图（彩图 5-13）可见，土地利用的多样性指数为 0.87，优势度指数为 0.98，因此多样性有所降低，优势度有所提高。将本实验得到的方案与原土地类型、专项规划、适宜性评价和宜城市的具体情况进行对比分析，证明该方案较为切合实际，这必将对土地利用总体规划的实施将起到重要的指导作用，对土地用途的管制提供必要的条件。主要表现在以下 4 个方面：

①土地利用更加合理。通过本实验提供的方案分析，可见宜城市基本农田布局主要集中在汉江两侧的地势低平、水土条件较好的地区；在东部和西南部的低山丘陵地区主要分布林地，地势较为低平的土层较好的地方为一般农地区，主要是一般耕地；在现状基础设施比较好的区域如鄢城、雷河形和其他的重点镇、中心村，成了大的居民点和城镇。

②土地利用集中，利于土地用途管制。在分区的过程中不但保持了宜城市的地域特色，一些零散的用地得到归并处理，并且体现了土地利用集中连片的特点，土地集聚程度有所提高。

③实现了保护耕地的目标。原有的农用地中零散分布的居民点都得到了归并处理，部分未利用地转化为了耕地，耕地面积在现状的基础上有所增加，较好地实现了对耕地的保护。

④在数据预处理阶段对沿江重要生态用地、水域进行处理，没有参与土地用途分区，使得这些区域得到了较好的保护。

2. 方法的对比分析

由以上土地用途分区实验过程及结果可以看出，它较传统的方法具有以下特点：

①空间关联规则为土地用途分区提供了大量的知识，这些知识可以指导土地用途分区，同时免疫克隆选择聚类模型避免了土地用途分区的全局最优和局部最优，使得生成方案更加科学合理。

②土地用途分区既综合考虑了土地利用的经济效益、土地利用的聚集和土地利用的适宜性等，又体现了对土地利用景观格局的要求。较传统的侧重于土地利用经济效益的分区方法，更能体现区域土地利用的协调发展的要求，有利于实现土地利用与生态环境建设的协调发展及对区域生态环境敏感区的保护和改善。

③面向土地用途分区的空间数据挖掘方法，在一定的数量规模约束下，实现对土地利用数量结构与土地用途分区的统一与协调，是一种实用的、可操作的方法，既克服了传统土地用途分区数量与空间无法对应的问题，也避免了传统的土地利用分区过于粗略且缺乏具体操作辅助手段和主观任意性大的缺陷。

④面向土地用途分区的空间数据挖掘原型系统，在土地利用现状结构、空间关联规则挖掘以及可视化的基础上，进行土地用途分区研究，有利于将土地用途分区进行综合、系统的研究，提高土地用途分区的工作效率，同时也更为科学、合理和智能化。

5.4　海南省昌江县乌烈镇土地用途分区

5.4.1　研究区概况

乌烈镇位于海南省昌江黎族自治县西北面，距县城 38km，辖区面积 89km²，石（碌）昌（化）公路过境。下辖 7 个村委会，8 个自然村，共有人口 3.1 万人，是昌江第二大人流、物流中心。镇域内总面积达 2133 公顷的六大田洋集中连片，传统农业发达，素有"昌江粮仓"之美誉。

近年来，乌烈镇对农业发展在资金投入和工作力度方面不断加大，优良杂交水稻品种得到全面普及，设施农业发展态势良好，农业专业合作社越加发展壮大，冬季瓜菜种植面积进一步扩大，农产品价格稳定攀升，乌烈镇农村经济持续向好发展。乌烈镇积极引导农民发展畜禽业，实现年产值达 1500 万元；采取政府引导和信用社贷款扶持的办法，大力推广甘蔗、香蕉种植，全镇甘蔗种植面积 800 公顷，香蕉种植面积 100 公顷；充分利用"田闲"时间，在峨港、白石、纳凤等村庄连片种植毛豆，种植面积达 350 公顷，解决部分就业问题；在纳凤和长塘村建立 140 公顷瓜菜基地，形成了以辣椒、南瓜为主的瓜菜种植产业；建立以白石、道隆为主产区的 300 公顷高产花生基地，有效促进当地农民增收。农业产业链初步构建。建立了乌烈果菜交易中心冷藏库，该中心利用乌烈镇作为昌江重要瓜菜集散地的优势，充分发挥果菜冷藏库自身职能，基本形成了以收购、储藏、运输、销售为一体的网络，取得较好的经济效益和社会效益，为推动当地经济发展和农村小康社会建设做出了积极贡献。

5.4.2　模型总体框架

De Castro 和 Von Zuben 根据克隆选择理论的基本原理，提出了用于优化和学习的克隆选择算法。本模型结合克隆选择算法的空间搜索特性，采用空间聚类的思想对土地用途分区进行研究。利用克隆选择算法构建土地用途分区模型的基本思想是把土地用途分区问题转化为空间聚类问题。为了利用克隆选择算法解决土地用途分区问题，把这一问题看作以图斑 $X = \{x_1, x_2, \cdots, x_n\}$ 为变量的空间聚类优化问题，可以表达为：

$$\max\{f(e^{-1}(A)): A \in I\} \qquad (5\text{-}8)$$

其中，有限长度字符串 $A = a_1a_2\cdots a_l$ 是对变量 X 的抗体编码，记为 $X = e^{-1}(A)$；集 I 称为抗体空间，f 是抗体-抗原亲和度函数，取值为正实数。

由于克隆选择算法是基于编码的，而分区的最小单元——图斑属于空间数据呈面状分布，需要对土地利用数据进行处理以符合算法对种群的要求。把每个图斑视为抗原，对于矢量数据来说，每个图斑均具有唯一的内部编码，因此通过内部编码进行编码构建起抗原群落，把空间聚类中心看作是抗体；然后根据模型中初始种群生成方法，产生足够规模的初始抗体种群，按算法中的克隆选择算子不断迭代，直到满足迭代终止条件为止。在此过程中，借助于 GIS 的空间数据处理能力为初始抗原种群的生成提供数据，并用来对克隆记忆生成的群体进行可视化表达，最后结合目标值和约束条件对模型进行校验。因此土地用途分区的过程就是免疫系统不断从待分区的图斑的属性中产生抗体、识别抗原，最后产生出可以捕获抗原的最佳抗体过程。

根据这一思想，提出了利用克隆选择算法与 GIS 的耦合集成的土地用途分区模型总体框架，图 5-16 利用克隆选择算法构建的土地用途分区模型总体框架图。

5.4.3　土地用途分区过程

1. 分区单元的划分

在土地用途分区中需要结合土地利用现状图、城市总体规划图、小城镇规划图和

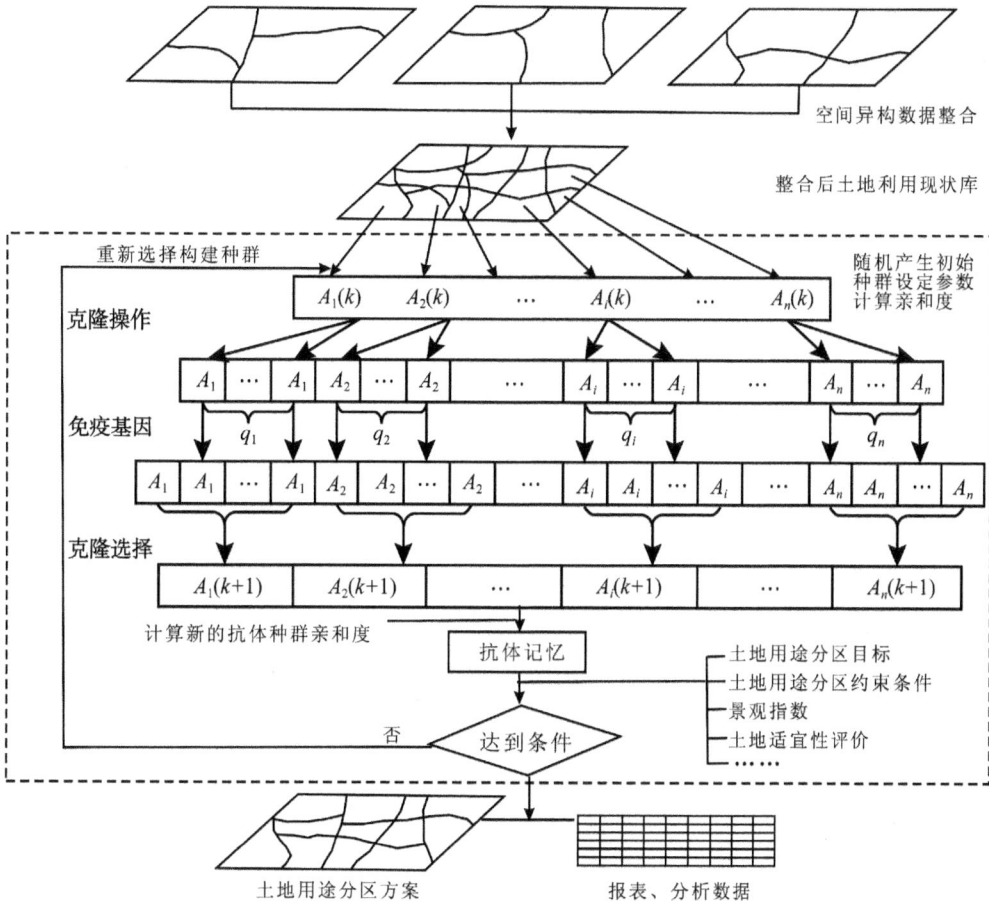

图 5-16 利用克隆选择算法构建的土地用途分区模型总体框架

基本农田保护区图等。为了实现科学的土地用途分区，需要对数据进行预处理以生成基本单元图，并获取对应的属性信息。在土地利用规划中的图件存在异构问题，比如土地用途分区中的各专项规划数据和土地适宜性评价图件，它们来源于多个部门，使得土地利用空间数据彼此之间或与专项数据之间存在不一致的问题。因此需要对其进行处理、整合，以达到土地用途分区的要求，主要采用空间分析中的叠置分析方法进行处理。在土地用途分区中，图斑的拆分是一个重要而复杂的问题，分割后图斑的总量不会大量增加。在实验区的叠置分析中发现，通过处理后图斑总量增加不超过 10%，出现的小面积图斑可以通过后续的过程进行处理并重建拓扑关系。

2. 数据预处理

为了减少空间数据聚类内核的工作量，提高精度，并能够获取科学合理的土地用途分区方案，需要对数据进行预处理。

（1）空间数据预处理

由于境界线、权属、渠道、田坎和其他一些自然或人文界线的存在，因此在土地现状数据建库时会把同一个连片的地类分为几个图斑。考虑到土地用途分区的实际情况，通过空间距离和图斑的拓扑关系对具有相同属性图斑进行合并（规则1）。

规则1：if $LandUTm == LandUTn$ and $l_i \in LandUTm$ and $l_i \in LandUTn$ and $l_i \geqslant a$ then $LandUTm = LandUTn$

其中，$LandUTm$、$LandUTn$ 分别代表两个图斑的现状利用类型，l_i 代表两个图斑的公共边（弧），a 是分区过程中给定的参数。

（2）属性数据预处理

属性数据预处理主要包括冗余数据处理和属性数据离散化。土地利用数据库中的一些属性间可能会存在某种关联，其中的某一属性可能会蕴含着其他属性的信息。采用皮尔逊积矩系数（Han Jiawei et al.，2007）度量两个属性数据之间的相关关系，以达到冗余数据处理的作用。在土地利用数据库中，许多属性数据是属于连续性属性，如图斑到水源、道路的距离和坡度等。为了减少算法的复杂度，选用有监督的离散化方法 ChiMerge 算法（Kerber，Chimerge，1992）对这些属性进行离散化。根据土地用途分区的问题，应分别定义属性的 x^2 检验的置信区间和最大区间数的阈值。如果属性数据的取值范围比较多，则其阈值取较大值以避免离散区间数过多。

3. 约束条件的确定

（1）土地用途转换函数的确定

土地用途分区使用转换系数来衡量当前用地类型转换到分区后的土地利用类型的可能性，以土地用途分区转换系数累计值的倒数作为规划目标函数保证土地用途向着各自最优的方向转变，那么总的转换系数值就越大，目标值就越小，对应的规划成本越小，方案就容易被接受；反之，对应的规划成本越高，规划方案就会被拒绝。

（2）适宜性约束

土地利用规划的目标就是要在严格保护耕地的基础上保障社会经济的协调发展，对土地利用的适宜性进行评价，并将其进行入库管理作为分区的约束条件。

（3）不参与分区的图斑

具有生态功能的水体、河流、滩涂、未利用地、自然和人文风景用地具有一定的生态功能，在土地用途分区中不参与分区。

4. 主要参数

（1）初始化群落与主要参数

土地用途分区中需要对克隆选择算法的参数进行合理设置，以保证快速收敛到最优解。在土地用途分区的过程中，随机产生 N 个初始种群，进行解的初始化；克隆扩张系数为 c_g，对每个个体作等权克隆处理；变异率为 p_m；为了保持抗体的多样性，随机插入一些新的个体替换原有的普通抗体，替换率为 p_{er}；算法运算时最大迭代次数为 p_d。

（2）终止条件

采用两种方法终止迭代：一是当迭代次数超过设定的最大值则循环终止，这一条件是一种强制性终止循环的方式，其主要目的是为了防止程序循环无限制的进行下去；二是设置目标值，当循环到一定的代数且达到目标值不再发生较大的改变时，则终止迭代，可以用公式（5-9）表达为：

$$|f - f^{\text{best}}| < \varepsilon \tag{5-9}$$

式中，f 是目标函数的最优值，f^{best} 是当前代数最好的目标函数值，ε 是设定的最大差值。

（3）可视化表达

在满足终止条件后，将主要的运行参数进行显示，通过系统人机交互方式进行判断。如果运行结果基本符合要求，可以对土地用途分区的结果，也就是图斑的空间分布进行解析进行成图显示，并根据专家经验进行分析，以评价该模型实现的土地用途分区是否符合土地利用规划或管理的需要。

5.4.4 实验结果与分析

采用上述提出的模型和土地用途分区过程，参考《中华人民共和国国土资源部乡（镇）土地利用总体规划编制规程》（TD/T 1205—2010），以海南省昌江县乌烈镇为实验区进行实验分析，对提出的模型进行验证。

1. 实验系统与数据库整合

土地用途分区系统需要具备 GIS 的基本功能和土地用途分区模型。为实现这些功能，保证开发效率，采用 Microsoft Visual. NET 2005 作为开发平台，在 Arc Engine9.3 组件基础上二次开发实现，订制 GIS 功能；采用编写代码实现专业模型的功能。该方式可以使系统具有较高的适应能力。运行环境为 Windows XP 操作系统。根据本书 2.1 节和 2.2 节中的方法对数据进行整合，对土地利用的适宜性进行评价，进行入库管理，形成整合后的数据库。整合后的土地利用现状如彩图5-17所示。

2. 实验结果

土地用途分区的约束条件对分区结果具有重要的影响作用，根据乌烈镇的土地利用现状和上级规划的指标，确定土地用途转换函数为 0.016，并将土地利用适宜性评价数据、不参与分区图斑作为约束条件。通过多次的实验确定模型运算过程中的主要参数如下：随机产生 50 个初始种群，属性距离权重 $\lambda = 0.65$，克隆扩张系数 $c_g = 0.1$，

变异率 $p_m=0.02$，替换率 $p_{er}=0.03$，最大代数 $p_d=150$。对运算结果进行可视化表达如彩图 5-18（a）所示。从实验过程来看，使用这些参数算法收敛速度较快，当迭代到 112 代后，目标函数值达到 784.85，对应的亲和度为 0.001273，趋于稳定，如彩图 5-19（a）所示。

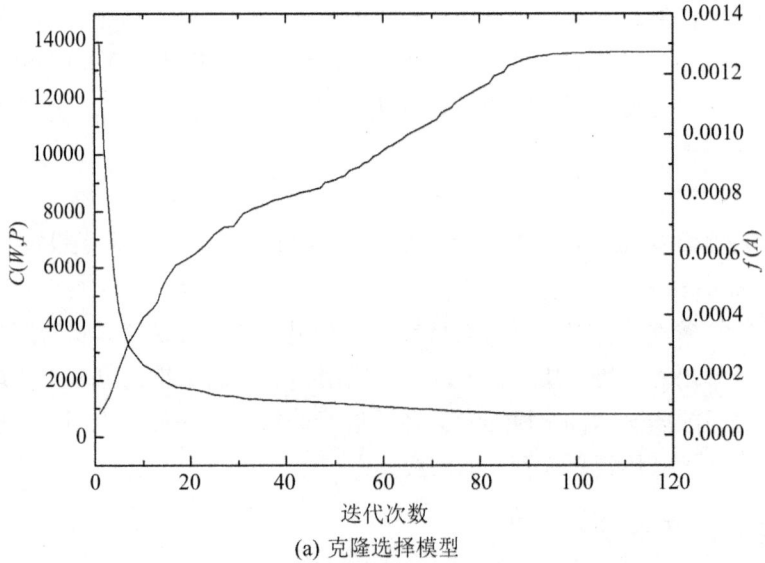

(a) 克隆选择模型

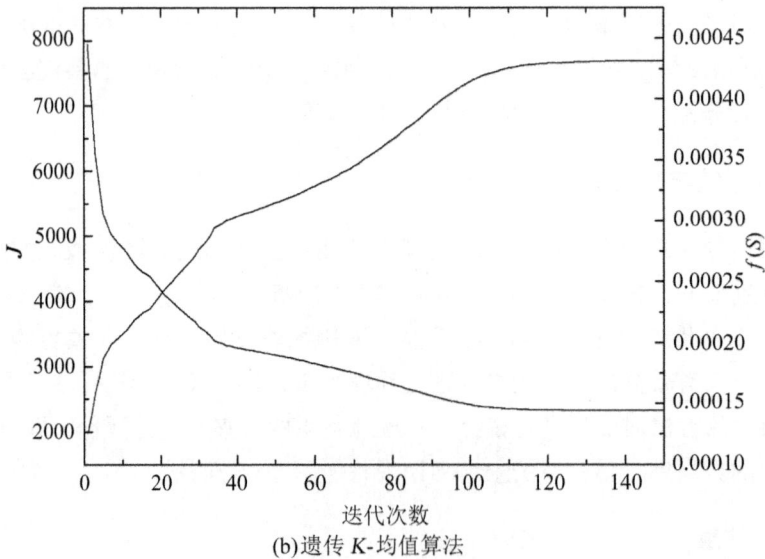

(b) 遗传 K-均值算法

图 5-19　两种算法的主要运算参数图

　　从海南省昌江县乌烈镇的土地用途分区图可见，土地用途的多样性有所降低，优势度有所提高。将本实验得到的方案与原土地类型、专项规划、适宜性评价和当地的具体情况进行对比分析，证明该方案较为切合实际。

3. 算法的对比分析

根据文献提出的算法，按照最近邻法公式确定对应的染色体，计算图斑合并后中心取代原来的编码值，实现土地用途分区。该模型运算的主要参数如下：群体大小取100，交叉概率取0.6，变异概率取0.001，最大迭代次数为150次。实验结果如彩图5-18（b）所示，当迭代到130代以后，聚类距离达到2322.56，对应的适应度函数为0.000431时才趋于稳定（图5-19（b））。从提供的分区方案上来看，两种算法都比较合理，但是遗传K-均值算法中由于仅仅考虑了空间距离的问题，没有考虑约束条件，虽然较好地解决了将小面积图斑合并到较大图斑的问题，得到了较好的结果，但是在处理一些复杂问题时显得过于机械，没有较好地考虑属性方面的信息，造成部分区域分区结果不太理想的情况（彩图5-20）。如现状图中的部分区域（如彩图5-20中的区域（1）和（2）），遗传K-均值算法仅仅考虑到空间距离的问题，将林业用地区进行合并，改变了总体上的土地用途格局，并且分区后的结果使土地利用方式比较零散。

通过本实验分析，利用克隆选择算法构建的土地用途分区模型最为显著的优点是能够在约束条件的控制下进行搜索优化，由图5-20和表5-13可见各土地用途区呈明显的聚集分布，区内方差明显缩小，提高了空间聚集度，便于土地利用的调控与管理。

表5-13　　　　　　　　　　**两种算法土地用途分区面积表**

分区类型	规划面积（公顷）	克隆选择算法		遗传K-均值算法	
		面积（公顷）	图斑数	面积（公顷）	图斑数
基本农田保护区	3740	3989.2	18	4041.8	14
一般农地区	1158.1	934.4	23	870.6	25
林业用地区	3937.1	3958.9	35	3973	47
城镇建设用地区	148.5	154.7	2	158	2
村镇建设用地区	121.8	135.7	6	130.2	8
独立建设用地区	15.4	8.3	1	8	1
风景旅游用地区	12.6	11.3	2	10.7	2
河流	364.6	305.6	2	305.8	2
合计	9498.1	9498.1	89	9498.1	101

4. 土地用途分区的空间特征分析

①土地利用更加合理。通过本实验提供的方案分析，可见乌烈镇的基本农田布局主要集中在中部地势低平、水土条件较好的地区；在其他低山丘陵地区主要分布林地，地势较为低平的土层较好的地方为一般农地区，土地利用方式主要是一般耕地和园地；在现状基础设施比较好的区域布局了居民点和城镇。

②土地利用集中，利于土地用途管制。在分区的过程中不但保持了乌烈镇的地域特色，一些零散的用地得到归并，体现了土地利用集中连片的特点，土地利用方式的集聚程度有所提高。划定的基本农田保护区将较好地实现对耕地的保护。

③沿江重要生态用地、水域进行处理，没有参与土地用途分区，使得这些区域得到了较好的保护。

5. 结论与讨论

将克隆选择算法与 GIS 进行有效集成，采用空间聚类的思想，构建了利用克隆选择算法的土地用途分区模型。实验结果表明该模型能够在多约束下进行土地用途分区，可以实现全局优化，具有稳定、结果可靠等优点。提供的土地用途分区方案科学合理，可以为土地利用规划和土地利用调控和管理提供支持。同时也可以推动土地用途分区实现由数据驱动向模型驱动和决策支持转变。

5.5 海南省昌江县海尾镇土地用途分区

5.5.1 研究区概况

海尾镇位于海南省昌江黎族自治县西北部，东与十月田镇接壤，南与乌烈镇、昌化镇相连，西濒临北部湾，北依珠碧江与儋州市海头镇隔江相望。全镇行政区域面积 196.7km²，辖 15 个村（居）委会，36 个自然村，总人口 32914 人。

海尾镇地处沿海平原沙地，海岸线长 38km。海尾镇属热带季风气候，年平均降雨量 1400mm，年平均气温 23.4℃，一月份平均气温 18℃，七月份平均气温 28.1℃。

海尾镇以农业为主，渔业为辅。全镇耕地总面积 2665 公顷，其中水田面积 522 公顷，旱田面积 285 公顷，旱地面积 1857 公顷。海尾镇拥有海防林面积 852 公顷，公益林面积 121 公顷，水土涵养林面积 4078 公顷。海尾港是介于洋浦港和八所港之间的国家一级渔港，海南五大海港之一，也是北部湾中心港口。渔业捕捞较为发达，主要捕鱼种类有马鲛、红三、红鱼、鲤鱼、鲨鱼、海鳗、石斑鱼、螃蟹、罗非鱼、虾等优质海产品，还发展种养江蓠菜、麒麟菜、海菜等。海尾地势平坦，土壤肥沃，交通便捷，海洋资源丰富，区位优势明显，生态环境优美，投资环境独特，人居环境和谐，是昌江县的渔业重镇、工业要镇、农业大镇、城镇化新镇和旅游业兴建地。

5.5.2 土地利用类型的语义相似度实验

根据本书 3.5 节提出的地理实体语义相似度测度模型，对现行的标准土地利用分类中的实体转换为土地规划用途分类中的类型，并将其作为本体对象进行语义相似度测算实验。根据各种影响因素对语义相似度的影响程度的差异，通过实验分析及验证，将模型中的各个调节因子分别取值为：$\alpha = 0.52$，$\beta = 0.27$，$\gamma = 0.21$，$\mu = 5$，$\omega_1 = 0.8$，$\omega_2 = 0.2$。计算各土地利用类型之间的语义相似度值（部分）见表 5-14。

5.5.3 土地用途分区实验

1. 实验结果

采用本书 4.4 节提出的模型进行土地用途分区实验。该实验采用 Microsoft Visual. NET 2008 作为开发平台，在 Arc Engine 组件基础上二次开发订制 GIS 功能；采用编写代码实现提出的土地用途分区模型。以海南省昌江县海尾镇 1∶10000 土地利用现状图（彩图 5-21）为实验数据，根据 4.4 节中提出的土地用途分区策略和模型，对实验区进行实例研究。

将海南省昌江县海尾镇 4412 个土地利用现状图斑进行图斑转换为土地规划用途分类中的类型。根据不同类型的最小上图面积要求，需要对 1345 个小图斑进行合并，然后根据构建的模型对其进行分区，共形成 441 个土地用途区，实验结果如彩图 5-22 和表 5-15 所示。根据公式（4-46）在实验过程中记录了土地用途分区的最优化控制目标，其结果为 10.632，平均语义相似度差值为 0.00791。由于每次合并的小图斑的语义相似度较高、面积较小，因此其变化趋势呈线性增加。

2. 实验结果分析

《海尾镇土地利用总体规划（2005—2020 年）》中的土地利用分区是在 GIS 环境下使用叠置分析并通过局部调整完成的土地用途分区（彩图 5-23）。将两种方案进行对比分析，实验中获得的方案中各类用地类型的面积变化不大，用地类型间的面积比例基本保持平衡，图斑数量大幅减少，分区结果较好地概括了土地利用特征，较好地反映了人类的认知特性，符合相关标准的要求，是较为理想的土地用途分区方案。

表 5-14　各土地利用类型之间的语义相似度

	耕地	园地	林地	牧草地	其他农用地	城镇用地	农村居民点用地	采矿用地	其他独立建设用地	港口码头用地	风景名胜设施用地	特殊用地	自然保留地
耕地	1	0.437	0.437	0.437	0.445	0.273	0.273	0.273	0.273	0.273	0.273	0.273	0.107
园地	—	1	0.432	0.432	0.440	0.267	0.267	0.267	0.267	0.267	0.267	0.267	0.100
林地	—	—	1	0.432	0.440	0.267	0.267	0.267	0.267	0.267	0.267	0.267	0.100
牧草地	—	—	—	1	0.440	0.267	0.267	0.267	0.267	0.267	0.267	0.267	0.100
其他农用地	—	—	—	—	1	0.282	0.282	0.282	0.282	0.282	0.282	0.282	0.112
城镇用地	—	—	—	—	—	1	0.446	0.446	0.446	0.439	0.439	0.439	0.107
农村居民点用地	—	—	—	—	—	—	1	0.446	0.446	0.439	0.439	0.439	0.107
采矿用地	—	—	—	—	—	—	—	1	0.446	0.439	0.439	0.439	0.107
其他独立建设用地	—	—	—	—	—	—	—	—	1	0.439	0.439	0.439	0.107
港口码头用地	—	—	—	—	—	—	—	—	—	1	0.439	0.439	0.107
风景名胜设施用地	—	—	—	—	—	—	—	—	—	—	1	0.283	0.107
特殊用地	—	—	—	—	—	—	—	—	—	—	—	1	0.107
自然保留地	—	—	—	—	—	—	—	—	—	—	—	—	1

表 5-15 　　　　　　　　　　　土地用途区数量与面积表

分区类型	规划面积（公顷）	分区面积（公顷）	图斑数
城镇建设用地区	102.8	184.6	1
村镇建设用地区	335.5	438.8	35
独立建设用地区	209.8	246.9	13
基本农田保护区	3669.0	3693.1	105
一般农地区	2798.6	2405.8	219
林业用地区	12109.7	11989.1	64
牧业用地区	6.5	4.8	2
风景旅游用地区	10.9	249.0	2
河流及其他	2017.1	2047.8	27
合计	21259.9	21259.9	441

本节的土地用途分区模型主要通过枚举法计算最优解，因此运算时间仅与小图斑的个数有关。从实验过程来看，在县乡级的土地用途分区中合并的图斑是有限的，因此本书 4.4 节中提出的算法设计能够保证较高的运算效率。从实验过程来看，在保证得到理想的土地用途分区的前提下，该模型避免了部分智能优化算法存在过拟、容易陷入局部最优等方面的问题。

在实验结果中，城镇建设用地区、村镇建设用地区、独立建设用地区和风景旅游用地区比土地利用总体规划中的土地用途区面积大，主要原因是实验结果的方案中包含了有条件建设区，符合《中华人民共和国国土资源部乡（镇）土地利用总体规划编制规程》（TD/T 1205—2010）中关于有条件建设区布局的要求。通过对分区后的评价，本实验的结果是较为理想的土地用途分区方案。

3. 结论与讨论

土地用途分区需要同时兼顾空间邻接、几何形状与语义相似度等因素，其核心是综合距离的判别。提出了地理实体语义相似度测度模型，并在图斑的模式进行划分的基础上，构建了顾及语义相似度的土地用途分区模型。从实例研究来看，将语义相似度应用于土地用途分区，通过科学设定参数，可以在一定程度上考虑空间邻近、几何形状等因素对次要图斑进行合并，获得土地用途分区方案，实验表明该模型所获得的土地用途分区方案较好地反映了人类的认知特性，概括了土地利用的特征，可以满足土地利用规划中的需求，并且分区效率有所提升。本模型主要考虑地理实体语义相似度，仅给出了空间邻接和集合形状等方面的一些限定条件，未来的研究还可以通过结合图斑的空间邻接和分区后的几何形状等问题进一步对土地用途分区模型进行研究。

5.6　本章小结

在面向土地用途分区的空间数据挖掘的相关理论与技术研究的基础上，研究了面向土地用途分区的空间数据挖掘原型系统的结构设计、功能设计、数据库设计、模型库实现以及功能库实现；开发了一套原型系统，该原型系统包括以下功能模块：土地利用数据管理模块、土地利用知识挖掘模块、土地用途分区挖掘模块、系统库管理模块和可视化表达模块。目前已基本实现了这些功能。通过原型系统的开发，体现了土地用途分区的基本过程，本章使用模糊概念格获取了土地利用的空间关联规则，提出了整合土地利用数据库和相关专题数据的方法，形成可用于挖掘的整合数据库。以宜城市为例进行基于多目标的土地用途分区聚类实验；以海南省昌江县乌烈镇为例，实现了改进克隆选择算法的土地用途分区实验；以海南省昌江县海尾镇为例，实现了顾及语义相似度的土地用途分区方法的实验。实验结果表明：提出的空间数据挖掘模型可以较好地解决土地数据难于利用问题，满足土地用途分区的空间数据挖掘的需求。因此，基于知识的土地用途分区聚类挖掘模型是一种智能、高效、准确的分区工具。

第6章 结　语

将面向土地用途分区的空间数据挖掘的理论和方法进行了系统地探讨和研究，将概念格理论和人工免疫系统这两个领域的抽象理论成功地引入到空间数据挖掘中，针对复杂的土地用途分区问题进行扩展，从空间聚类的视角提出了混沌免疫克隆选择算法，将其应用于面向土地用途分区的空间数据挖掘中，进行了实验研究。下面对所做的工作进行总结，进一步提出未来的研究方向。

6.1　总结

①针对国内外对土地用途分区和空间数据挖掘的研究取得的成果和不足之处，分析了基于数据挖掘的土地利用分区问题研究的必要性，建立起面向土地信息的空间数据挖掘的基础理论和技术框架，进一步完善了空间数据挖掘的理论和方法。从土地用途分区、空间数据挖掘的定义出发，定义了面向土地利用分区数据挖掘的概念、特征和内容；提出了一种包括数据层、知识层、挖掘层和人机交互层的空间数据挖掘体系结构；阐述领域空间数据挖掘的基本步骤和从土地利用数据库中能发现的知识类型；探讨了土地用途分区数据挖掘的基本方法，主要包括空间计算模型——空间关系度量的方法；空间数据关联规则的挖掘方法——概念格；空间数据聚类分析的方法——基于人工免疫系统的聚类算法思想；探讨了土地用途分区的知识体系，构建了基于领域知识的土地用途分区模型。

②形式概念分析理论也称为概念格理论，是用数学形式化方法对从数据中产生概念的过程进行分析的有力工具，这与数据挖掘是从大量数据中产生知识的过程是一致的，因此，形式概念分析理论非常适合于进行数据挖掘的研究。针对概念格难以表达空间概念的问题，研究了多值背景下概念格的构建方法，并对该理论进行了扩展，将模糊概念格用于空间关联知识的挖掘，研究了模糊概念格的渐进式构造算法，针对空间数据海量的特征，引入了基于辞典序索引树算法和 Hasse 图绘制方法，提出了空间关联规则的提取方法，并建立了空间关联知识表达与存储的方式。结合概念的属性、语义距离等影响语义相似度的因素，提出了一种基于本体结构的地理实体语义相似度测度模型，同时将基于语义距离的方法与基于属性的方法相结合，从而更加全面地量

化本体结构中实体之间的语义相似度。

③土地用途分区是一个非常复杂的多目标优化问题。而聚类分析是一种典型的解决组合优化问题的方法。在分析了传统的克隆选择算法的基础上，对其进行了扩展，对混沌优化进行改进，提出了三种结合方式，构建了混沌免疫克隆选择算法模型。传统聚类方法存在过分依赖数据集聚类原型的问题，为了解决这一问题，基于混沌免疫克隆选择算法提出了一种基于知识的多目标优化聚类模型。该模型是用混免疫克隆选择算法进行聚类，借助混沌免疫克隆选择算子的优势，将进化搜索与随机搜索、全局搜索和局部搜索相结合，通过对候选解进行操作，能够快速得到全局最优解，而不受到样本集方差分布的影响。因此使用混沌免疫克隆选择算法能同时处理多类原型的数据聚类问题，并可以在聚类的过程中获得类数信息。

④在面向土地用途分区的空间数据挖掘的相关理论与技术研究的基础上，研究了面向土地用途分区的空间数据挖掘原型系统的结构设计、功能设计、数据库设计、模型库实现以及功能库实现；开发了一套原型系统，该原型系统包括以下功能模块：土地利用数据管理模块、土地利用知识挖掘模块、土地用途分区挖掘模块、系统库管理模块和可视化表达模块。目前已基本实现了这些功能。通过原型系统的开发，体现了土地用途分区的基本过程，本章使用模糊概念格获取了土地利用的空间关联规则，提出了整合土地利用数据库和相关专题数据的方法，形成可用于挖掘的整合数据库。以宜城市为例进行基于多目标的土地用途分区聚类实验；以海南省昌江县乌烈镇为例实现了改进克隆选择算法的土地用途分区实验；以海南省昌江县海尾镇为例实现了顾及语义相似度的土地用途分区方法的实验。实验结果表明：提出的空间数据挖掘模型，可以较好地解决土地数据难于利用问题，满足土地用途分区的空间数据挖掘的需求。因此基于知识的土地用途分区聚类挖掘模型是一种智能、高效、准确的分区工具。

6.2　创新点与研究特色

针对土地利用数据的特征，从面向土地用途分区的空间数据挖掘的内容、体系、方法、土地利用关联规则挖掘和空间聚类模型等方面，开展融合领域知识的面向土地用途分区的空间数据挖掘模型研究。本研究的主要贡献有以下几个方面：

①在空间数据挖掘的基础理论方面，建立了面向土地用途分区的空间数据挖掘框架和任务体系，分析了面向土地用途分区的空间数据挖掘特征和内容，结合空间数据库的构建过程探讨了土地利用数据挖掘的过程，认为空间数据挖掘是空间数据库系统建设的逆过程，这个逆过程的结果是更高层次的知识和抽象的可视化成果。

②在土地用途分区的基础理论方面，构建了土地用途分区的知识体系，以此建立基于知识的土地用途分区模型，并研究了土地用途分区问题和解决途径。

③在地理信息的空间分析方面，提出了统一的空间距离计算方法。

④在空间关联知识挖掘方面，提出了基于模糊概念格的空间关联规则挖掘模型，并研究了模糊概念格的构造算法，分析了复杂巨系统的空间关联规则的问题，针对土地用途分区探讨了空间关联规则获取方法。

⑤提出了地理实体语义相似度测度模型，在对小图斑的模式进行划分的基础上，构建了顾及语义相似度的土地用途分区模型，并提出分区结果的面积平衡和最优化评价方法。

⑥在空间聚类模型方面，基于对人工免疫系统的研究，提出了混沌免疫克隆选择算法，较好地结合混沌优化和克隆选择算法的优点，并将其用于混合型数据聚类分析，探讨了用于聚类的克隆选择算法的编码方案、抗体-抗原亲和度函数构造、基于人工免疫响应的混沌免疫克隆选择聚类算子等关键技术，并对该算法进行了描述。

⑦在应用方面，设计并实现了面向土地用途分区的空间数据挖掘原型系统，对空间数据挖掘在土地用途分区中的应用进行了实证研究。

6.3 后续研究问题及展望

空间数据挖掘在土地利用方面还有很多的应用领域，探讨了面向土地用途分区的空间数据挖掘模型并进行了应用研究，但是仍然还存在很多问题需要进一步研究。对于空间数据挖掘在土地利用方面的领域问题研究是一个非常有前途的新理论、新方法，本研究所做的工作只是空间数据挖掘在土地信息领域的一个阶段性成果，未来还可以在以下几个方面进一步完善：

①由于土地用途分区主要是在县级和乡镇两级进行，即使在同一区域内，由于不同的需要与目的，编制的土地用途分区图比例尺也可能是不同的，但是本研究中没有考虑空间数据的多尺度问题，因此该模型如果在其他领域应用的时候还应对空间数据多尺度的问题进行进一步的研究。

②概念格的并行构造算法具有较大的优势和潜力，目前有关概念格并行算法的研究不是很多，通常都是以其他算法原理为基础提出的，但不可否认，随着处理的形式背景的增多，概念格的时空复杂度也会随之急剧增大，并行算法将是未来研究的热点。

③利用人工免疫系统解决空间数据库聚类数据问题还处于起步阶段，未来还可以开展相关的研究，不但能用现有的模型解决聚类问题，还可以进一步研究免疫机理，提出用于聚类的其他算法。另外，现有人工免疫系统模型都没有真正解决时变数据库中的数据聚类问题，因此需要建立更有效的解决大规模动态数据库聚类的人工免疫系统数据挖掘算法。

④空间数据挖掘可以从无限的数据中挖掘知识，这些知识不但可以用于土地利用的分析和管理，还可以为管理者提供决策支持，因此有必要对这一问题做进一步的研究，形成完善的面向土地利用的时空多尺度数据挖掘系统，并提供更强的决策

支持功能。

　　本研究仅仅涉及了空间数据挖掘在土地信息领域的部分课题。限于笔者的学识水平、研究时间，对于许多重要问题的研究还只是浅尝辄止。希望本研究可以为空间数据挖掘在土地信息领域起到抛砖引玉的作用，以后能有更多的研究者在土地信息领域或地理信息领域的空间数据挖掘研究上取得更为丰富的成果，以促进地理信息科学从数据驱动、模型驱动到知识驱动和决策支持的转变。

参 考 文 献

［1］ A H Pilevar, M Sukumar. GCHL: A grid-clustering algorithm for high-dimensional very large spatial data bases ［J］. Pattem Reeognition Letters. 2005, 11 (26): 999-1010.

［2］ A Suppapitnarm, K A Seffen, G T Parks, P J Clarkson. A simulated annealing algorithm for multiobjective optimization ［J］. Engineering Optimization. 2000, 33: 59-85.

［3］ A Watkins, X Bi, A Phadke. Parallelizing an immune inspired algorithm for efficient pattern recognition ［M］//Smart Engineering System Design. New York: ASME Press, 2003: 225-230.

［4］ Abraham A, Jain L, Goldberg R. Evolutionary Multiobjective Optimization: Theoretical Advances and Applications ［M］. London, UK: Springer-Verlag, 2005.

［5］ Aerts J Eisinger E, Heuvelink G, et al.. Using linear integer programming for multi-site land use allocation ［J］. Geographical Analysis, 2003, 35 (2): 148-169.

［6］ Aerts J, Van Herwijnen M, Janssen R, et al.. Evaluating spatial design techniques for solving land-use allocation problems ［J］. Journal of Environmental Planning and Management, 2005, 48 (1): 121-142.

［7］ Aerts J. Spatial decision support for resource allocation ［D］. University of Amsterdam, Amsterdam, 2002: 10-23.

［8］ Aerts, J C J H, van Herwijhen, M, Janssen R, Stewart T J. Evaluating spatial design techniques for solving land-use allocation problems ［J］. Journal of Environmental Planning and Management, 2005, 48 (1): 121-142.

［9］ Aihara K, Takabe T and Toyoda M. Chaotic neural networks ［J］. Phys. Lett. A, 1990, 144 (6/7): 333-340.

［10］ Arend Ligtenberg, Monica Wachowicz, Arnold K. Bregt, Adrie Beulens, Dirk L. Kettenis. A design and application of a multi-agent system for simulation of multi-actor spatial planning ［J］. Journal of Environmental Management. 2004, 72: 43-55.

［11］ Armstrong M P, Xiao N, Bennett D A. Using genetic algorithms to create multicriteria class intervals for choropleth maps ［J］. Annals of the Association of American Geographers. 2003, 93 (3): 595-623.

［12］ Bay S D. Multivariate discretization of continuous variables for set mining ［C］. Proceedings of the sixth ACM SIGKDD International Conference on Knowledge Discovery and Data Mining, Boston: Association for Computing Machinery, 2000, 315-319.

［13］ Bennett D A, Xiao N, Armstrong M P. Exploring the geographic ramifications of environmental policy using evolutionary algorithms ［J］. Annals of the Association of American Geographers. 2004, 94 （4）: 827-847.

［14］ Bhavani Thuraisingham. Data mining: Technologies, techniques, tools, and trends ［M］. CRC Press, 1998.

［15］ Bodin L D. A district experiment with a clustering algorithm ［J］. Annals of the New York Academy of Sciences, 1973, 21: 209-214.

［16］ Caballero R, Gandibleux X, Molina J, MOAMP: a generic multi-objective metaheuristic using an adaptivememory ［R］. Technical report, University of Valenciennes, Valenciennes, France, 2004.

［17］ Cao K, Batty M, Huang B, et al.. Spatial multi-objective land use optimization: extensions to the non-dominated sorting genetic algorithm-II ［J］. International Journal of Geographical Information Science, 2011, 25 （12）: 1949-1969.

［18］ Caparros-Midwood D, Barr S, Dawson R. Optimised spatial planning to meet long term urban sustainability objectives ［J］. Computers, Environment and Urban Systems, 2015, 54: 154-164.

［19］ Carlos A, Coello C, Nareli C. Hybridizing a genetic algorithm with an artificial immune system for global optimization ［J］. Engineering Optimization, 2004, 36 （5）: 607-634.

［20］ Carlos A, Coello and Nareli Cruz Cortes. Hybridizing a Genetie Algorithm with an Artifieial Immune Systemfor Global Optimization ［J］. Engineering optimization. 2004, 36 （5）: 607-634.

［21］ Carsjens G, van der Knaap W. Strategic land-use allocation: dealing with spatial relationships and fragmentation of agriculture ［J］. Landscape and urban planning, 2002, 58 （2-4）: 171-179.

［22］ Carter J H. The immune system as a model for pattern recognition and classification ［J］. J. Am. Med. Inform. Assoc. , 2000, 7 （3）: 28-41.

［23］ Catlett J. On Changing Continuous Attributes into Ordered Discrete Attributes ［C］. Machine learing—EWSL-91. Springer Berlin Heidelberg, 1991, 164-178.

［24］ Cheng C, Fu A W, Zhang Y, Entropy-based subspace clustering for mining numerical data ［C］//Proceedings of the fifth ACM SIGKDD intenational Conference on knowledge discovery and data mining. ACM, 1999: 84-93.

[25] Cheng T, Li Zhilin. Towards Quantitative Measures for Semantic Quality of Polygon Generalization [J]. Cartographica, 2006 (2): 135-147.

[26] Chou S Y, Lin S W, Yeh C S. Cluster Identification with Parallel Coordinates [J]. Pattern Recognition Letters, 1999, 20: 565-572.

[27] Coello C, Cruz Cortss N. Solving multi-objective optimization problems using an artificial immune system [J]. Genetic Programming and Evolvable Machines, 2005, 6: 163-190.

[28] Comber A, Sasaki S, Suzuki H, et al. A modified grouping genetic algorithm to select ambulance site locations [J]. International Journal of Geographical Information Science, 2011, 25 (5): 807-823.

[29] Cromley R G and R D Mrozinski. The classification of ordinal data for choropleth mapping [J]. The Cartographic Journal. 1999, 36 (2): 101-109.

[30] D K Y Chiu, B Cheung, A K C Wong. Information Synthesis Based on Hierarchical Entropy Discretization [J]. Journal of Experimental and Theoretical Artificial Intelligence. 1990 (2): 117-129.

[31] Daniel B A, Ping Chen. Using Self-Similarity to Cluster Large Data Sets [J]. Data Mining and Knowledge Discovery. 2003, 7 (2): 123-152.

[32] De Castro L N, Von Zuben F J. The clonal selection algorithm with engineering applications [C] //Proceedings of GECCO'00, workshop on artificial immune systems and their applications, 2000: 36-47.

[33] De Castro L, Von Zuben F. Learning and optimization using the clonal selection principle [J]. IEEE Transactions on Evolutionary Computation, 2002, 6 (3): 239-251.

[34] Eschrich S, Jingwei Ke, et al. Fast accurate fuzzy clustering through data reduction [J]. IEEE Transactions on Fuzzy Systems, 2003, 11 (2): 262-270.

[35] Estivill Castro V, Lee I. Clustering with obstacles for geographical data mining [J]. ISPRS Journal of Photogrammetry and Remote Sensing, 2004, 59 (1-2): 21-34.

[36] Feng-Tyan Lin. GIS-based information flow in a land-use zoning review process [J]. Landscape and Urban Planning, 2000 (52): 21-32.

[37] Fotakis D, Sidiropoulos E. Combined land-use and water allocation planning [J]. Annals of Operations Research, 2012, 201 (1): 1-17.

[38] G Forestier, A Puissant, C Wemmert, et al. Knowledge-based region labeling for remote sensing image interpretation [J]. Computers, Environment and Urban Systems, 2012, 36: 470-480.

[39] Ganter B and Wille R. Conceptual scaling. In: Roberts F (ed.): Applications of combinatories and graph theory to the biological and social Sciences [M]. New York: Springer-Verlag, 1989: 139-167.

[40] Ghosh P, K Kundu, D. Sarkar. Fuzzy graph representation of a fuzzy concept lattice [J]. Fuzzy Sets and Systems, 2009, 160: 1-7.

[41] Godin R, Missaoui R, Alaoul H. Incremental concept formation algorithms based on Galois (concept) lattices [J]. Computational Intelligence, 1995, 11 (2): 246-267.

[42] Gong J, Liu Y, Chen W. Optimal land use allocation of urban fringe in Guangzhou [J]. Journal of Geographical Sciences, 2012, 22 (1): 179-191.

[43] Gong M G, Jiao L C, Du H F, et al. Multi-objective immune algorithm with pareto-optimal neighbor-based selection [J]. Evol. Comput. , 2008, 16 (2): 225-255.

[44] Gong M G, Jiao L C, Liu F, et al. The quaternion model of artificial immune response [C]. International Conference on artificial immune systems, 2005: 207-219.

[45] Gonzalez F, Dasgupta D, Kozma R. Combining negative selection and classification techniques for anomaly detection [C] // Proceedings of the special sessions on artificial immune systems in congress on evolutionary computation, 2002 IEEE world congress on computational intelligence. Honolulu, Hawaii: 2002.

[46] Graco W, Semenova T, Dubossarsky E. Toward knowledge-driven data mining [C]. ACMSIGKDD Workshop on Domain Deiven Data Mining, USA, 2007: 49-54.

[47] Grzegorz Bancerek. Complete Lattices [J]. Journal of Formalized Mathematics, 2003, 4 (2): 1-7.

[48] H J Miller, J Han. Geographie Data Miningand Knowledge Diseovery [M]. Newyork: TAYLOR&FRANCIS, 2001.

[49] Han Jiawei, KamberL. Data mining: concepts and techniques [M]. Morgan Kaufmann Publishers, 2007: 36-115.

[50] Hansen M, et al. Classification tree: an alternative to traditional land cover classifier [J]. Int J RS, 1996, 17 (5): 32-46.

[51] Hansen P, Jaumard B, Meyer C, et al. Maximum split clustering under connectivity constraints [J]. Journal of Classification. 2003, 20: 143-180.

[52] Hartigan J A, Wong M A. A K-Means Clustering Algorithm [J]. Applied Statistics, 1979 , 28 (1) : 100-108.

[53] He Y, Chen D. Ensemble Classifier System Based on Ant Colony Algorithm and Its Application in Chemical Pattern Classification [J]. Chemometrics and intelligent laboratory systems. 2006, 82: 39-49.

[54] Herskovits E H, Gerring J P. Application of a data-mining method based on Bayesian

networks to lesion -deficit analysis [J]. NeuroImage, 2003, 19 (4): 1664-1673.

[55] Hess S W, Weaver J B., Siegfeldt H J, et al.. Nonpartisan political redistricting by computer, Operations Research, 1965, 13 (6): 998-1006.

[56] Hojati M. Optimal political districting [J] . Computers and Operations Research, 1996, 23 (12): 1147-1161.

[57] Hongliang Lai, Dexue Zhang. Concept lattices of fuzzy contexts: Formal concept analysis vs. rough set theory [J]. International Journal of Approximate Reasoning, 2009, 50: 695-707.

[58] Huan Liu, Rudy Setiono. Feature selection via dis2 cretization [J]. IEEE Transactions on Knowledge and Data Engineering. 1997, 9 (4): 642-645.

[59] J D Knowles, ParEGO. A hybrid algorithm with on-line landscape approximation for expensive multi-objective optimization problems [J]. IEEE Transactions on Evolutionary Computation, 2006, 10 (1): 50-66.

[60] J Han, M Kamber. DataMining: Concepts and Techniques [M]. Morgan Kaufmann Publishers, 2000.

[61] J Medina M. Ojeda-Aciego, J. Ruiz-Calvino. Formal concept analysis via multi-adjoint concept lattices [J]. Fuzzy Sets and Systems, 2009, 160: 130-144.

[62] J Timmis, A Honec, T Stibor, et al. Theoretical advances in artificial immune systems [J]. Theoretical Computer Science, 2008, 403: 11-32.

[63] Jiawei Han, Kamber L. Data Mining: Concepts and Techniques [M] . 范明等, 译. 北京: 机械工业出版社, 2007.

[64] Jin G, Li Z, Wang Z, et al.. Impact of land-use induced changes on agricultural productivity in the huang-huai-hai river basin [J]. Physics and Chemistry of the Earth, 2015, (79): 86-92.

[65] Jiunn-Der Duh, Daniel G. Brown. Knowledge-informed Pareto simulated annealing for multi-objective spatial allocation [J] . Computers, Environment and Urban Systems, 2007, 31: 253-281.

[66] Jonathan H M, A G Michael. Land use controls: the case of zoning in the Vancouver area [J]. Areuea Journal, 1981, 9 (4): 418-435.

[67] Kalcsics J, S Nickel, M Schroder, Towards a unified territorial design approach-Applications, algorithms and GIS integration [J]. TOP, 2005, 13 (1): 1-56.

[68] Kammeier H D. New tools for spatial analysis and planning as components of an incremental planning-support system [J]. Environ. Plan. B: Plan. Design, 1999 (26): 365-380.

[69] Kanevski M, Parkin R, Pozdnu Khov A, et al. Environmental data mining and

modeling based on machine learning algorithms and geostatistics [J]. Environmental Modelling & Software, 2004, 19 (9): 845-855.

[70] Kerber, Chimerge. Discretization of numberic attributes [M]. MIT Press, 1992: 123-128.

[71] Kwon O, J Kim. Concept lattices for visualizing and generating user profilesfor context-aware service recommendations [J]. Expert Systems with Applications, 2009 (36): 1893-1902.

[72] Last D G. Incremental land-use decision making displayed by county zoning committees [J]. J. Soil Water Conserv. , 1995, 50 (1), 21-24.

[73] Lei Yinbin, Luo Maokang. Rough concept lattices and domains [J]. Annals of Pure and Applied Logic, 2009, 159: 333-340.

[74] Lhouari Nourine. A fast algorithm for building lattices [J]. Information Processing letters, 1999, 71: 199-204.

[75] Li M, CAI Z. Immune evolutionary algorithms with domain knowledge for simultaneous localization and mapping [J]. Journal of Central South University, 2006, 13 (5): 529-535.

[76] Li X, Parrott L. An improved genetic algorithm for spatial optimization of multi-objective and multi-site land use allocation [J]. Computers, Environment and Urban Systems, 2016, (59): 184-194.

[77] Liao G C, Tsco T P. Application embedded chaos search immune genetic algorithm for short-term unit commitment [J]. Electic power systems research, 2004, 71 (4): 135-144.

[78] Liao J, Tang L, Shao G, et al.. A neighbor decay cellular automata approach for simulating urban expansion based on particle swarm intelligence [J]. International Journal of Geographical Information Science, 2014, 28: 720-738.

[79] Ligmann Z, Church R, Jankowski P. Spatial optimization as a generative technique for sustainable multi-objective land-use allocation [J]. International Journal of Geographical Information Science, 2008, 22 (6): 601-622.

[80] Liitschwager J M. The iowa redistricting system [J]. Annals of New York Academy of Sciences, 1973, 219: 221-235.

[81] Liu G, Zhu W. The algebraic structures of generalized rough set theory [J]. Information Sciences, 2008, 178 (21): 4105-4113.

[82] Liu X, Li X, Shi X, et al.. A multi-type ant colony optimization (MACO) method for optimal land use allocation in large areas [J]. International Journal of Geographical Information Science, 2012, 26 (7): 1325-1343.

［83］ Liu Y L, Liu D F, Liu Y F, et al.. Rural land use spatial allocation in the semiarid loess hilly area in China: Using a particle swarm optimization model equipped with multi-objective optimization techniques ［J］. Science China Earth Science, 2012, 55: 1166-1177.

［84］ Liu Y, Tang D, Kong X, et al.. A Land-use Spatial Allocation Model Based on Modified Ant Colony Optimization ［J］. International Journal of Environmental Research, 2014, 8（4）: 1115-1126.

［85］ Longley P A, Goodchild M F. Geographic Information Systems and Science ［M］. Wiley Press, 2001.

［86］ M Abedi, G H Norouzi, Nader F. Fuzzy outranking approach: A knowledge-driven method for mineral prospectivity mapping ［J］. International Journal of Applied Earth Observation and Geoinformation, 2013, 21: 556-567.

［87］ Mali U, Bandyopadhyay S., Genetic algorithm-based clustering technique ［J］. Patten Recognition, 2000, 33（9）: 1455-1465.

［88］ Marcos N, Ian B, Christopher P. Spatial model steering, an exploratory approach to uncertainty awareness in land use allocation ［J］. Environmental Modelling & Software, 2013, 39: 70-80.

［89］ Matthews K, Sibbald A, Craw S. Implementation of a spatial decision support system for rural land use planning ［J］. Computers and Electronics in Agriculture, 1999, 23（1）: 9-26.

［90］ Mehmed Kantardzic. 数据挖掘——概念模型方法和算法 ［M］. 闪四清等, 译. 北京: 清华大学出版社, 2003.

［91］ Mehrotra A, Johnson EL, Nemhauser G L. An optimization based heuristic for political districting ［J］. Management Science, 1998, 44: 1100-1114.

［92］ Mi N, Mi W, Hou J, et al.. Optimal spatial land-use allocation for limited development ecological zones based on the geographic information system and a genetic ant colony algorithm ［J］. International Journal of Geographical Information Science, 2015,（29）: 2174-2193.

［93］ Mills G. The determination of local government electoral boundaries ［J］. Operational Research Quarterly, 1967, 18（3）: 243-255.

［94］ Mohammad H, Ali A, Abbas A, et al.. A GIS-based neuro-fuzzy procedure for integrating knowledge and data in landslide susceptibility mapping ［J］. Computers & Geosciences, 2010, 36: 101-114.

［95］ Mohammed J Zaki, Ching-Jui Hsiao. CHARM: An Efficient Algorithm for Closed Association Rule Mining ［R］. Technical Report 99, 1999: 1-8.

［96］ Musnanda Satar. Using Participatory GIS to Identified Local Landuse Zoning for Conservation in Merauke District, Papua, Indonesia ［D］. Sumedang: Institut Teknologi Bandung, 2005.

［97］ Nguyen H. Discretization problem for rough sets methods ［C］//Rough Sets and Current Trends in Computing. Springer Berlin/Heidelberg, 1998: 545-552.

［98］ Nguyen S H, Skowron A. Quantization of real value attributes-rough set and boolean reasoning approach ［C］//Proceedings of the Second Joint Annual Conference on Information Sciences, wrightsville Beach, North Carolina, Sept 28-Oct 1. 1995, 34-37.

［99］ Nick G, Kuang S K. Land zoning and local discretion in the Korean planning system ［J］. Land Use Policy, 2001, 18（3）: 233-243.

［100］ Niu Jiqiang, Liu Yaolin, et al.. Data Mining of Synergetic Coupling for Land Use based on Extenics ［C］//In International Symposium on Spatial Analysis, Spatial-Temporal Data Modeling and Data Mining. International Society for Optics and Photonics, 2009.

［101］ Oded Maimon and Mark Last. Knowledge Discovery and Data Mining Klewer. Pub. Co., ［J］. Klewer Pub. Co, 2001.

［102］ Pilehforooshha P, Karimi M, Taleai M. A GIS-based agricultural land-use allocation model coupling increase and decrease in land demand ［J］. Agricultural Systems, 2014, 130: 116-25.

［103］ Porta J, Parapar J, Doallo R, et al. High performance genetic algorithm for land use planning ［J］. Computers, Environment and Urban Systems, 2013, 37（5）: 45-58.

［104］ Rafael S. Parpinelli, Heitor S. Lopes, Freitas A. Data Mining with an Ant Colony Optimization Algorithm ［J］. IEEE Transactions on Evolutionary Computing. 2002, 6（4）: 321-332.

［105］ Ricca F, Simeone B, Local search algorithms for political districting ［J］. European Journal of Operational Research, 2008, 189（3）: 1409-1426.

［106］ Ricca F, Simeone B, Political Districting: Traps, Criteria, Algorithms, and Trade-offs ［J］. Ricerca Operativa, 1997, 27: 81-119.

［107］ Robertson I M L. The delimitation of local government electoral areas in Scotland: A semi-automated approach ［J］. Journal of Operational Research Society, 1982, 33: 517-525.

［108］ Romeny B M H, Floraek L, Koenderink J, et al.. Scale-Space Theory in Computer Vision ［M］. Berlin Heidelberg: Springer-verlag. 1997.

［109］ Stewart T, Janssen R, van Herwijnen M. A genetic algorithm approach to multi-objective land use planning [J]. Computers & Operations Research, 2004, 31 (14): 2293-2313.

[110] Tom Soukup Ian Davisdson. 可视化数据挖掘——数据可视化和数据挖掘的技术与工具 [M]. 朱建秋, 蔡伟杰, 译. 北京: 电子工业出版社, 2004.

[111] Toshiyuki Suzuki. Reducing the redundancy in association rule by frequent closed itemsets [D]. Japan: Japan Advanced institute of science and technology, 2002.

[112] Travis W, James A. Semi-automated disaggregation of conventional soil maps using knowledge driven data mining and classification trees [J]. Geoderma, 2014, 213: 385-399.

[113] Usama M Fayyad, K B Irani. Multi-interval discretization of continuous-valued attributes for classification learning [J]. San Mateo, CA: Morgan Kaufmann, 1993: 1022-1027.

[114] Van der Vlist M J. Land use planning in the Netherlands finding a balance between rural development and protection of the environment [J]. Landsc. Urban Plan., 1998 (41): 135-144.

[115] Wang Shuliang, Li Deren. A perspeetive of spatial data mining [C]. Geospatial Information, data mining and application. Wuhan: Wuhan University Press. 2005: 1-10.

[116] Wei H, Xu Q, Tang X. A knowledge-based problem solving method in GIS application [J]. Knowledge-Based Systems, 2011, 24 (4): 542-553.

[117] Weiss S M and Indurkhya N. Predictive data Mining: a practical guide [M]. Morgan Kaufman, 1998.

[118] Wille R. Restructuring Lattice theory: an approach based on hierarchies of concepts [M] //Ordered Sets, Springer Netherlands, 1982: 445-470.

[119] Wille R. Concept Lattices and conceptual knowledge systems [J]. Computers and Mathematics with Application, 1992, 23: 493-522.

[120] Witold P. Knowledge-based clustering: From data to granules [M]. New Jersey: John Wiley & Sons, INC., Publication. 2005: 88-115.

[121] Xiao N, Amstrong M. A specialized island model and its application in multi-objective optimization [J]. Lecture Notes in Computer Science, 2003, 27 (24): 1530-1540.

[122] Xiao N, Armstrong M P. ChoroWare: a software toolkit for choropleth map classification [J]. Geographical Analysis, 2006, 38 (1): 102-121.

[123] Xiao N, Bennett D, Armstrong M. Using evolutionary algorithms to generate alternatives for multi-objective site search problems [J]. Environment and Planning, 2002, 34 (4): 639-656.

［124］ Xu E, Zhang H, Yang Y, et al.. Integrating a spatially explicit tradeoff analysis for sustainable land use optimal allocation ［J］. Sustainability, 2014, （6）: 8909-8930.

［125］ Yang Jianfeng, Yan Puliu, Xia Delin, et al.. Analysis of Spatial Clustering Optimization ［J］. Geo-spatial Information Science, 2008, 11 （4）: 302-307.

［126］ Yang L, Sun X, Peng L, et al.. An improved artificial bee colony algorithm for optimal land-use allocation ［J］. International Journal of Geographical Information Science, 2015, 29 （8）: 1470-1489.

［127］ Yoav G, Efrat H. Land allocation: Agriculture vs. urban development in Israel ［J］. Land Use Policy, 2013, 31 （6）: 498-503.

［128］ Yuan M, Liu Y, He J, et al.. Regional land-use allocation using a coupled MAS and GA model: from local simulation to global optimization, a case study in Caidian District, Wuhan, China ［J］. Cartography and Geographic Information Science, 2014, 41 （4）: 363-378.

［129］ Zhang H, Zeng Y, Bian L. Simulating multi-objective spatial optimization allocation of land use based on the integration of multi-agent system and genetic algorithm ［J］. Int. J. Environ. Res, 2010, 4 （4）: 765-776.

［130］ Zhang H, Zeng Y, Jin X, et al.. Simulating multi-objective land use optimization allocation using multi-agent system ［J］. Ecological Modelling, 2016 （320）: 334-347.

［131］ Zhang W, Cao K, Liu S, et al.. A multi-objective optimization approach for health-care facility location-allocation problems in highly developed cities such as Hongkong ［J］. Computers, Environment and Urban Systems 2016 （59）: 220-230.

［132］ Zhang W, Wang H, Han F, et al.. Modeling urban growth by the use of a multi objective optimization approach: Environmental and economic issues for the Yangtze watershed, China ［J］. Environmental Science and Pollution Research, 2014, 21 （22）: 3027-3042.

［133］ Zhang Y, Zhang H Ni D, et al.. Agricultural land use optimal allocation system in developing area: Application to Yili watershed, Xinjiang region ［J］. Chinese Geographical Science, 2012 （22）: 232-244.

［134］ Zhou M, Cai Y, Guan X, et al.. A hybrid inexact optimization model for land-use allocation of China ［J］. Chinese Geographical Science, 2015, 25 （1）: 62-73.

［135］ Zitzler E, Thiele L, Laumanns M, et al.. Performance assessment of multi-objective optimizers: an analysis and review. IEEE Trans EvolComput, 2003, 7 （2）: 117-32.

［136］ Zuo Xing Quan, Li Shi Yong. The chaos artificial immune algorithm and it s application to RBF neuro -fuzzy cont roller design. Proceedings of IEEE International

Conference on System, Man and Cybernetics, 2003［C］. Washington, D. C. USA：2809-2814.

[137] 艾廷华, 杨帆, 李精忠. 第二次土地资源调查数据建库中的土地利用图综合缩编［J］. 武汉大学学报（信息科学版）, 2010, 35（8）：887-891.

[138] 艾廷华, 郭仁忠. 基于格式塔识别原则挖掘空间分布模式［J］. 测绘学报, 2007, 36（3）：302-308.

[139] 艾廷华, 刘耀林. 土地利用数据综合中的聚合与融合［J］. 武汉大学学报（信息科学版）, 2002, 27（5）：486-491.

[140] 毕硕本, 耿焕同, 闾国年. 国内空间数据挖掘研究进展与技术体系探讨［J］. 地理信息世界, 2008, 19（1）：21-27.

[141] 蔡玉梅, 董柞继, 邓红蒂, 等. FAO 土地利用规划研究进展评述［J］. 地理科学进展, 2005, 24（1）：70-78.

[142] 蔡玉梅. 国内外空间规划运行体系研究述评［J］. 规划师, 2014, 30（3）：83-87.

[143] 柴啸龙. 领域知识优化的蚁群规划算法［J］. 计算机工程与应用, 2010, 46（14）：17-19.

[144] 陈百明. 中国土地利用与生态特征区划［M］. 北京：气象出版社, 2003：19-31.

[145] 陈崇成, 涂建东, 黄洪宇. 可视化空间聚类挖掘算法及系统实现［J］. 地球信息科学, 2005, 7（2）：89-93 增刊.

[146] 陈刚, 陆汝钤, 金芝. 基于领域知识重用的虚拟领域本体构造［J］. 软件学报, 2013, 14（3）：350-355.

[147] 陈梅英, 刘毅华, 董玉祥, 等. 基于逐步宽容约束法的广州花都区土地利用优化配置研究［J］. 中山大学学报（自然科学版）, 2011, 50（1）：138-142.

[148] 陈述彭. 地球信息科学［M］. 北京：高等教育出版社, 2007：261-308.

[149] 程显毅, 刘宜松, 晏立. 面向智能体的知识工程［M］. 北京：科学出版社, 2008：55-90.

[150] 程烨, 王静, 孟繁华. 土地用途分区管制研究［M］. 北京：地质出版社, 2003：6-73.

[151] 丛明珠, 欧向军, 赵清, 等. 基于主成分分析法的江苏省土地利用综合分区研究［J］. 地理研究, 2008, 27（3）：574-582.

[152] 戴声佩, 张勃. 基于CLUE-S模型的黑河中游土地利用情景模拟研究［J］. 自然资源学报, 2013, 28（2）：336-348.

[153] 邓敏, 李志林, 程涛. 多粒度的GIS数据不确定性粗集表达［J］. 测绘学报, 2006, 35（1）：64-70.

[154] 邸凯昌. 空间数据发掘和知识发现 [M]. 武汉：武汉大学出版社，2001.

[155] 樊明辉. 空间数据挖掘及其可视化系统若干关键技术研究 [D]. 北京：中国科学院研究生院（遥感应用研究所），2003.

[156] 封志明. 一个基于土地利用详查的中国土地资源利用区划新方案 [J]. 自然资源学报，2001，16（4）：325-333.

[157] 冯丹. 赤壁市土地用途分区实例研究 [J]. 知识经济，2010（2）：138-139.

[158] 冯广京，朱道林，林坚，等. 2015 年土地科学研究重点进展评述及 2016 年展望 [J]. 中国土地科学，2016，30（1）：4-21.

[159] 符蓉，濮励杰，钱敏，等. 区域土地利用变化情景模拟设计与实证分析 [J]. 资源科学，2012，34（3）：468-474.

[160] 高文秀，侯建光，朱俊杰. 土地利用数据多尺度表达规则提取与应用 [J]. 中国图象图形学报，2009，14（6）：1024-1029.

[161] 高文秀，朱俊杰，侯建光. 探索性数据分析在土地利用数据分析中的应用 [J]. 武汉大学学报（信息科学版），2009，34（12）：1502-1506.

[162] 高小永. 基于多目标蚁群算法的土地利用优化配置 [D]. 武汉：武汉大学，2010：3-65.

[163] 高新波，薛忠，李洁等. 一中多类原型模糊聚类的初始化方法 [J]. 电子学报，1999，27（12）：72-75.

[164] 龚建周，刘彦随，张灵. 广州市土地利用结构优化配置及其潜力 [J]. 地理学报，2010，65（11）：1391-1400.

[165] 郭庆胜，王晓妍，刘纪平. 图斑群合并的渐进式方法研究 [J]. 武汉大学学报（信息科学版），2012，37（2）：220-232.

[166] 郭仁忠. 空间分析 [M]. 北京：高等教育出版社，2001.

[167] 郭子龙，王孙安. 三种混沌免疫优化组合算法性能之比较研究 [J]. 系统仿真学报，2005，17（2）：307-309.

[168] 韩丽娜. 数据可视化技术及其应用展望 [J]. 煤矿现代化，2005（6）：39-40.

[169] 胡春春，孟令奎，谢文君，等. 空间数据模糊聚类的有效性评价 [J]. 武汉大学学报（信息科学版），2007，32（8）：740-743.

[170] 黄焕春，运迎霞. 基于改进 logistic-CA 的城市形态多情景模拟预测分析 [J]. 地球信息科学学报，2013，15（3）：380-388.

[171] 黄润生，黄浩. 混沌及其应用 [M]. 武汉：武汉大学出版社，2005：118-178.

[172] 贾俊杰. 空间数据挖掘中若干关键技术研究 [D]. 西安：长安大学，2009.

[173] 贾泽露，刘耀林，张彤. 可视化交互空间数据挖掘技术的探讨 [J]. 测绘科学，2004，29（5）：34-37.

[174] 焦李成，杜海峰，刘芳，等. 免疫优化计算、学习与识别 [M]. 北京：科学出

版社，2006：92-106.

[175] 金儒成，梅再美，蔡广鹏，等．主导因素法对利用聚类分析进行土地利用分区的校正研究——以贵州省仁怀市和罗甸县为例［J］．安徽农业科学，2010，38（15）：8115-8118.

[176] 康琦，安静，汪镭，吴启迪．自然计算的研究综述［J］．电子学报，2012（3）：548-558.

[177] 康晓东．基于数据仓库的数据挖掘技术［M］．北京：机械出版社，2004.

[178] 柯新利，马才学．基于资源禀赋和经济发展区域差异的耕地优化布局［J］．经济地理，2013，33（11）：136-141.

[179] 寇光杰，马云艳，岳峻，邹海林．仿生自然计算研究综述［J］．计算机科学，2014（S1）：37-41.

[180] 蓝荣钦，杨晓梅．领域专家知识及其在空间数据挖掘中的作用［J］．测绘学院学报，2004，21（2）：141-144.

[181] 雷小锋．扩展空间对象聚类问题的研究［J］．计算机工程与应用，2003，1（23）：172-175.

[182] 黎夏，叶嘉安．遗传算法和GIS结合进行空间优化决策［J］．地理学报，2004，59（9）：745-753.

[183] 李德仁，程涛．从空间数据库中发现知识［J］．测绘学报，1995，22（4）：37-4.

[184] 李德仁，关泽群．空间信息系统的集成与实现［M］．武汉：武汉测绘科技大学出版社，2000.

[185] 李德仁，王树良，史文中，等．论空间数据挖掘和知识发现［J］．武汉大学学报（信息科学版），2001，26（6）：491-499.

[186] 李新运，郑新奇，闫弘文．坐标与属性一体化的空间聚类方法研究［J］．地理与地理信息科学，2004，20（2）：38-40.

[187] 李耀军，魏霞，李勋贵，等．淤池坝控流域土地利用类型空间优化配置研究［J］．兰州大学学报（自然科学版），2016，52（3）：307-312.

[188] 李永森．SDMKD及智能空间决策支持系统研究［D］．合肥：合肥工业大学，2006.

[189] 梁勤欧．人工免疫系统与GIS空间分析应用［M］．武汉：武汉大学出版社，2011：97-125.

[190] 梁勤欧．人工免疫系统在GIS空间分析中的应用研究［D］．武汉：武汉大学，2003.

[191] 刘殿锋，刘耀林，刘艳芳，等．多目标微粒群算法用于土地利用空间优化配置［J］．武汉大学学报（信息科学版），2013，38（6）：751-755.

[192] 刘国臻，土地利用分区管制论略［J］.政法学刊，2003，20（5）：26-28.

[193] 刘洁，市域土地利用总体规划空间结构模式研究［D］.北京：中国农业大学，2005.

[194] 刘卫红.大遗址土地用途分区管制研究［D］.西安：西北大学，2010.

[195] 刘岩.应激反应模型及其在应对规划中的应用研究［D］.长春：东北师范大学，2015.

[196] 刘洋，兰泽英，秦亮军.MOTS算法在空间分区问题中的应用研究［J］.测绘科学，2010，35（6）：228-232.

[197] 刘洋.基于多目标优化模型的土地利用空间分区研究［D］.武汉：武汉大学，2008.

[198] 刘耀林，何建华，刘殿锋.一种土地利用自动分区方法［P］.中国专利：CN101877034A，2010-11-03.

[199] 刘耀林，贾泽露.GIS与ES技术在土地定级估价领域中应用的研究探讨［J］.测绘信息与工程，2003，28（5）：19-21.

[200] 刘耀林，李红梅，杨淳惠.基于本体的土地利用数据综合研究［J］.武汉大学学报（信息科学版），2010，35（8）：883-886.

[201] 刘耀林，夏寅，刘殿峰，等.基于目标规划与模拟退火算法的土地利用分区优化方法［J］.武汉大学学报（信息科学版），2012，37（7）：762-765.

[202] 刘耀林，赵翔，刘殿锋.土地利用优化配置人工免疫并行决策支持系统［J］.武汉大学学报（信息科学版），2014，39（2）：166-171.

[203] 刘耀林.从空间分析到空间决策的思考［J］.武汉大学学报（信息科学版），2007，32（11）：1050-1055.

[204] 刘耀林.土地信息系统［M］.北京：中国农业出版社，2003.

[205] 刘紫玉，黄磊.基于领域本体模型的概念语义相似度计算研究［J］.铁道学报，2011，33（1），52-57.

[206] 陆冠尧，潘科.国外及台湾地区土地用途管制制度研究比较［J］.广东土地科学，2005（2）：43-47.

[207] 陆冠尧，朱玉碧，潘科.国外及中国台湾地区土地用途管制制度研究比较［J］.中国农学通报，2005（8）：452-455+425.

[208] 吕江平.聚类分析及其可视化方法［J］.统计与决策，2005（19）：24-26.

[209] 骆剑承.多尺度空间单元区域划分方法［J］.地理学报，2002，57（2）：167-173.

[210] 马金锋.基于GIS的土地用途管制分区研究［D］.长春：吉林大学，2004.

[211] 马世发，何建华，俞艳.基于粒子群算法的城镇土地利用空间优化模型［J］.农业工程学报，2010（9）：321-326.

[212] 毛克彪，田庆久．空间数据挖掘技术方法及应用［J］．遥感技术与应用，2002，17（8）：198-204.

[213] 蒙莉娜，郑新奇，赵璐，等．基于生态位适宜度模型的土地利用功能分区［J］．农业工程学报，2011，27（3）：282-287.

[214] 孟佳妹．基于概念格的关联规则挖掘方法的研究［D］．哈尔滨：哈尔滨工程大学，2008.

[215] 莫宏伟，吕淑萍，管凤旭，等．基于人工免疫系统的数据挖掘技术原理与应用［J］．计算机工程与应用，2004，19（14）：28-33.

[216] 莫宏伟，左兴权．人工免疫系统［M］．北京：科学出版社，2009.

[217] 牛继强，林昊，牛樱楠，樊勇，唐文武．经济欠发达地区撂荒耕地空间格局与驱动因素分析［J］．农业机械学报，2017（2）：141-149.

[218] 牛继强，刘明华，徐丰．基于空间数据挖掘的土地用途分区系统［J］．信阳师范学院学报（自然科学版），2012（3）：382-386.

[219] 牛继强，谢瑾如，徐丰，蚩志锋．面向土地用途分区的空间聚类系统设计与实现［J］．测绘科学，2013（4）：178-180.

[220] 牛继强，徐丰，李卓凡，洪晓峰．顾及地理实体语义相似度的土地用途分区模型［J］．武汉大学学报（信息科学版），2015（6）：816-822.

[221] 牛继强，徐丰．利用克隆选择算法构建的土地用途分区模型［J］．武汉大学学报（信息科学版），2014（2）：172-176.

[222] 潘竟虎，刘扬，石培基．基于主成分分析和 GIS 的统筹市域土地利用分区研究［J］．土壤，2011，43（4）：637-643.

[223] 潘科，陆冠尧．国外与我国台湾地区土地用途管制制度问题启示［J］．国土资源科技管理，2005（3）：97-101.

[224] 彭怡．基于领域知识的数据挖掘理论框架研究［G］//中国管理现代化研究会．第三届中国管理学年会信息管理分会场论文集，2008：1242-1250.

[225] 戚玉涛，焦李成，刘芳．基于并行人工免疫算法的大规模 TSP 问题求解［J］．电子学报，2008，36（8）：1552-1558.

[226] 秦贤宏，段学军，杨剑．基于 GIS 的城市用地布局多情景模拟与方案评价［J］．地理学报，2010，65（9）：1121-1129.

[227] 任偲．基于生态环境安全的马鞍山土地利用分区研究［D］．南京：南京农业大学，2009.

[228] 任奎，周生路，张红富，等．基于精明增长理念的区域土地利用结构优化配置［J］．资源科学，2008，30（6）：912-918.

[229] 任周桥，刘耀林，焦利民．基于决策树的土地适宜性评价［J］．国土资源科技管理．2007，24（3）：21-25.

[230] 任周桥. 土地利用优化配置决策支持研究 [D]. 武汉：武汉大学，2007.

[231] 沙宗尧，边馥苓. 从相异空间聚类主题的聚类结果比较中发现知识 [J]. 武汉大学学报（信息科学版），2004，29（2）：123-127.

[232] 佘江峰，冯学智，林广发，等. 多尺度时空数据的集成与对象进化模型 [J]. 测绘学报，2005，34（1）：71-77.

[233] 石英. 基于决策模型和优化算法的乡级土地利用规划方法研究 [D]. 北京：中国农业大学，2006.

[234] 史文中. 空间数据与空间分析不确定性原理 [M]. 北京：科学出版社，2005.

[235] 苏黎兰，杨乃，李江风. 多目标土地用途分区空间优化方法 [J]. 地理信息世界，2015（1）：18-21.

[236] 田金兰，黄刚. 关联规则的发现 [J]. 计算机世界，1999，36（20）：12-18.

[237] 汪秀莲，王静. 日本韩国土地管理法律制度与土地利用规划制度及其借鉴 [M]. 北京：中国大地出版社，2004：69-71.

[238] 王海起，王劲峰. 空间数据挖掘技术研究进展 [J]. 地理与地理信息科学，2005，21（4）：6-10.

[239] 王汉花，刘艳芳. 基于 MOP-CA 整合模型的土地利用优化研究 [J]. 武汉大学学报（信息科学版），2009，34（2）：174-177.

[240] 王华，刘耀林，姬盈利. 基于多目标微粒群优化算法的土地利用分区模型 [J]. 农业工程学报，2012，28（12）：237-244.

[241] 王家耀，张雪萍，周海燕. 一个用于空间聚类分析的遗传 K-均值算法 [J]. 计算机工程. 2006，32（3）：188-190.

[242] 王劲峰. 空间分析 [M]. 北京：科学出版社，2006：116-128.

[243] 王炯，许月明，郭庆，等. 基于聚类分析法的保定市土地利用分区及建议 [J]. 中国农业资源与区划，2011，32（2）：63-67.

[244] 王坤. 基于多目标微粒群优化算法的土地用途分区研究 [D]. 武汉：武汉大学，2009.

[245] 王祺，蒙吉军，毛熙彦. 基于邻域相关的漓江流域土地利用多情景模拟与景观格局变化 [J]. 地理研究，2014，33（6）：1073-1084.

[246] 王生生，刘大有，曹斌，刘杰. 一种高维空间数据的子空间聚类算法 [J]. 计算机应用，2005，11（25）：2615-2617.

[247] 王万茂，韩桐魁. 土地利用规划学 [M]. 北京：中国农业出版社，2002.

[248] 王艳，宋振柏，吴佩林. 城市功能分区的空间聚类方法研究及其应用——以济南市为例 [J]. 地域研究与开发，2009，28（1）：27-31.

[249] 王铮，邓悦. 上海城市空间结构的复杂性分析 [J]. 地理科学进展，2001，20（2）：331-340.

[250] 魏大宽，黄兵，周献中．不完备模糊目标信息系统粗集模型与知识约简 [J]．计算机工程，2006，32（8）：48-51.

[251] 魏伟，石培基，周俊菊，等．基于生态安全格局的干旱内陆河流域土地利用优化配置分区 [J]．农业工程学报，2016，32（18）：9-18.

[252] 文俊浩．基于邻接关系的空间聚类算法研究 [J]．计算机工程与应用，2003，1（34）：184-186.

[253] 吴次芳，徐保根．土地生态学 [M]．北京：中国大地出版社，2003.

[254] 吴明芬，韩浩瀚，曹存根．积模糊粗集模型及其模糊知识粒的表示和分解 [J]．计算机科学，2012，39（8）：199-204.

[255] 吴信才，刘少雄．基于邻接关系的空间数据挖掘 [J]．计算机工程，2002，28（7）：89-91.

[256] 吴信才．地理信息系统设计与实现 [M]．北京：电子工业出版社，2002.

[257] 武继磊，王劲峰，郑晓瑛，等．空间数据分析技术在公共卫生领域的应用 [J]．地理科学进展，2003，3（5）：119-128.

[258] 席承藩，张俊民，丘宝剑，等．中国自然区划概要 [M]．北京：科学出版社，1984.

[259] 谢鹏飞，赵筱青，张龙飞．土地利用空间优化配置研究进展 [J]．山东农业科学，2015，47（3）：138-143.

[260] 谢涛，陈火旺，康立山．多目标优化的演化算法 [J]．计算机学报，2003，26（8）：997-1003.

[261] 徐昔保，杨桂山，张建明．兰州市城市土地利用优化研究 [J]．武汉大学学报（信息科学版），2009，34（7）：878-881.

[262] 许彦曦，彭补拙，李春华．土地用途管制与区域土地资源可持续利用研究 [J]．土壤，1998（3）：137-142.

[263] 许月卿，罗鼎，郭洪峰，等．基于 CLUE-S 模型的土地利用空间布局多情景模拟研究 [J]．北京大学学报（自然科学版），2013，49（3）：523-529.

[264] 严金明．简论土地利用结构优化与模型设计 [J]．中国土地科学，2002，16（4）：20-25.

[265] 杨帆，米红．一种基于网格的空间聚类方法在区域划分中的应用 [J]．测绘科学，2007：66-69.

[266] 杨青生，黎夏．基于粗集的知识发现与地理模拟 [J]．地理学报，2006，60（8）：882-894.

[267] 杨悦．面向空间数据复杂性特征的聚类分析方法研究 [D]．哈尔滨：哈尔滨工程大学，2008.

[268] 杨子生．试论土地利用功能分区与土地用途分区的区别与关联 [C]//中国自

然资源学会土地资源研究专业委员会．中国农村土地整治与城乡协调发展研究．
贵阳：贵州科技出版社，2012：8.

[269] 姚华荣，吴绍洪，曹明明．GIS 支持下的区域水土资源优化配置研究［J］. 农业
工程学报，2004，20（2）：31-35.

[270] 易辉伟，曹红杰，王艳惠．基于空间数据仓库的 GIS 数据挖掘及其相关技术探
讨［J］. 测绘工程，2002，11（3）：45-49.

[271] 余肖生，周宁，张芳芳．高维数据可视化方法研究［J］. 情报科学，2007，25
（1）：117-130.

[272] 袁红春，熊范纶，淮晓永．空间数据挖掘及其与智能系统的集成框架［J］. 信
息与控制，2002，31（4）：304-309.

[273] 袁满，刘耀林．基于多智能体遗传算法的土地利用优化配置［J］. 农业工程学
报，2014，30（1）：191-199.

[274] 郧文聚，范金梅，我国土地利用分区研究进展［J］. 资源与产业，2008，10
（2）：9-14.

[275] 张丁轩，付梅臣，陶金，等．基于 CLUE-S 模型的矿业城市土地利用变化情景
模拟［J］. 农业工程学报，2013，29（12）：246-53.

[276] 张光宇，刘永清．土地利用规划的系统方法及软件工程［J］. 系统工程理论与
实践，1999（8）.

[277] 张红旗，李家永，牛栋．典型红壤丘陵区土地利用空间优化配置［J］. 地理学
报，2003，58（5）：668-676.

[278] 张鸿辉，曾永年，刘慧敏．多目标土地利用空间优化配置模型及其应用［J］.
中南大学学报（自然科学版），2011，42（4）：1056-1065.

[279] 张鸿辉，曾永年，谭荣，等．多智能体区域土地利用优化配置模型及其应用
［J］. 地理学报，2011，66（7）：972-984.

[280] 张鸿辉，曾永年，尹长林，等．城市土地利用空间优化配置的多智能体系统与
微粒群集成优化算法［J］. 武汉大学学报（信息科学版），2011，36（8）：
1003-1007.

[281] 张兰芳．一种基于本体的自然语言语义相似度算法［J］. 桂林理工大学学报，
2012，32（2），253-258.

[282] 张瑞菊，陶华学．GIS 与空间数据挖掘技术集成问题的研究［J］. 勘察科学技
术，2003（2）：21-24.

[283] 张英，张红旗，倪东英．农业土地利用优化配置系统的研建［J］. 资源科学，
2009，31（12）：2055-2064.

[284] 张正峰，陈百明．土地整理分区研究［J］. 农业工程学报，2005，21（增刊）：
123-126.

［285］赵成胜，黄贤金，钟太洋．基于层次聚类方法的区域土地用途分区研究［J］．
国土资源科技管理，2009，26（5）：82-86.

［286］赵理，王磊，徐庆征．人工内分泌机制在最近邻规则约减中的应用［J］．应用
科学学报，2012（4）：397-407.

［287］赵荣钦，黄贤金，钟太洋，等．聚类分析在江苏沿海地区土地利用分区中的应
用［J］．农业工程学报，2010，26（6）：310-314.

［288］赵松乔．中国综合自然区划的一个新方案［J］．地理学报，1983，38（1）：1-
10.

［289］郑顺义，曾学贵．基于知识工程的土地信息系统的研究［J］．中国土地科学，
2000，14（5）：31-34.

［290］郑新奇．基于 GIS 的城镇土地优化配置与集约利用评价研究［D］．郑州：解放
军信息工程大学，2004：5-52.

［291］中华人民共和国国土资源部．GBT21010—2007 土地利用现状分类［S］．北京：
中国标准出版社，2007.

［292］中华人民共和国国土资源部．TD/T 1204—2010 县级土地利用总体规划编制规
程［S］．北京：中国标准出版社，2010.

［293］中华人民共和国国土资源部．TD/T 1205—2010 乡（镇）土地利用总体规划编
制规程［S］．北京：中国标准出版社，2010.

［294］周成虎，张健挺．基于信息熵的地学空间数据挖掘模型［J］．中国图象图形学
报，1999（11）：943-951.

［295］周峰，杨凤海，邓志，李韵．基于 ArcGIS 的土地用途分区研究［J］．测绘与空
间地理信息，2011（6）：162-163+171.

［296］周海艳．空间数据挖掘的研究［D］．郑州：解放军信息工程大学，2003.

［297］朱凤武，彭补拙．中国县域土地利用总体规划的模式研究［J］．地理科学，2003
（6）．

［298］朱炎，滕龙妹，徐财江，等．土地动态利用时空数据挖掘的方法及其实现［J］．
经济地理，2006（增刊）：124-127.

［299］宗仁，中国土地利用规划体系结构研究［D］．南京：南京农业大学，2004.